MEIN ERSTES ROCKKONZERT

Frank Schäfer (Herausgeber)

THE BOYS ARE BACK IN TOWN

MEIN ERSTES ROCKKONZERT – EIN LESEBUCH

Mit Beiträgen von Wolfgang Doebeling, Eugen Egner, Jörg Feyer,
Jörg Gülden, Gerhard Henschel, Ulrich Holbein, Friedhelm Rathjen,
Jürgen Roth, Harry Rowohlt, Ralf Sotschek, Wenzel Storch,
Fritz Tietz, Wolfgang Welt u.v.a.

Schwarzkopf & Schwarzkopf Verlag

INHALT

JEDER HAT SEIN DING DURCHGEZOGEN ...

Einige notwendige Vorbemerkungen

I. Rock im sentimentalischen Äon

>*Mit seinem unverwechselbaren britischen Sound*
und seinen rockigen Songs begeisterte Donnerstag
abend das Duo ›Barclay James Harvest‹ und Band
1000 Fans im Geraer Kultur- und Kongreßzentrum.
Die Musiker brachten einen mitreißenden, in Ohr
und Beine gehenden, Mix aus alten und neuen Titeln
zu Gehör.«
»*Ost-Thüringische Zeitung*«, 13.4.1999

Wir befinden uns im Jahre 46 nach Elvis' Bühnengeburt: Wenn man nicht gerade für ein Provinzblättchen schreibt, da ist ja noch schlichtweg alles möglich, also wenn man nicht gerade für die »Ost-Thüringische Zeitung« schreibt, wird man dem V-Effekt – durch Scherz, Satire, Ironie oder tiefere Bedeutung, d. h. Metareflexion – schwerlich entraten können. Ganz bei sich und nur er selbst war der Rock leider lange genug. Er ist mittlerweile auf einem gewaltigen Flaschenhals vom naiven in den sentimentalischen Äon gerutscht. Helmut Salzinger hatte es da besser, der konnte in seiner formidablen Essay-Collage »Rock Power« noch ohne rot zu werden Michael Lydon zitieren: Die jungen Weißen »hatten angefangen, dieselben Shows zu besuchen wie die Schwarzen, dieselbe Musik zu hören und sie aus denselben Gründen zu mögen: weil sie Spaß machte und sexy war und stark und weil sie einem die Sicherheit gab, daß es für einen selbst besser war, mit dem Rock weiterzumachen, als ein stumpfsinniger Spießer zu werden.« Ja, das waren die Zeiten, als der Rock 'n' Roll aufstand, um unseren Urgroßeltern Mores zu lehren. Those were the days ...

Tage, in denen auf Plattencovern noch solche wunderschönen Apologien zu lesen waren: »Am Samstag, dem 11. September 1965, mittags um 12 Uhr, begann auf dem Düsseldorfer Flugplatz der Begeisterungstaumel der Beat-Freunde zwischen Hamburg und Wien. THE ROLLING STONES, die ›härteste Band der Welt‹ war angekommen. Im Europa-Jet, von England herüber. Die BRAVO-Tournee wurde zu einem Triumphzug ohnegleichen. Weit über 80.000 junge und junggebliebene Leute besuchten die ausverkauften Vorstellungen und wurden von den fünf ›Steinen‹ überrollt! In Münster, Essen, Hamburg, München, Berlin und Wien überzeugten sich die Beat-Fans: Die ROLLING STONES ›beaten‹ am meisten. Sie sind weitaus aggressiver als die Beatles, und Englands Teenager kürten die ›Steine‹ zur Spitzen-Gesangsgruppe und zum besten Instrumentalensemble dieses Jahres.

Wo immer die ROLLING STONES spielten, haben sogar die ärgsten Gegner der Pilzköpfe anerkannt: Hier sind Meister am Werk! Wohin die Beat-Stars aus London kamen, gingen ihnen die übelsten Gerüchte voraus. Der Name ROLLING STONES genügte, um saubere, kurzhaarige und hochgeistige Leute auf die Barrikaden zu bringen und Steine auf die ungewaschenen, langhaarigen und schwachsinnigen ›Stones‹ zu werfen. Berichte erschienen in einigen Zeitungen, die den Eindruck erweckten, Mick Jagger und die Rolling Stones hätten vieles mit Attila und den Hunnen gemein. Bedauerlich, daß nur ganz wenige Gelegenheit haben, Menschen wie die ROLLING STONES aus der Nähe kennenzulernen – sie würden ihre Meinung gründlich revidieren. Denn hinter der eigenwilligen Erscheinung entdeckt man allmählich fünf liebenswürdige, sensible, intelligente und außerordentlich hilfsbereite Jungen. Fünf gute Freunde, die zusammengehören, wie die fünf Finger einer Hand. Und so verschieden sind sie auch...

›Man muß Individualist sein, sonst bleibt man unten hängen‹, sagte Mick einmal. Es ist nicht einfach, Individualist zu sein, denn zu viele messen die neue Zeit mit alten Maßstäben. Und es gehört eine Menge Mut dazu, gegen Vorurteile anzurennen. Mick, Keith, Brian, Bill und Charlie sind fünf Individualisten, die als ROLLING STONES weltberühmt wurden. Die Jugend jubelt ihnen zu, und manchmal gehen in der Begeisterung für sie ein paar Stühle kaputt. Die Welt wird jedenfalls durch Idole wie die ROLLING STONES nicht in Scherben fallen.«

Nun, wie gesagt, mittlerweile sind wir im sentimentalischen Zeitalter angelangt, das heißt, gegenwärtig kann so etwas ja gar keiner mehr schreiben (wenn wir jetzt mal absehen von der »Ost-Thüringischen Zeitung«). Aber man kann sich dem immerhin annähern: gebrochen, also scherzhaft, ironisch, satirisch. Oder indem man alles dransetzt, den Verlust der Naivität aufzuheben, sie zu regenerieren, also in und mit der Sprache mehr schlecht als recht nachzuerleben. Das allerdings ist dann eine Mimeseleistung erster Klarinette, aller Ehren wert und eines echten Schriftstellers würdig. Genau um solcherart Versuche wird es in diesem Buch also vor allem gehen ...

II. Bier, Schweiß und Tränen

»Sonntag, 26. Juni 1966, 19 Uhr. Ernst-Merck-Halle, Hamburg. Dritte Station der Bravo-Beatles-Blitztournee (nach München und Essen). Eines ihrer letzten Konzerte überhaupt und mein allererstes. Gleich die Beatles! Die Halle, Vielzweckbeton, war wie verzuckert. Schreien, Kreischen, Beatlemania auf hamburgisch. Obschon ein braver, angepaßter Junge, stand ich schon beim zweiten Song, wie die meisten, auf meinem Klappstuhl, hatte längst meinen dunkelroten Wollpulli mehr ausgerissen als ausgezogen, schwenkte ihn wie ein Wahnsinniger über meinem Kopf hin und her – wohin sonst mit der Energie? – und war eine Mischung aus voll da und ganz weit weg. Bis zur letzten Zugabe. Zucker wurde wieder zu Beton, und meine Mutter, die mit war, zerrte mich zum Parkplatz. Dabei war ich doch gerade sechzehn geworden.«

Dieses trotz seiner leicht assugrinenen Metaphorik (»Zucker wurde wieder zu Beton«) durchaus anrührende Bekenntnis verdanken wir Klaus Humann, der das von ihm herausgegebene »Rowohlt Lesebuch der Rockmusik« (1984) eben so beginnen läßt. Und ich will hier gerne einräumen, daß Humanns Affektation den Anstoß gab für diese Anthologie, vor allem seine anschließend geäußerte Überzeugung: »Ich würde mich bestimmt nicht langweilen, ein ganzes Lesebuch voll solcher Teen-Anekdoten zu lesen. Jeder, jede hat diese Geschichten drauf, mit und ohne Beatles. Angeklatschte Haare oder lange Matte, Shakehosen oder Jeans, indische Hemden, T-Shirts. Beat-Boots oder Turnschuhe. Jeder hat sein Ding durchgezogen, ganz für sich, ganz individuell – massenhaft.«

Ganz genau, der Mann hat recht, dachte ich bei mir, so gesammelte Konzert-Initiationen, die täten auch mich nicht langweilen ... Also zwei, drei Telefonate, eine Mail zum Verlag – und das Projekt war im Kasten. Hach, Büchermachen kann so einfach sein ...

Aber kommen wir endlich zur Sache selbst: Das erste Konzert – das heißt Bier, Schweiß, Tränen, das heißt Ekstase, Exaltation, Enttäuschung, Haß. Es geht hier um den sentimentalen Bodensatz der Musik, um Adoleszenz, Nostalgie, Ersterfahrungen, kurzum: Es geht um alles. Mir scheint – jedenfalls haben vorangegangene Recherchen keinen positiven Befund ergeben –, als habe man den emotionalen Caramba-Hämmern in jeder individuellen musikalischen Biographie, die ja vermutlich gemeinsam, im Kollektiverlebnis, eine viel größere Durchschlagskraft besitzen, noch nicht die Beachtung geschenkt, die sie doch fraglos verdienen. Diese Lücke wird nun ein für allemal gestopft. Vierundvierzig Autoren, neben Musikjournalisten auch Literaten und andere fachfremde Publizisten, erinnern sich an ihre ersten Konzerterfahrungen. Dabei ist folgendes zu bedenken: Das hier beschworene »erste« war nicht unbedingt ihr »allererstes« Konzert. Welchen Sinn hat es auch, die drittklassige Coverband bei ihrem ersten Auftritt im Ahnser Beat-Schuppen, also noch ohne Stimmgerät, zu illuminieren? Oder das Oldie-Konzert mit »Rock-Lady« Suzie Quatro im heruntergekommenen Schlucklum in Lucklum, zu dem jemand partout mitmußte, weil ihn die Eltern nicht allein zu Hause lassen mochten. Andererseits, warum nicht? In der Tat könnte auch das möglicherweise einen gewissen Reiz besitzen, nur haben die Gespräche »im Vorfeld« dieses Buches ergeben, daß es realiter beim ersten Mal doch eher weh tat und gar nicht so schön war, wie man sich das ausmalte ... Und nur Polemiken, aus der Enttäuschung geboren, will ja auch keiner über die volle Buchdistanz lesen. Bisweilen waren die Erinnerungen daran auch schon so ins triste Dämmerlicht des Vergessens getaucht – vielleicht nicht ohne Grund! –, daß auch hartnäckigste Anamnese-Anstrengungen gänzlich fruchtlos blieben und sie nicht wieder erhellen konnten.

Ich schlage daher vor, das Attribut einfach metaphorisch zu verstehen. Es geht eben um jene frühen Hörerlebnisse, die Eindruck hinterlassen haben, die eine initiative, katalytische oder was auch immer für eine Wirkung zeitigten. Die aber mußte da sein und von den Beiträgern beschrieben werden – sei es nun kaltschnäuzig-analytisch oder auch gemütvoll und warmherzig. Es geht eben um die ersten richtigen Konzerte, die sich hier – auch mit Hilfe von visuellen Gedächtnisstützen wie Original-Eintrittskarten, Konzertplakaten und sonstigen Devotionalien – vor unseren Augen rematerialisieren sollten. Im Idealfall, und von diesen Fällen gibt es mehr als genug, läßt sich dann auch für Momente der jeweilige Geist der Zeit, dieser flüchtige Geselle, durch seinen Astralleib schauen.

Einmal geschrieben, braucht man diese historischen Epiphanien nur in eine chronologische Reihenfolge zu bringen, und schon erhält man, quasi wie von selbst, eine Art kleiner Oral History des Live-Rock. Und das ist keine Übertreibung: Dieses Buch hier versammelt Live-Ereignisse aus den fünfziger bis neunziger Jahren, also aus immerhin fünf Jahrzehnten Rock-Geschichte – ein wahrhaft generationsübergreifendes Unternehmen also.

Wenn Sie, lieber Leser, selbst auf einem der verhandelten Konzerte waren und nicht mit dem Autor resp. der Autorin verwandt, verschwägert oder erotisch verbandelt sind, schreiben Sie uns! Als Herausgeber will man schließlich gerne wissen, ob alles richtig ist, was man so erzählt bekommt ...

III. Danken

möchte ich zunächst einmal allen Beiträgern, die sich auch für das zugegebenermaßen lausige Honorar (sagen wir besser: die Erstattung der Unkosten) bereit erklärten, ad fontes zu gehen, zur Quelle der Kraft und einen großen Becher daraus zu schöpfen. Besonderer Dank gilt auch den Mutigen, die ihre Reliquiensammlung bereitwillig zur Verfügung stellten und sogar den Abdruck des einen oder anderen besonders pittoresken Stücks erlaubten. Ich danke überdies Bernadette Hengst, Ulrich Holbein, Arne Willander und nicht zuletzt Uli Becker für die Vermittlung von willigen Autorinnen und Autoren, Fritz Tietz für den Artikel aus der Schülerzeitung »Sermo«. Ich danke Matthias Wehrhahn, dem Volldampfverleger, für die Einsendung kurz vor Buffalo. Einer kann ja nur der letzte sein! Ich danke Markus Kaffee (magensanft veredelt), Haribo Matador Mix (Mischung für Lakritzfreunde), Fitschi Roma, Buitoni Farfalle und »Chicago Hope«. Ich danke den vielen Menschen, die zunächst zusagten, dann aber doch nichts lieferten. Wer weiß, wozu es gut ist? Aber ich danke auch Winfried Hermann dafür, daß er es zumindest versucht hat. Roxy Music, Mensch, das wär's noch gewesen. Ich danke Klaus Humann für good inspirations. Und Phil Lynott für den Titel. Rest in peace, Phil! Ich danke Volker Wartusch dafür, daß er nichts, absolut nichts wegwarf. Ich danke allen Luftgitarristen da draußen, die einfach weitermachen – und das ist gut so! Ich danke Fender und Gibson Guitars, Marshall Amplification und Vinci Strings. – Und schließlich danke ich Heike Hustedt (»Lack & Leder«), die das Cover entwarf und auch sonst alles irgendwie am Laufen hielt.

Frank Schäfer, August 2000

12

Mein und euer aller allererstes Rockkonzert

(in Hamburg; wo sonst) – Bill Haley (1957)
Von Harry Rowohlt

In meinem ersten Rockkonzert war ich gar nicht erst. Ich war nämlich zwölf, und das war 1957, das Jahr, in dem der Rock 'n' Roll Europa eroberte. Bei anderen Epochen weiß man nicht so genau, wann sie begonnen haben (»Es war Aschermittwoch. Ich wachte mit einem Brummschädel auf und wußte sogleich: Heut dämmert das Pleistozän heran.«), aber beim Rock 'n' Roll weiß man es. Es war 1957, und als unlängst die 50-Jahre-»Der-Stern«-jede-Woche-ein-neues-Jahr-Heftchen erschienen, kam der Rock 'n' Roll im 1957-Heftchen gar nicht vor. Stattdessen hatte als Weltsensation Henri Nannen im Nutten-Cabrio die Sowjetunion bereist.

Meine öden Eltern waren in Moskau – offenbar fuhr in dem Jahr alles, was einigermaßen nachweisen konnte, uncool zu sein, in die Sowjetunion –, und zu Hause hütete Frl. Lorch ein. Frl. Lorch sah alles nicht so eng, so daß man abends schon mal vor die Tür durfte, und da ich schon damals etwas reifer aussah, als ich war, und ohne weiteres in Filme ab 18 gelassen wurde, beschloß ich, zum Bill-Haley-Konzert in der Ernst-Merck-Halle zu gehen. (Zur Ehrenrettung meiner Eltern muß ich hinzufügen, daß sie sich von dem DDR-Rennfahrer v. Brauchitsch einmal um den Kreml haben fahren lassen, und zwar nicht im Nutten-Cabrio, sondern in Lenins Rolls Royce.) Ich hatte zwar keine Eintrittskarte, aber darauf kam es ja auch gar nicht an. Es kam aus zwei Gründen gar nicht darauf an: Erstens lebte ich von 5 Mark Taschengeld die Woche, zuzüglich je 5 Mark für eine Eins, und sparte auf ein Fahrrad, um nicht mehr mit dem Kipproller in die Schule zu müssen wie ein Kleinkind, und war notorisch klamm. Zweitens war zuverlässig mit Randale zu rechnen, und Randale gibt es bekanntlich für umsonst.

Es war meine erste Straßenschlacht, und gleich auch meine schönste. »So was sollte man sich viel häufiger gönnen«, dachte ich. Bullen – damals noch mit feschem Tschako – und Pferde und Wasserwerfer und Tränengas, die gesamte Pracht. »Rocker gegen Bullen: Eins zu null«, skandierten wir, wenn wir wieder fast durchgebrochen waren, und wenn die Gegenseite einen Stich gemacht hatte, wurde auch das fair abgerechnet: »Rocker gegen Bullen: Neun zu eins.«

Von dem Konzert, falls es denn überhaupt stattfand, drang nichts nach draußen, und irgendwann war mir dann auch von dem vielen Wasserwerfen kalt und von dem vielen Tränengas mies, und ich bin in die Palette gegangen, über die Hubert Fichte später einen gleichnamigen Ziegel von einem Roman geschrieben hat, und habe für 8 Mark zwanzig große Bier getrunken. Ich konnte zwar damals wie heute nicht schlittschuhlaufen, was man dringend hätte können müssen, aber Bier trinken konnte ich bereits, und die Jukebox der Palette spielte sowieso aus gegebenem Anlaß ausschließlich Bill Haley.

Frl. Lorch, welches alles ahnte, sah, daß ich unverletzt und überglücklich war, und ich wußte, daß sie nichts nach Moskau melden würde.

Knapp zwanzig Jahre später habe ich es dann doch noch in ein Bill-Haley-Konzert geschafft, ganz fein, in der Hamburger Musikhalle, zusammen mit meinem alten saddle pal Hansgüürgen »Hank« Spürkel (Bochum und L.A.). Nach dem Konzert fragte ihn jemand »Wie war es denn?« und Hansgüürgen »Hank« Spürkel sagte: »Zuerst nicht schlecht, aber dann wurde Harry leider wieder zum Tier.« Und Bill Haley hat geweint, weil er sich seiner ersten europäischen Randale entsann, und wie wunderprächtig alles angefangen hatte, als die Welt mit einem Schlag und ganz plötzlich, nämlich 1957, doch noch zum Verweilen einlud.

Pain In My Heart

Rolling Stones in der Halle Münsterland, Münster (11. September 1965) –

Von Michael Kröger

Josef war ein guter Mensch! Dabei schien es am Anfang gar nicht so. Er nahm mir meine große Liebe, die blonde Hildegard, aber er gab mir auch viel. Zuerst mal viel Alkohol. Und das kam so: Besagte Hildegard, mit der ich zusammen war, lernte Josef kennen und wollte mich nicht mehr. Nur weil der zwei Jahre älter war, ein Auto hatte und schon Geld verdiente (ich war sechzehn und ging noch zur Schule). Das war jedenfalls meine Erklärung, eine andere konnte es nicht geben. Deshalb wollte ich um die Frau kämpfen, die Ehre stand auf dem Spiel. Ich erreichte, daß Josef und ich uns verabredeten, um die Sache »unter Männern« zu klären. Nicht mit den Fäusten, sondern durch ein Gespräch. Wir trafen uns in der Bahnhofskneipe bei Fritz (da kannte ich mich aus), mitten in der Woche um 18 Uhr, um 22 Uhr mußte ich zu Hause sein, mit sechzehn gehört sich das so. Schon beim ersten Bier merkten wir beide, daß keiner von uns zurückstecken wollte, nach dem vierten beschlossen wir, daß die Dame unserer Herzen selbst entscheiden sollte, wer sie auf ihrem weiteren Lebensweg begleitete. Dieser weise Entschluß mußte natürlich begossen werden, zumal wir merkten, daß wir uns nicht unsympathisch waren, trotz unseres gleichen Begehrens.

Via »Wasserfall«, »Schäfers Hotel« und »Zur Scharfen Kante« (überall zwei Bier) ging's in meine zweite Stammkneipe »Lamping«, wo wir uns kräftig die Kante gaben, auch mit scharfen Sachen. Wir unterhielten uns über Gott und die Welt und über die Stones, und ich erzählte ihm gerade, daß ich ein glühender Verehrer nicht nur Hildegards, sondern auch der Fünf sei, als das Telefon klingelte. Meine Eltern waren dran! Welch eine Blamage! Ich kämpfe um eine Frau, saufe mit dem Nebenbuhler – und meine Eltern beordern mich nach Hause, aber dalli! Es war mittlerweile ein Uhr, wir hatten die Zeit vergessen und den Alkoholpegel, der für uns verträglich war, weit überschritten. Sturzbetrunken wankten wir gen Heimat. Zum Abschied nahmen wir uns beide noch mal kräftig in die Arme und wünschten uns gegenseitig viel Erfolg. Zu Hause gab's eine derbe verbale Auseinandersetzung mit dem Ergebnis: Hausarrest, Taschengeldsperre und Fronarbeit im Garten für die nächsten Wochen.

Zwei Tage später zeigte sich, welch guter Mensch Josef war. Er rief mich an, erkundigte sich nach meinem Befinden und fragte, ob ich nicht Lust hätte, mit nach Münster zu den Rolling Stones (damals sagte man auch das »Rolling« noch) zu fahren. Meine Taschengeldbaisse sei kein Problem, die 12,50 DM für die Karte würde er mir leihen. Eher schon die Tatsache, daß Hildegard auch dabei sein würde. Doch das sah ich anders. Was konnte schöner sein, als neben Mick, Brian, Bill, Keith und Charlie noch die Angebetete um mich herum zu haben. Und vielleicht ließe sich da ja noch was machen! Nicht mit den Stones, aber mit ihr! Ich sagte natürlich sofort zu.

Freiwillige Gartenarbeit, häufiges Abwaschen und fleißiges »Schularbeiten machen« sorgten für gute Stimmung bei den Erziehungsberechtigten, und die Erlaubnis zur Fahrt in die Diözesanhauptstadt zu einer Tagung des »ND« (Neudeutschland, Bund katholischer studierender Jugend) wurde bald gewährt. Offiziell fuhr ich mit meinem Freund Max (der damals noch Werner hieß, aber das ist eine andere Geschichte) und unserem Fähnleinführer dorthin. Max und ich waren fast sechs Jahre lang Mitglieder des »ND« gewesen (was sollte man in einer Stadt wie Vechta auch anderes machen), wir kannten uns aus, was Ausreden und Notlügen betraf. Er war Beatles-, ich Stones-Fan, und ich versprach, ihm beim nächsten Beatles-Gastspiel ebenso unter die Arme zu greifen. Je näher der Termin, der 11. September, rückte, desto aufgeregter wurde ich. Noch nie war ich in einem Konzert gewesen, doch durch die Presse wußte ich natürlich genau, was da ablaufen würde: Randale, wüste Schlägereien und jede Menge Kleinholz. Und ich hatte die Chance, Hildegard dabei zu beschützen, sie fest im Arm zu halten (während Josef in Panik längst fortgerannt war) und jegliche Unbill von ihr fernzuhalten. Herrliche Aussichten! Und die Stones leibhaftig erleben! Ich wußte gar nicht, worauf ich mich mehr freuen sollte.

Endlich war der große Tag gekommen, das erste Stones-Konzert in Deutschland. Ich war gründlich vorbereitet, hatte mir natürlich noch die neueste Single »Get Off Of My Cloud« geholt und konnte alle Texte mitsingen. Dabei wurde »Oh Carol« zu »Oh Hilde« umgewidmet, und bei »Pain In My Heart« konnte ich meinen ganzen Schmerz hinaus in die Welt brüllen. Das Konzert sollte um 20.30 Uhr beginnen (zuvor gab's noch eine Nachmittagsvorstellung), und so trafen wir uns gegen 16 Uhr, um pünktlich da zu sein. Josef kam mit seinem R4 vorgefahren, neben ihm saß sein Freund Bernd, und hinten Hildegard. Na prima, dachte ich und wollte mich flugs neben sie setzen, aber Josef hatte anders entschieden: Ich sollte nach vorne, Bernd nach hinten. Ging ja noch, so mußte ich jedenfalls nicht von der Rückbank aus auf das Paar, das keines sein durfte, starren.

18

Die Stimmung unterwegs war also gut, die Vorfreude auf das große Ereignis ließ jeglichen Herzschmerz fast vergessen. Die Dame verhielt sich
neutral, das Thema Beziehung (gab's das Wort damals schon?) wurde aus-
geklammert.

Bei der Halle Münsterland angekommen, stieg die Spannung. Jede Menge
Schupos liefen herum, und seltsame Gefährte, die ich zunächst nicht identifizieren konnte und die sich dann als Wasserwerfer entpuppten, waren
um die Halle verteilt. Man fürchtete wohl, daß die Bühne in Flammen aufgehen könne – so jedenfalls lautete meine damalige Erklärung dafür; auf
die Idee, daß man damit auch die Gemüter der Fans abkühlen könnte, kam
ich nicht. Das Publikum selbst war zum Teil richtig »großstädtisch«, einige trugen sogar lange Haare oder das, was man damals lang nannte. Manche hatten sich auch »richtig fein« gemacht. Schlips und Kragen und so.
Unser Outfit war neutral, man konnte uns, so hofften wir wenigstens, die
Kleinstadt nicht ansehen. Plakate, Platten usw. wurden angeboten, aber
dafür reichte mein Geld nicht. Die »Tagungsgebühr«, die ich von meinen
Eltern erschwindelt hatte, ging für die Anleihe bei Josef drauf. Der sammelte indessen Pluspunkte, als er eine Runde Bier spendierte. Mit 'nem
Bier in der Hand fühlte man sich gleich besser, es brauchte ja niemand zu
wissen, daß man aus der Provinz kam und sich auf dem Konzert-Terrain
nicht sooo gut auskannte.

Irgendwann ließ man uns dann endlich in den Saal. Der war bestuhlt, jeder hatte seinen festen Platz. Ich:

Links von mir Hildegard und Josef, rechts Bernd. So harrte ich der Dinge, die da kommen sollten. Und dann kamen sie, nein, nicht die Stones, sondern die Rivets, die Rackets und Didi and his ABC-Boys. Die heizten richtig ein, wie man damals noch sagen durfte. Vieles aus ihrem Repertoire kannte ich. Und langsam vergaß ich alles um mich herum, sogar meine Nachbarin. Nicht mal das große »Bravo«-Schriftband, das auf der Bühne prangte, störte mich mehr. (»Bravo« war doch 'ne Kinderzeitschrift, was hatte die mit den Stones zu tun?) Nur eine Sache quälte mich noch: Max hatte mir seine Kodak-Instamatic geliehen, ich sollte Fotos machen. Das mußte gelingen, konnte man doch bestimmt kräftig damit angeben! (Kann man auch heute noch bzw. wieder!) Ich probierte das bei den Vorbands schon mal, aber immer wieder sprang jemand vor die Linse. Als dann die echten, die wahren, die richtigen Rolling Stones unter großem Gejohle des Auditoriums endlich, endlich auf die Bühne kamen, vergaß ich vor Aufregung das Knipsen, ich war nur noch hin und weg. Doch plötzlich eine Anweisung aus dem Lautsprecher: Die Pressephotographen können vor die Bühne kommen und ihre Arbeit machen. Mir fiel der Apparat wieder ein, ich überlegte kurz, hielt das Gerät demonstrativ hoch und schloß mich dem Pulk der Bildreporter an. Und siehe da, es klappte. Ich war Pressephotograph! Die Stones stimmten »Everybody Needs Somebody To Love« an (wem sagten sie das?), und ich drückte auf den Auslöser. Nach sechs Photos nahm mir ein Ordner den Medienvertreter nicht mehr ab und jagte mich zurück in Reihe vier. Aber ich war's zufrieden, hatte ich doch einen großen Teil meines Solls erfüllt. Jetzt galt es nur noch den »Pain In My Heart« auszulöschen, an den mich meine Idole musikalisch erinnerten.

Aber was machten die da eigentlich? Die Musik war ja ganz anders als auf den Platten! Ich hatte Mühe mitzusingen, Micks Gesang zu folgen, die Einsätze waren meines Erachtens oft falsch. Gut, »Satisfaction« konnte man mitbrüllen (dabei ab und zu einen verstohlenen Blick auf das Objekt werfen, das die Satisfaction verhinderte – keine Reaktion), aber das war's auch. »I'm Movin' On« und »I'm Allright« kannte ich von der EP, das ließ ich mir noch gefallen, aber »Last Time« und »Time Is On My Side« waren auf Platte tausendmal besser. Und »Get Off Of My Cloud« kam gar nicht! Sieben Songs spielten die Stones, dann verschwanden sie. Wir wollten sie natürlich zu einer Zugabe überreden, brüllten, pfiffen, klatschten, standen auf den Stühlen, und dann kamen sie wieder, gaben zwei Minuten lang besagtes »I'm Allright«, und weg waren sie. Ganze zwanzig Minuten hatten die Jungs gespielt – gerade mal eine LP-Seite lang! Tja, das war's tatsächlich. Trotzdem, wir waren zwar leicht enttäuscht wegen der Kürze des Auftritts (vielleicht durfte es ja in Münster nach 23 Uhr keine laute Musik mehr geben?), aber die Freude darüber, die Stones leibhaftig gesehen und erlebt zu haben, überwog. Langsam machten wir uns auf den Weg nach Hause. Randale hatte es nicht gegeben, »auf den Stühlen zu stehen« war alles, was wir Verbotenes taten. Und die Bühne brannte auch nicht, die Feuerlöscher der Polizei konnten trocken ins Depot zurückkehren. Die Rückfahrt verlief harmonisch, zu viele Eindrücke mußten rekapituliert werden, da blieb für Herzschmerz kein Platz. In Vechta angekommen, setzte mich Josef zu Hause ab, nachdem wir uns alle freundschaftlich verabschiedet hatten. Ich wußte, daß ich bei Hildegard nicht mehr landen konnte, aber sie hatte jetzt immerhin einen Typen, der seinem Nebenbuhler ermöglicht hatte, die Rolling Stones live zu erleben. Wo gab es so was schon?! Die Stones hab ich seither noch öfter gesehen, Hildegard und Josef leider nicht.

Set Me Free

The Kinks auf dem Killesberg, Stuttgart (1966)
Von Wolfgang Doebeling

Stuttgart war wie tot. Abgeschieden, entseelt, unbelebt, komatös. Gemütlich, sagten jene Stuttgarter, die es gern waren. Und dabei landschaftlich überaus reizvoll, gell? Eine Hölle der Gemächlichkeit, die freilich auch ihr Gutes hatte. Indem sie den Heranwachsenden in die Emigration trieb. In die innere sowieso. Berge von Büchern, kompulsiv erklommen. Kafka natürlich und Proust. Hölderlin, der ganz in der Nähe im Turm verdämmert war. Heinlein, der von Fremden in fremden Welten wußte. Und ins externe Exil, mit Haut und Haaren. Im Sommer nach London. So anders, so aufregend. Musik omnipräsent. Jungs mit Mähne, Mädchen mit Beinen bis weißnochnichtwohin. Die Sinne gehörig verwirrt, aber allzeit auf Empfang. Und jeden Abend, vor jeder kurzen Nacht, vor jedem verheißungsvollen Tag: Musik live. Im Marquee, im 100 Club, im Lyceum Ballroom. The Move, The Nice, The Who. Post-Beat, prä-Psychedelia. Nach der Explosion war vor der Explosion.

Zurück im schwäbischen Korsett. Hegel-Gymnasium, Stuttgart-Vaihingen. Anpassung, tagein angemahnt, abverlangt, abgerufen. Und tagaus wieder abgeschüttelt, wie ein Joch. Sinnleere Konventionen. Jazzratte nannte mich mein Klassenlehrer. Latein, Geschichte, Musik. Jazz als Inbegriff für das Unbotmäßige, Kultur-Zersetzende, Abendland-Gefährdende. Zulukaffergetrommel schmähte er es, wenn ihn wie so oft der Zorn darob übermannte. Und Ratten waren Schädlinge, übertrugen Seuchen. Mein Aussatz war weithin sichtbar. Haare bis auf die Schultern. Meine Verdorbenheit bis ins Mark hörbar. Die Rolling Stones.

Im Jahr davor hatte besagter Herr Nau ein Tribunal inszeniert, ein Exempel statuiert. Wir Schüler durften unsere Lieblingsplatten zum Musikunterricht mitbringen. Und wurden dafür belobigt und getadelt. Die Schleimer schleppten Verdi-Opern an, die Brandenburgischen Konzerte oder doch wenigstens die Beatles, deren »Yesterday« mit gönnerhaftem Wohlwollen bewertet wurde. Für einen Schlager, verfügte Nau, sei das so übel nicht.

Als die Reihe an mir war, hielt die Klasse den Atem an. Nau war berüchtigt für seine Tobsuchtsanfälle, die sich stets in Schimpfkanonaden entluden, garniert mit der einen oder anderen Ohrfeige, wenn dem Choleriker mal wieder der Gaul durchging. Bei den ersten Tönen von »Satisfaction« verfinsterte sich seine Miene denn auch bedenklich. Doch anstelle des erwarteten Rappels ließ er uns eine Lehrstunde angedeihen, die durchaus prägen sollte. Der Mann rannte zur Tafel, zog eilig Notenlinien und transponierte Keefs Riff, Micks Melodie und Charlies Swing in eine Partitur-Skizze, samt Notenwerten und Taktzeichen. Dann, das letzte »I can't get no« war kaum verklungen, nahm Nau den Zeigestock und bewies uns mit hochrotem Kopf und vor Erregung bebender Stimme ein für allemal den Unwert dieses »schändlichen Krachs«, dessen Ursprung er treffsicher im »amerikanischen Busch« ortete. Und der Text sei »eine an Schamlosigkeit nicht zu überbietende Sauerei«, auch wenn man ihn kaum verstehen könne, weil der »sogenannte Sänger« brülle wie ein »brünstiger Gorilla«. Doebeling setzen, sechs.

Und die Klasse applaudierte ihm mehrheitlich. All die Verdi-Pfeifen, Tschaikowsky-Trantüten und Beatles-Streber ergriffen Partei für den Anstaltstyrannen und höhnten in meine Richtung. Da siehst du es, feixten sie, die Stones sind blöde Affen.

Stuttgart war trist. Tiefste Provinz. Nachts fand man Zuflucht im Äther. Auf der Mittelwelle, 208 Meter. Radio Luxemburg. Und vor allem bei den Pirate Stations, deren Empfang zu wünschen übrigließ und doch zahllose Wünsche erfüllte. Radio Caroline, Radio England, Radio London. Was der Transistor hörbar machte, war unsere Utopie. Die in einem fernen Pop-Kosmos Wirklichkeit war. Die Antenne als wichtigstes Utensil im Überlebenskampf auf feindlichem Terrain.

Im Kaufhaus Horten wurde ich hinterrücks mit einem Krückstock niedergestreckt. Der Täter, ein alter, verbitterter Mann, hätte sicher weiter auf mich eingedroschen, wenn sich nicht einer der schaulustigen Gaffer meiner erbarmt und dem Amok-Rentner Paroli geboten hätte. Zum Unmut der Umstehenden. Denn der Züchtiger, ein fraglos verdienter Volksgenosse, hatte zündende Argumente. »In Deutschland«, dröhnte er, »tragen Jungen keine Mädchenfrisuren.« Und man gehe rechts. In Deutschland. Sollte ich mich links herum gegen den Kundenstrom gestemmt haben, fahrlässig, mit Fransen über Augen und Ohren, so ganz und gar undeutsch, fragte ich mich benommen. Zwei Verkäuferinnen halfen mir auf die Beine und ins Freie. »Hier«, drückte mir die ältere der beiden gütig lächelnd eine Mark in die Hand, »für den Friseur.«

Partner der Welt. Mit diesem Slogan warben die Stadtväter für die Kapitale der Schwaben. Sehr sinnig, auf hintersinnige Art. Die Welt fand ja fürwahr anderswo statt. Wenn ich des Morgens den Unterricht absaß, übermüdet nach popmusikalischen Abenteuern auf fernen Piratenschiffen und drei Stunden Schlaf, mutmaßte Herr Nau, ich hätte mir die Nacht in einem Jazzkeller um die Ohren geschlagen. »Bei den Kaffern.« Doch gab es einen solchen Ort nicht, leider.

Wir hatten nur die – Mausefalle. Ein halbseidenes Etablissement in der Altstadt, wo sich Altrocker und GIs mit ihren Miezen ein Stelldichein gaben. Und Italiener. Nicht die Heimwehsorte mit einer Träne im Knopfloch, auf die Tina und Marina in Napoli warteten, sondern der ölige, verschlagene Schlag, der mit Klappmessern gestikulierte. Die Mausefalle war eine Diskothek, veranstaltete aber alle paar Wochen Live-Musik. Meine ersten Konzerte.

Das allererste war so erregend wie kurz. Joey Dee and The Starliters. Scharfe Combo. Wildes Twist-Treiben im Schummerlicht, in den Kleidern lange Schlitze, die Nylons mit Naht. Der Türsteher ließ mich für ein Capri-Eis von der Garderobe aus zehn Minuten zusehen und zuhören. Einlaß ab 18 Jahre. Ich war 14, sah aus wie 13. Keine Chance.

Ein Jahr später muß ich bedeutend älter ausgesehen haben. Slophosen, Cuban Boots, die Haare weit überm Kragen. Jedenfalls durfte ich rein. Teuer war's. Fünf Mark, die Cola nochmal einsfünfzig. Aber dafür erlebte ich die Swinging Blue Jeans. Fetzig und fabulös. Und die Pretty Things. Fahrig, fusselig, torpid. Eine gigantische Enttäuschung, auch wenn sie irrsinnig lange spielten. Beinahe eine dreiviertel Stunde.

Über die lokalen Bands, die hier oder bei Schulfeten und Jugendhaus-Schwofs regelmäßig ihre Gitarren einstöpselten, breiten wir besser den Mantel des Schweigens. Nicht nur, weil ihre Blaupausen-Mucke fade war, nicht nur, weil der Bassist Schorsch hieß und der Sänger Härri, sondern weil sie zu allem Überfluß auch zwischendurch den Mund aufmachten und ihre Stücke ansagten. »Des nägschde Schdigg hoist ›Andor Se Boordwock‹ ond ihr kennad dorzu an Scheik danza.« Nein, danke.

Bloß weg. Nach München, in den Zirkus Krone. Die Beatles, immerhin. Und tausend kreischende, kleine Mädchen. Fesch sahen sie aus, die Pilzköpfe, in ihren adretten Anzügen. Was sie indes spielten, ging im Geschrei der Girlies unter. Im Zug zurück waren wir uneins, ob »Can't Buy Me Love« zur Aufführung gekommen war, und welchen Song Ringo beigesteuert hatte, »Boys« oder »Act Naturally«. Egal, war eh Kindergarten.

Gemessen an den Stones war überhaupt alles Kinderkram. Essen, Grugahalle. Die Fans ekstatisch, die Freunde und Helfer gut gerüstet. Hundertschaften. Beritten. Knüppel aus dem Sack. Wasserwerfer. Wer nicht reinkam, klopfte draußen Rhythm für die Blues. Drinnen walteten andere

Kräfte, die jedoch auch Spuren hinterließen. Delirium tremens. Ein Typ in der Reihe vor mir hatte seine Boots ausgezogen und sich die Absätze abwechselnd im Watts-Wyman-Takt auf den Schädel gekloppt, so heftig, daß er post festum groggy zwischen den Klappstühlen hing. Ausgeknockt, mit verdrehten Augen und seltsam seligem Grinsen. Ich war ähnlich benommen und überwältigt, definitiv mehr staunendes Objekt als Herr der Lage. Das sollte sich im Jahr darauf ändern. 1966! Im August war es in London zu einem Quantensprung in Sachen Sex gekommen, mit Maylies aus Stockholm. Okay, Bill Clinton würde das nicht unter Sex subsumieren, aber es war toll, feite mich gegen die Beleidigungen des Alltags. Auch die Musik war mächtig auf dem Sprung. »Aftermath«, »Pet Sounds«, »Blonde On Blonde«. Ich war 16, wußte jetzt Bescheid. Hatte ich nicht den Englischlehrer bloßgestellt, der »ticket to ride« mit »Erlaubnis zum Reiten« übersetzte? Fear and loathing in Stuttgart, das schien vorüber. Von einer Souveränität, die ohne ständige Bestätigung auskommt, war ich freilich meilenweit entfernt.

Mein juveniler Hochmut brauchte Futter. Sollte er kriegen und nicht zu knapp. The Kinks hatten sich angesagt für den Winter. Meine fünfte Lieblingsgruppe, nach den Stones, Walker Brothers, Beach Boys und Byrds. Großes Konzert auf dem Killesberg, im Vorprogramm The Creation, David Garrick und das Hazy Osterwald Sextett. 3000 Tickets zu 12 Mark, weg wie nix. Natürlich hatte ich eins ergattert, ich war ja auf Draht. Die Vorfreude blieb etliche Wochen am Köcheln. Am Gig-Tag zogen wir schon nachmittags los, wollten die Kinks treffen, bei ihrer Ankunft, hinter der Bühne, irgendwo, möglichst privatim.

Wir, das waren mein Schulfreund Peter, 17, groß, blond, kurzhaarig, Sportler. Peter schaffte die Quadratur des Kreises, verehrte die Stones und Beatles gleichermaßen. Und ich, 16, klein, brünett, langhaarig, Sportverächter. Auch sonst waren unseren Gemeinsamkeiten enge Grenzen gesetzt. Was uns allein einte, war ein Faible für Beat. Und der Umstand, daß Peter von Nau ebenfalls gedemütigt und geohrfeigt worden war. Nicht etwa, weil er aufsässig gewesen wäre. Im Gegenteil. Nein, einfach weil er im Klassenzimmer ganz vorne und somit in Schlagweite saß, wenn der Studienrat zürnte.

Das Equipment wurde über eine Rampe in die Halle gekarrt, wir quetschten uns dazwischen und drangen so bis zur Bühne vor, von wo wir dem hektischen Treiben ein paar Stunden lang beiwohnten. Als gehörten wir dazu. Keiner fragte nach Credentials. Guitar Cases im Dutzend, Mick Avorys Schießbude, Soundcheck. Dann, eine Stunde vor Konzertbeginn, eine ernüchternde Durchsage. Die Halle werde nun geräumt. Wer Tickets habe, möge sich draußen anstellen. Tickets hatten wir schon, doch Platzkarten waren das nicht. Die ersten würden die besten Plätze bekommen. Wir waren zwar die ersten, würden aber gleich, durch den Hinterausgang hinauskomplimentiert, die letzten sein. Dammit.

Ich nahm mir eine Setlist von der Bühne, drehte sie um, kritzelte mit Kugelschreiber »Management Kinks« drauf und klebte sie mit Gaffa-Tape auf den besten Stuhl des Saals. Erste Reihe, Mitte. Zwei Meter vor der Bühne. Peter tat es mir nach. »Management Creation« stand auf seinem Zettel. Dann kamen die Ordner.

Draußen herrschte heilloses Gedränge. Alle älter als ich, alle größer, die Ellenbogen auf Höhe meiner Augen. Und alle drückten sie in Richtung dieses einen Tors. Ich verlor einen Schuh, mußte die Stampede vorbeilassen. Zehn Minuten vor Konzertbeginn waren dann die meisten drin, nur Peter und ich nicht. Wir suchten meinen Schuh, der sich wie von Geisterhand geworfen weit von jenem Ort entfernt hatte, an dem er mir abhanden gekommen war. Es war dunkel, naß und kalt. Als wir ihn endlich gefunden hatten, ein verklumptes Stück schwarzes Leder, ein ex-Schuh, war unsere Hochstimmung längst umgeschlagen in schicksalsergebene Betrübnis. Den Tränen nahe, stolperten wir in die Halle, um uns herum Tosen und Toben, sämtliche Plätze besetzt.

Nur zwei nicht. Erste Reihe, Mitte. Wir konnten unser Glück nicht so recht fassen, doch auf dem Weg zu den Logenplätzen wandelte sich unser Gemütszustand so rasend, daß mir davon schwindelig wurde. Vom Defätismus zur Glückseligkeit im Bruchteil einer Sekunde. Das war Rekord, jedenfalls in meinem Leben. Ich weiß nicht mehr, was ich an diesem Abend mehr genoß, das Staunen und so etwas wie Anerkennung in den Augen der Umsitzenden. Die waren im Schnitt immerhin sechs, sieben Jahre älter. Twens! Oder die Kinks, die noch besser waren als erhofft. Dandies, in blauen Samt-Jackets, engen Hosen und London im Blut. The Creation waren cool, David Garrick warf sein verschwitztes Rüschenhemd ins Publikum, wo hundert Hände daran zerrten, bis es in ebensoviele Teile zerlegt war. Ein Ärmelstück hing ein paar Monate als Trophäe an der Wand meines Zimmers. Bis ich das Ding als kindisch klassifizierte und wegwarf. Da schrieben wir bereits 1967.

Stuttgart war immer noch wie tot, hatte aber viel von seinem Schrecken eingebüßt, seit ich »bullshitting« buchstabieren konnte. Im Sommer schummelten wir uns in die Garderobe von Jimi Hendrix in der Liederhalle. Aber das ist eine andere Geschichte.

Fußmarsch zu »Don't Ha Ha«

Casey Jones & The Governors in der
Merkurhalle, Gaggenau-Ottenau (1966/67)
Von Herbert Müller

War es '66 oder '67? Egal! Casey Jones & The Governors (Gawanörs) sollten auftreten in Gaggenau-Ottenau in der Merkurhalle. Na gut, mit »Don't Ha Ha«, »Yockomo« und »Jack The Ripper« hatten sie ihre beste Zeit schon hinter sich, aber ich war Verwaltungslehrling im Rathaus Gaggenau und kulturelles Pflichtprogramm für die progressiv denkende Jugend süddeutscher Provinz sparsam terminiert. Und sooo lange war's auch wieder nicht her, seit »Don't Ha Ha« auf Platz 5 der »Bravo«-Musikbox stand, wenn nicht gar auf Platz 3! Und munkelte man nicht, Casey Jones hätte bei seinen Konzerten immer einen Sarg dabei, ja, für seinen Auftritt entsteige er sogar einem solchen?!

Kurzum, die Sache war 5 Mark Eintritt wert, die lokalen Abräumer The Firestones und The Ghostmen kriegte man noch zusätzlich fürs Geld – und gegen Sonntagnachmittag, 16 Uhr, hatten nicht mal die Eltern was: »Spätestens um 11 bist du wieder zuhaus. Morgen ist Arbeit.« Kein Problem! Sogar alle weiteren wichtigen Beat-Gruppen der Saison wären bis dahin unterzubringen gewesen.

Oberweier, das eingemeindete Eichelbergdörfchen, war 8 km entfernt vom Event. Also 20 Minuten mit dem Rad, oder 1 1/2 Stunden zu Fuß? Ich entschied mich für den Fußmarsch. Erstens hätte jeder in mir den Dörfler erkannt, wär ich angeradelt gekommen, womöglich mit Hosenklammern, zu denen mein Vater jedem riet, den er aufs Rad steigen sah, und zweitens hätte der Fahrtwind meine wohldurchdachte Kleiderordnung ungünstig beeinflußt: ein Rüschchenhemd unterm Blümchenschlips, eine Schlaghose – falls die damals schon trug, wer auf sich hielt – und über allem ein marineblauer Blazer mit Goldknöpfen, zweireihig. Schwerer Stoff. Gute Qualität. Herrenausstatter Hiller, Karlsruhe. Da hätte auch Windstärke 10 nicht durchgepfiffen. Der Blazer war neu und somit obligat.

14 Uhr. Ich ging los. Allein! Aktivierungsversuche nach verschiedenen Richtungen entlarvten das Spießerpotential meines personellen Umfeldes. Die Rathauskollegen standen eher auf Schwimmbad als auf Beat-Musik, und mein Bruder Reiner hinkte mir altersmäßig endlose 2 Jahre hinterher

und maulte noch regelmäßig, wenn ich 18.05 Uhr kompromißlos »Hallo Twen« einschaltete, Reiner aber im Fernsehen »Sprung aus den Wolken« oder »Shannon klärt auf« bevorzugt hätte.

Sonntagnachmittage sind in Süddeutschland grundsätzlich heiß. Das weiß ich, seit ich im nordhessischen Bergland wohne. Damals war ich 16, unterwegs zu meinem 1. Beat-Konzert und – schwitzte! Für Fahrtwind wäre man dankbar gewesen. Ob ich den Blazer zwischenzeitlich mal auszog, wenigstens die zweireihigen Knöpfe öffnete – was übrigens nicht sehr wahrscheinlich ist, weil's nicht günstig aussah – ist mir unverständlicherweise entfallen. Irgendwann kam ich an. Naßgeschwitzt. Das war auch nicht günstig. Aber wer achtete schon auf mich? Trotz Schwimmbadwetter herrschte Gedränge vor der Merkurhalle; die Sache mit dem Sarg schien bekannter, als mein ignoranter Kollegenkreis vermuten ließ.

16 Uhr war zwar nicht Beginn, aber immerhin Einlaß. Die Bestuhlung, nicht korrekt konzertmäßig, verwies eher auf »Mainz wie es singt und lacht«, das heißt, es standen Tische zwischen den Stuhlreihen. Man mußte also was zu trinken bestellen. Zwischen Bühne und Bierzeltmöblierung gab's sogar noch eine Tanzfläche, und nur sehr im hinteren Drittel der Merkurhalle – die werktags eher Turnhalle hieß – fand ich einen Platz. Wahrscheinlich, weil von dort her bekannte Gesichter vom Dorfe feixten. Die waren zwar schon 18, aber mit irgendjemandem muß man halt reden.

Warten – Cola bestellen – warten – dann 17 Uhr: The Firestones! The Firestones spielten toll. Laute(r) Hits, die ich kannte: »Peter Gunn«, »Still I'm Sad«, »When I Was Young«, »The Last Time«… The Firestones wollten überhaupt nicht mehr aufhören.

Zwischenzeitlich ließ ich Dörfler und Cola allein und wagte mich auf die Tanzfläche, nicht ohne vorher hinter eine mit Bedacht ausgespähte Schulter zu nuscheln: »Wollmamatanzen?« Hin und wieder wollte man, und ich mußte die Frage nicht immer bei der Nachbarin wiederholen, die dann aber komischerweise auch nie wollte.

Um 19 Uhr waren The Firestones fertig. Pause. Umbau. Ich gönnte mir einen Schinkenweck und noch eine Cola.

20 Uhr. The Ghostmen betraten die Bühne. The Ghostmen waren berühmt für die ausgedehnten Schlagzeugeinlagen, die »Ringo« lieferte. Der hieß zwar nicht so, aber ich muß hier wohl nicht erklären, warum er sich so nannte. Bei The Ghostmen tanzte man nicht, man hörte fachkundig zu. Außerdem hatten The Ghostmen bereits einen Hit, der via SWF 3 murgtalweit bekannt war und – klar! – »The Ghost« hieß! Den fand ich zwar ganz toll, aber irgendwann während Ringo und »Ghost« begann ich

mit unruhigen Rechnereien, wie lange The Ghostmen noch dürften, damit Casey Jones & The Governors – einschließlich Sarg – noch genügend Zeit hätten mit ihrem Auftritt für mich.

Der gegenübersitzenden volljährigen Dorfjugend hatte ich mein Problem unklugerweise, während einer der reichlich eingestreuten Wartezeiten, gesteckt. Daß die an meinem Dilemma breites Interesse zeigten, je länger Ringo trommelte, lag weniger am Mitgefühl der Pferdeknechte als am Unterhaltungswert des Themas. Das einzige übrigens, das sie beschäftigte, denn in Fachgespräche über Schlagzeugtechnik, oder gar den heraufdämmernden Underground, waren diese Mopedfahrer mit freiem Ausgang nicht zu verwickeln. Aber über irgendwas muß man halt reden, auch wenn unter ihrer Unkerei, Casey Jones würde nicht vor 10 beginnen (!), meine Konzentration auf Sticks und Ringo möglicherweise litt.

Die Viertelstunden verrannen. Ringo trommelte. Sehr raffiniert war heute sein Solo in »The Ghost« eingebaut, die Gruppe zu Beginn der Einlage im dunklen Bühnenhintergrund verschwunden. Rechtzeitig und plötzlich würden sie wieder reinknallen mit dem Hauptriff. Vorerst aber nur Ringo – Spots – Trommeln. Sehr raffiniert!! – Unerklärlich, warum mir in späteren Jahren sogar Baß-Soli eine Spur weniger unangenehm waren als das Hämmern auf Fell und Messing.

Es ging auf viertel vor 10. Mein anarchistisches Verständnis schien nicht ausgeprägt genug, mich dem Wunsch meiner Eltern um pünktliche Rückkehr zu widersetzen. Fahrrad und Hosenklammern wären jetzt willkommen gewesen, um wenigstens, auch bei zeitlich großzügigster Kalkulation, das Aufklappen des Sargdeckels zu Beginn der Show zu erleben. Wenn ich auch nicht auf »Don't Ha Ha« hoffen durfte – das mußte Casey Jones sich ganz klar als Schlußnummer aufheben! – »Jack The Ripper« wäre drin gewesen, das Stück, das ich sogar auf Single-Schallplatte besaß.

So aber blieb mir nur, die Gunst des abgedunkelten Augenblicks zu nutzen und mich, unter dem sich verdichtenden Trommelwirbel Ringos, ziemlich unbeachtet wegzuducken.

Die Nacht war süddeutsch-mild, den Blazer hängte ich salopp über die Schulter, der Marsch war lang genug, mir eine Strategie zu überlegen, wie das Gesicht zu wahren war vor Reiner und Rathaus.

»Jack The Ripper« legte ich danach seltener auf. Die Niederlage war zu groß. Vielleicht wurde es aber auch nur hinweggefegt von Led Zeppelin und Deep Purple. Ja – und schleppte Casey Jones wenigstens seinen Sarg auf die Bühne? Keine Ahnung. Ich hab nie nachgefragt, damals. Heute wüßte ich's aber doch ganz gern. – –

Gotta! Gotta! Gotta!

Geno Washington im Marquee Club, London (Ostern 1967)
Von Werner Pieper

Meine Pupillen weiteten sich: Endlich! Die halbe Nacht war ich schielend durch Frankfurt getigert. Hunderte von Autos hatte ich aus den Augenwinkeln gecheckt, und endlich war eines unabgeschlossen und hatte ein wunderbar simpel ausbaubares Transistor-Radio. Ruck, zuck und es war meins. Die Reise konnte losgehen.

Abfahrt 4 Uhr morgens per Zug, Ziel London Victoria. Offizielle Mission: beim Ostermarsch 1967 drei Tage die deutsche Fahne tragen. Der Deal: ein Zimmer für 8 Tage umsonst (mein damaliger Monatslohn im 3. Lehrjahr: 70 DM). Der Traum: endlich nach England, Swinging London, Piratenradios et al. Mit dem BFN (englischer Soldatensender) groß geworden, phantasierte ich von Radio Caroline und den anderen Piraten. Was damals als Traum eines Lehrlings begann, sollte sich als lebensweisendes Erlebnis herausstellen.

Vor Ort erledigte ich meine Pflicht nur ungenügend. Die Fahne trug ich, ebenso wie meinen guten Sonntagsanzug, nur einen Tag – und dann nie wieder. Bei uns auf dem (Sauer-)Lande war es undenkbar, Ostern nicht die besten Klamotten anzuziehen. In London liefen alle locker in Jeans rum. Unfaßbar. Daheim hatte ich Bücher über Buddhismus und Anarchismus gelesen – aber nie jemanden getroffen, mit dem ich über das eine oder das andere oder gar über beide Themen reden konnte. Gerade war die erste europäische UndergroundZeitschrift, die »International Times« (IT), herausgekommen. Hier schien jeder zu wissen, worum es ging: Wir gingen in den 60er Jahren gegen ein amerikanisches Schweinesystem auf die Straße, gegen des Großen Bruders Wirken in Vietnam. Aber war uns bewußt, daß wir für unseren Protest mit Ur-Amerikanischer Demo-Kultur arbeiteten? Sit-Ins, Protestmärsche, Ausnützen der Meinungsfreiheit, Protestlieder – all das übernahmen wir von der amerikanischen Bürgerrechtsbewegung, nicht aus eigenen Traditionen. Und wie dröge wäre unsere Jugend ohne die amerikanische & britische Besatzermusik geblieben? Ein Protest gegen die Eltern ohne Rock 'n' Roll 'n' Beat? Nicht auszudenken. »Amerika« half uns, die deutsche Schwere loszulassen und eine neue Lockerheit anzunehmen. Aber das Amerika in Vietnam war der Gegner. Und Jugendkultur noch ein neues Konzept in der Menschheitsgeschichte.

Ich traf nette Leute, sie luden mich abends ein, und schon fand ich mich bei einem Ostermarsch-Konzert der Liverpool Scene (Andy Roberts, Adrian Henry etc.) und Ram Jam Holder (»Black London Blues«) wieder. (Realitätsbezug: Beim Frankfurter Ostermarsch spielten damals Dieter Süverkrüp und Franz-Josef Degenhardt.) Es war »toll«, Andy Roberts gehört heute noch zu meinen Lieblingen. Aber es war nicht die Musik, die mich überwältigte, sondern mein erster Joint. An eine direkte Wirkung vermag ich mich nicht mehr zu erinnern, wohl aber daran, daß ich – als Nichtraucher – kotzen mußte. Heftig. Die positiven Auswirkungen jedoch hielten bis heute an: Zwischenzeitlich war ich Haschischdealer, Drogenberater, Fachverleger für Hanfiges etc.

Ich nutzte die Londoner Tage und Abende. Mit ein paar Anarchisten ins Kino. Wobei ich jedoch nicht verstand, warum nach dem Film alle, auch meine neuen Anarcho-Kumpels, aufstanden, um »God Save The Queen« zu singen. Dabei kannte man die Fassung der Sex Pistols noch nicht. Im Saville Theatre erlebte ich die Bee Gees als Vorgruppe von Gerry & the Pacemakers als Vorgruppe von Fats Domino. Begeistert schaute ich vom oberen Rang zu, wie er während der Zugabe »When The Saints« mit seinem Bauch rhythmisch das Klavier von der Bühne puschte; war vorher Zeuge, wie die Bee Gees nicht in der Lage waren, ihren aktuellen Hit, das »New York Mining Disaster«, bei diesem, ihrem ersten Gig in England live zu spielen. Ich erlebte den letzten Auftritt von Stevie »keep on running« Winwood mit der Spencer Davis Group. Vorband: Die Tremoloes und andere längst verdrängte Pop-Helden der Stunde.

Als ich nach einer Woche mein Zimmer bei den Quäkern räumen mußte, trampte ich nach Liverpool. Übernachtungen auf Autofriedhöfen, »mein« Radio als Kopfkissen. Einschlafen und aufwachen mit Caroline. In Liverpool ging es sofort zum Round-about Penny Lane, wo ich mich hinhockte und wartete, bis gleichnamiger Song zum selbigen Platz aus meinem Radio erklang. Da mußte ich nicht lange warten, schließlich war der Song die Nr. 2 der Hitparade (peinlicherweise die erste Single der Beatles, die es nicht zur No. 1 schaffte – da war »Winchester Cathedral« davor. Schande!). Liverpool imponierte mir: arme Menschen, saugeiler Humor – naja, soweit ich die Sprache überhaupt verstand. Ich hatte zwar Englisch in der Realschule gehabt, aber die Lehrerin akzeptierte manche Wörter, die ich aus Beatles-Liedern kannte, nicht. Die gab es in den 20er Jahren, als sie in Oxford studierte, noch nicht. »Setzen! Fünf!« hieß es dann immer wieder. Aus Frust weigerte ich Depp mich erfolgreich, weiter Vokabeln zu lernen. So mußte ich mehrfach passen, als die netten Liverpudlians oder andere Briten meinten: »Ah, Deutscher, hm, und Koch. Erzähl uns doch mal, wie man Sauerkraut kocht.« Liverpool. Cavern Club. Dort spielte eine drittklassige Band, und ich erinnere mich nur noch an die Verwunderung, daß alle englischen Mädels a) miteinander tanzten und b) stolz Laufmaschen trugen.

OK, ich kam vom Lande, aber hatte schon ein paar Konzerte erlebt: Folk Blues Festival in Marburg, bei heimlichen Trampfahrten nach Hamburg mehrere Bands im Starclub (Rivets etc.), irgendwo auch mal einen Auftritt der wundervollen Boots, wenn auch vor nur 10 Zuhörern in einer Kneipe. Und natürlich unsere lokalen Beathelden: The Petards. All das war fun, fun, fun. Keines dieser oder der eben erwähnten Konzerte jedoch hatte mich auf das vorbereitet, was mich dann völlig überrumpelte: ein Abend im Marquee Club, in der Wardour Street, London.

»Ladies & Gentlemen: Welcome from the USA, the one, the only Geno Washington & his Ram Jam Band ...« One, two, three – und ab ging die Post: »Ride Your Pony«. The Funky Butt Show. Der Club war hoffnungsvoll überfüllt, nach deutschen Maßstäben ums Dreifache des Fassungsvermögens. Da ich keine Kohle für die Garderobe hatte, mußte ich mich irgendwie am Pullover und Parka festhalten. Und schon beim zweiten Stück sangen alle mit: »Baby, everything is allright, uptight ...« Die Soulhits wurden à gogo, ohne Pause, gnadenlos auf uns abgefeuert. Die Band groovte und movte, wie ich es noch nie erlebt hatte. The best of Stax, absolutely live. Geno als Zweimetermann überragte alles souverän. Da machte es nix aus, daß er eigentlich ein übriggebliebener GI war, der versuchte, irgendwie in England Fuß zu fassen – warum nicht mit Soulmusik? Für uns war er die wahre Sahne. So was hatte ich noch bei keinem Konzert erlebt: das Aufgehen in der Masse. Nicht brav auf einem Stuhl in Reihe XY sitzen, sondern in einer kollektiven Einheit hopsen. Tanzen ging nicht aus Platzmangel, aber wenn alle im Rhythmus hüpfen, dann reißt es einen mit. Geno spielte fast nur Coverversionen von zeitgenössischen Gassenhauern wie: »In The Midnight Hour«, »Respect«, einige Sam & Dave-Songs – zu denen ein großes ekstatisches deliriöses »That's Soul«-Sing-a-long. Wer hatte damals kein Exemplar dieser ersten erfolgreichen Pop-Compilation-LP gleichen Namens?

Eigentlich hätte ich tief deprimiert irgendwo in einer Ecke hocken müssen. Denn tags zuvor hatte ich das größte Konzert überhaupt verpaßt. Naja, was heißt schon »das größte Konzert«? Wie groß es war, erfuhr ich erst später rückwirkend. Andererseits konnte ich mir keine Vorwürfe machen, ich hatte wirklich alles versucht. Dabei rede ich nicht einmal von der Package Show mit Jimi Hendrix und Cat »get my gun to shoot Mr. Tillerman« Stevens, die erst auftraten, als ich die Stadt schon wieder seit drei Tagen verlassen hatte (Schmerz!), sondern von der alles überragenden Stax Revue, mit Otis Redding (immerhin machte ich Jahre später eine Rock 'n' Roll-Pilgrimage in seine – und Little Richards – Heimatstadt Macon, Georgia), Carla Thomas, Sam & Dave, Eddie Floyd und als Begleiter die original Booker T & The MGs, mit Steve Cropper. Als ich zur Fairfield Hall in Croydon kam, waren beide Vorstellungen schon ausverkauft. In Deutschland hatte ich es bis dahin immer geschafft, auch ohne Tickets in fast jedes Konzert zu sneaken, aber in London standen Profis an den Eingängen, da hatte ich (als Landratte im Gegensatz zu den Stadtratten) keine Chance. Stundenlang lief ich um die Halle, in der es dröhnte und jubelte, begleitet vom Baß Duck Dunns. Mein Gott Otis: »Gotta! Gotta! Gotta!« – Me too! Nur durch eine Mauer von mir getrennt. Never saw him. Inzwischen ist dieser Gig Legende. Es gibt ihn auf CD, es gibt ihn auf Video.

Soul-Man Geno war offensichtlich mit all deren Original-Moves vertraut. Später lernte ich Sam & Dave kennen, sie luden mich zu ihren Konzerten (in Frankfurt) ein, und es dauerte eine Weile, bis ich dort nicht zwei »Genos«, sondern wirklich Sam & Dave erlebte. In heutigen Rocklexika taucht Geno Washington nicht mehr auf. Seine zwei Schallplatten klingen in der Tat wie eine »poor man's Stax Revue«, die von mir erlebte Magie ist für die, die ihn nicht live erleben durften, kaum zu fassen. »My ability to entertain people comes out best when I'm doing a whole show in front of them ... with the fans right there, responding to me, I'm inspired to go all out.« Es klingt wie ein Klischee, doch es war lebendige Realität. Oh, my soul!

Namen sind Schall und Rauch, wenn einen die Musik erst einmal gepackt hat. Als uns Geno »You Left The Water Running« sang, dachte hier im Marquee doch niemand an Otis Redding. Warum auch? Wir alle grölten: »Geno! Geno! Geno!« Dem keltischen Soulbrother Kevin Rowland (von den späteren Dexy Midnight Runners) muß es ähnlich gegangen sein, denn sonst hätte er nie seine meisterlich angemessene Hymne »Geno!« schreiben können, die ihn besser auf den musikalischen Punkt bringt als dessen eigene alten Scheiben. »Ohoho Geno!«

Mein ganzes Leben hatte ich als Einzelgänger verbracht. In der Grundschule sollte ich für die Musiknote den alten Landser-Hit »Ich hatt' einen Kameraden« vorsingen und versagte: Ich hatte keinen Kameraden. Und sang nie wieder. Selbst in der Vereins-Fußballmannschaft war ich Außenseiter, weil ich kein Bier trank. Aber hier im Marquee Club, da gehörte ich plötzlich dazu, zur Mehrheit. Mehrheit? Einheit. We were all one. Niemand saß, keiner hatte Zeit, sich um Freunde/Freundin zu kümmern oder an ungemachte Hausaufgaben zu denken oder an »wie komme ich hinterher nach Hause?« oder das süße Mädel da hinten zu beäugen oder sonst was. Band, Publikum, der Schweiß, der Sound, Geno und ich: Wir waren zusammen eine Einheit im selben Groove. Nothing else mattered. Andere Konzerte mögen wundervoll gewesen sein. Wie ein erster Kuß. Oder, wenn es wild wurde, fast wie heftiges Gefummel. Aber dieses Konzert, das war eine Orgie, Massenekstase: Hold on, we're coming. Oh, Geno! In den Worten meines Freundes Paul Williams fand ich Jahre später eine genaue Beschreibung dieser Rock 'n' Roll-Initiation: »Mich überkam ein grenzenloses Gefühl der Freiheit. Wut und Frustration schossen aus mir hinaus und das Gefühl, das ich bei diesem Ausbruch empfand, war pure Freude.«* Shouter Geno lebte vom lautstarken Feedback des Publikums, immer wieder fragte er uns: »Do you feel allright?« Und was heute als meist peinliche Phrase von der Bühne flattert, erschien uns damals als Maßstab der Realität. We did feel allright, aber hoppla! Nochmals Freund Paul: »Niemand kann dir ernsthaft von der Bühne hinunter vorsingen, es sei alles allright. Man muß sich schon selber einbringen, um in einem Lied (dem Text, Beat, Sound, der Lautstärke und allem zusammen) die eigene Wut, Angst, Verlangen, Selbstzweifel herauszuhören. Plötzlich fühlst du dich weniger einsam und wahrscheinlich singst du schreiend mit. Irgendwie muß es doch OK sein, wenn auch jemand anderes so fühlt und sogar gewillt ist, dies in der Öffentlichkeit zu sagen, es zu singen. Und in dir befreit sich etwas, ist nicht mehr unter inneren Schalen versteckt, wenn du es erst einmal benennst und mit voller Lautstärke hinausposaunt hast.« Jau, genau so war es, Paul, Zugabe bitte: »Zugegeben, ich beschreibe hier eine ideale Situation«. Geno '67 war die ideale Situation: »Denn die Essenz dessen, mit dem wir hier zu tun haben, ist ein Mysterium.«

Bei einem optimalen Konzert erreicht man Orte im eigenen Universum, von denen man vorher nichts wußte. Man kommt in sich an. »Wer im eigenen Körper angekommen ist, in der eigenen Traumhaut lebt, die eigenen Traumpfade abwandert (oder tanzt), ist überall im Universum zu Hause«, so schildert es Luisa Francia, »Zeit spielt keine Rolle mehr, Entfernungen werden unwichtig.«** Ich war im »Land of thousand dances« angekommen & nothing else mattered.

Acht Jahre vorher hatte ich als 11-Jähriger in der Musik-Box der Eisdiele Venezia in Meschede im Sauerland Little Richard für mich entdeckt. Die Stimme, der Schrei, die Offenbarung – durch ihn kam die Gewißheit: Es gibt da draußen noch eine Welt, die lebenswert ist. Nicht diese dumpfe katholische Kacke, in der sich alle suhlten und die mich als Zwangs-Evangelen unchristlich ausschloß. Seit Geno ist der Städter in mir Londoner. Im Marquee erlebte ich noch viele traumhafte Gigs, auch mit guten Freunden (im Publikum und auf der Bühne). Meiner Tochter gefällt die Stadt heute ebenso wie Soul Musik. Ohne Little Richard, ohne Geno Washington wäre ich vielleicht ein guter deutscher Bürger geworden. Sie aber eröffneten mir das Leben. Yes they did, yes they did, yes: I thank you!

---

* Paul Williams: Dieses großartige Rock and Roll Gefühl; Der Grüne Zweig 191, Löhrbach 1998.

** Luisa Francia: Die Magie des Ankommens; Nymphenburger Verlag, München 2000.

Mein erstes Konzert

The Pretty Things in Wuppertal (11. November 1967)

Von Eugen Egner

Als die Zeit für mein erstes Konzert gekommen war, hatte ich keine Ahnung, ob ich nur zuhören oder selbst etwas vortragen sollte. Mit bangem Gefühl, denn ich konnte weder ein Lied noch ein Instrumentalstück, ja nicht einmal ein Gedicht, betrat ich den großen, vollbesetzten Konzertsaal und setzte mich möglichst weit nach hinten. Rechts von mir übergab sich ein kleines Mädchen auf das Hemd des vor ihm sitzenden Mannes. Vor Aufregung hätte ich es dem Kind gleichtun können. Die Lichter im Saal verloschen, nur die Bühne blieb grell beleuchtet. Mehr denn je quälte mich die bange Erwartung, im nächsten Moment dort hinauf zu müssen, doch aus der Kulisse schwebte eine ordentlich gekleidete Dame hervor, um ohne weitere Umstände, für das Publikum leider nicht verständlich, in ein Loch in der Bühnenrückwand zu sprechen. Das tat sie so lange, bis es selbst mir in meiner übergroßen Furcht unwahrscheinlich erschien, noch »dranzukommen«. Infolgedessen wunderbar entspannt, erlebte ich noch einen interessanten Konzertabend. Schön, wenn gleich das erste Konzert im Leben eines jungen Menschen eine so lehrreiche Erfahrung ist.

Vorstehenden Text hatte ich als Beitrag zu diesem Buch eingesandt, doch der Herausgeber haute ihn mir wütend um die Ohren und verlangte »für das hohe Honorar etwas Ordentliches«. So sah ich mich gezwungen, unter unsäglichen Mühen das Folgende zu verfassen.

Mein erstes Konzert

In einer längst vergangenen, sagenhaften Zeit, nämlich am Samstag, dem 11. November 1967, veranstaltete das Modehaus Fritzsche wieder einmal eine »Beat-Show« in der Wuppertaler Stadthalle. Der Sohn des für die Organisation Zuständigen hatte seinen Vater tatsächlich dazu gebracht, als Hauptattraktion die britische Band The Pretty Things zu engagieren. Bei gewissen Leuten, zu denen auch ich gehörte, genoß diese damals das Extrem jenseits der Rolling Stones verkörpernde Gruppe wegen ihrer rabiaten Musik und ihres haarigen Erscheinungsbilds hohes Ansehen. Insbesondere die Art und Weise, wie sich ihr Vokalist Phil May frisurmäßig gab, galt auch mir aus tiefster Seele als vorbildlich. Erst zehn Jahre später sollte ich vorübergehend mit ihm gleichziehen, so stark waren die äußeren Zwänge, denen ich seinerzeit unterlag. Seither sind fast dreiunddreißig Jahre vergangen, und heute, da ich dies schreibe, kann übrigens als sicher gelten, daß umgekehrt Mr. May froh sein dürfte, über meinen Haarwuchs zu verfügen, der, wenn auch etwas dünn und nur mehr eingeschränkt langstreckentauglich, wenigstens noch als »voll« gelten darf und nicht die fortgeschrittene Kahlheit aufweist, die den mittlerweile auf die Sechzig zugehenden Mythos so verunziert (ich bin ja auch sieben Jahre jünger als er). Ach ja, die Hormone – es ist eben alles Glückssache im Leben. Doch dies nur ganz am Rande.

Während des Jahres 1967 war im Unterschied zu den beiden vorangegangenen Jahren wenig von den Pretty Things zu hören gewesen, von »Stilwechsel« und neuen Bandmitgliedern war geraunt worden. Die im Mai '67 veröffentlichte LP »Emotions« hatte mich maßlos enttäuscht, denn für einen, der wie ich besonders das zweite Album »Get The Picture« von 1966 schätzte, kam da allerhand Unerfreuliches zusammen: Die neuen Stücke klangen dünn und fad, gitarristisch war überhaupt nichts los, und allenthalben machten sich Streicher und Bläser ziemlich breit; wie ich heute weiß,

„Heute"
Stadthalle Wuppertal
Samstag, 11. 11. 67
19.30 Uhr
THE

PRETTY THINGS

spielen ihre Welterfolge
Als Gäste:
THE German Bonds
die anderen
Rondo & Chaine
THE Beat Kids
THE Dic Grace
Am Mikrophon:
Vera und Sigi
und eine farbenprächtige Modenschau von **FRITZSCHE** mit Filmen und Dias in 5 Bildern. Prämiierung der originellsten Beat-Kleidung,
1. Preis:
1 Reise nach London

Eintritt auf allen Plätzen 6,– DM. Vorverkauf beim Verkehrsverein, Fritzsche, Buchhandlung Landsiedel-Becker.

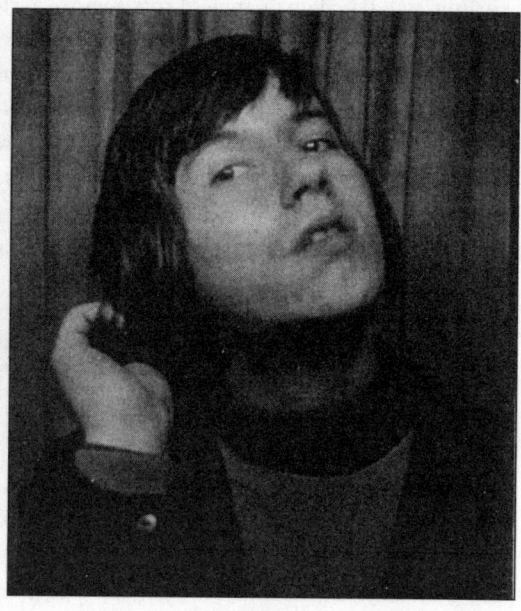

Zeitgenössisches Bild vom Autor

wurden sie zum Leidwesen der Band von den Produzenten nachträglich und hinterrücks hinzugefügt. Nicht etwa, daß das Ergebnis Pop-Musik war, verdroß mich, sondern daß diese sich so anämisch anhörte. Von dem altvertrauten Starkton-Gesamtklang war nichts übriggeblieben als die wie Fremdkörper ans neue Material hinten drangeklebten Vorjahres-Single-Titel »A House In The Country« / »Me Needing You« und »Progress«. Wenn mir auch aufgefallen war, daß das kompositorische Vermögen der Musiker deutlich angewachsen war, konnte ich diese Platte insgesamt nicht akzeptieren. Es gab ja genug anderes, worin sich schwelgen ließ – die Ernte des psychedelischen Jahres 1967 (»Summer of love«!) war überreich. Bei so viel Neuem und Überwältigendem gerieten die Pretty Things mit ihrem unbefriedigenden »Emotions«-Album leicht aus dem Gesichtsfeld und sogar ein wenig in Vergessenheit. Vielleicht war ihre Zeit bereits vorüber? Mit gemischten Gefühlen suchten meine Kumpane und ich an jenem Samstagabend die Stadthalle auf. Laut Presseankündigung sollten die Pretty Things »ihre Welterfolge« spielen, also doch wieder die »alten Sachen«? Ich wußte nicht, was ich erwarten sollte, am allerwenigsten wagte ich in diesem Zusammenhang an Psychedelisches zu denken.

Ich war seit ziemlich genau einem Monat sechzehn, also kaum der Mutterbrust entwachsen, und seit etwas mehr als einer Woche Werbekaufmanns-Lehrling, wie das damals hieß. Trotz meines zarten Alters war das bereits mein drittes Ausbildungsverhältnis; das fremdbestimmte Zurarbeitgehen war nie etwas für mich. An dem bedeutenden Samstagabend, von dem hier die Rede ist, ward die züchtige Bürofrisur aufgeklappt und nach Möglichkeit rundum den Schultern entgegengestreckt, wobei aber höchstens das Kinn zu erreichen war. Alles, was in Wuppertal »szenemäßig« Rang und Namen hatte, war versammelt, der spätere berühmt-berüchtigte Musikalienhändler Eberhard T. und sein Kumpel Knut haarmäßig um Längen vorn-

38

weg. Die lokale Formation »The Beat Kids« fungierte als eine der Vorgruppen. Ihren ursprünglichen, »Memphis« genannten, Sologitarristen sollte ich zehn Jahre später während seines musikalischen zweiten Frühlings bei R. M. E. Streufs Gruppe »Armutszeugnis« kennen und fürchten lernen. Am 11.11.67 wirkte er aber schon nicht mehr bei den »Beat Kids« mit, sondern war inzwischen von einem stadtbekannten Übelmann abgelöst worden, dessen angebliche Akte der Frauenverachtung damals als aufsehenerregender galten denn seine gitarristischen Taten.

Anders als für mich und zahlreiche Gleichgesinnte stellte für den Veranstalter nicht der Auftritt der berühmten Briten den Mittel- und Höhepunkt der »Beat Show« dar, sondern die geschäftliche Selbstdarstellung in Form einer »farbenprächtigen« Modenschau »mit Filmen und Dias in 5 Bildern«, die Krönung des Abends würde in der »Prämiierung der originellsten Beat-Kleidung« bestehen. Erst danach, ganz zum Schluß, sollten die Pretty Things die Bühne betreten, man war also zum Dableiben gezwungen. Mich trieb das Duo »Rondo & Chaine« aus dem Saal, nachdem ich mir »The Beat Kids« und die »German Bonds« noch einigermaßen interessiert angehört hatte. Die Musik dieser Gruppen war bereits »von gestern«, nach »Sgt. Pepper« und dem Erscheinen von Jimi Hendrix, Cream etc. war »Beat« (als Gattungsbezeichnung sowieso) entwicklungsgeschichtlich eigentlich obsolet. Davon ahnte das Modehaus Fritzsche natürlich nichts.

Beat-Show war ein Erfolg

Junge Mode mit Überraschungen begeisterte

Wuppertal hatte wieder einmal eine Beat-Show. Diesmal verstanden es die Veranstalter, mit einer dem Eintrittspreis entsprechenden Show die Fans zufriedenzustellen. So stieg das Stimmungsbarometer im zum Bersten gefüllten Saal der Elberfelder Stadthalle hoch.

Die als große Attraktion angepriesene englische Beat-Band, The Pretty Things, fand Zustimmung und Kritik. Die Musiker können viel, aber verlangen viel Verständnis von ihrem Publikum.

Erstklassig spielte die als Zweitband engagierte deutsche Truppe, die German Bonds. Vor allem der Sänger der Truppe — er hatte eine schöne Stimme und verstand es, sie zu „verkaufen" — hatte es den weiblichen Fans angetan.

Auch ein Folklore-Pärchen aus Düsseldorf stellte die durch Platten verwöhnten Geschmäcker zufrieden. Die Wuppertaler Beat-Lokalmatadoren, The Beatkids, verstanden es ebenfalls, ihre Musik an den Mann zu bringen.

Das glücklichste Gesicht des Abends zeigte ein 16jähriger Wuppertaler Anstreicherlehrling: Das Wuppertaler Haus Fritzsche hatte für die beste Beat-Kleidung als Preis eine Flugreise nach London und reichliches Taschengeld ausgesetzt. Sieger wurde der 16jährige Kurt Ulrich Schmidt, der an sich nur aus „Jux und Dollerei" mitgemacht hatte, und zwar mit ganz normaler Kleidung. Bei der Wertung honorierte das Publikum den Mut des „Kleinen" mit donnerndem Ap-

plaus und glückstrahlend nahm Kurt Ulrich den Preis in Empfang. Sein Kommentar: „Wenn ich das heute abend meinem Vater erzähle, der fällt glatt auf das Kreuz!" Die 18jährige Inès Heyne erhielt den zweiten Preis: Sie durfte sich aus der von Fritzsche vorgeführten, sehr ansprechenden Junge-Mode-Kollektion ein Kleid aussuchen.

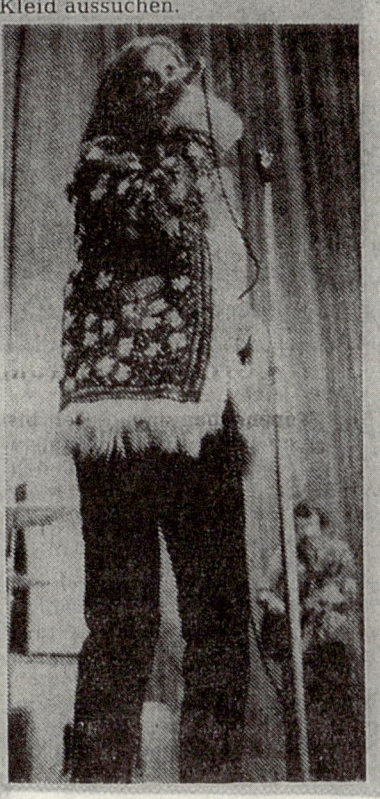

Als ich mich dann mit anderen Vorprogramm-Verweigerern im Foyer herumdrückte, wo wir das Ende der Modenschau abzuwarten gedachten, geschah mir Unerwartetes. Ein mir vom Sehen her bekannter, etwa gleichaltriger Einwohner des Elendsquartiers, an dessen Rand ich wohnte (was unweigerlich zu sozialen Kontakten führte, die gottlob ungefährlich blieben, denn man achtete mich wegen meiner Fähigkeit oder besser: Entschlossenheit, Rock 'n' Roll-Klischees und psychedelischen Radau recht und schlecht auf der E-Gitarre nachzuahmen, als den sprichwörtlichen einäugigen König unter Blinden), dieser schlichte junge Bursche also kam verstohlen zu mir und fragte, ob ich mal einen von den englischen Musikern sehen wolle. Ich wurde sehr hellhörig: einen von den Pretty Things im Fleische? Ja, sagte er, der säße da in einem Seitengang auf der Treppe. Ohne daß meine Gesinnungsgenossen etwas davon mitbekamen, folgte ich dem Informanten.

In der Tat saß an besagtem Ort, ganz für sich, ein schwer nach Carnaby Street aussehender Mann von knapp Mitte Zwanzig, für mich damals ein »Großer«. Als ein Mitglied der Gruppe vermochte ich den Fremden nicht zu identifizieren, aber ich wußte ja, daß eine Umbesetzung stattgefunden hatte: Bassist John Stax und Rhythmusgitarrist Brian Pendleton waren durch die Ex-Fenmen Wally Allen, Bass, und John Povey, Keyboards, ersetzt worden, was, wie sich zeigen sollte, den musikalischen Horizont der Band elementar erweitert hatte. Also fragte ich den violetten Samt und modisches Lockenhaar Tragenden (vielleicht waren seine Locken echt, aber 1967 hatte sogar Eric Clapton eine Afro-Krause) so englisch wie ich konnte, ob er zu den Pretty Things gehöre. Noch heute wundere ich mich darüber, wie höflich er mir, einem halbwüchsigen, dicklich-pickligen Niemand aus der deutschen Provinz, antwortete. Er bejahte, nannte Namen (John Povey) sowie Waffengattung und nahm mich auf meine Bitte hin ohne zu zögern in die Künstlergarderobe mit. Der Vermittler dieser sensationellen Begegnung hatte ausgedient und verschwand. Mit Herrn Povey betrat ich sodann ein anderes Universum, den Raum, in dem die ganze Gruppe auf den Auftritt wartete.

Wie geschah mir? Die ganze Woche über hatte ich mich in der Lehrfirma wegen meiner paar Haare schurigeln lassen müssen und, in engen Verhältnissen am östlichen Stadtrand existierend, von der großen, freien Welt der Rockmusik phantasiert, und nun trat ich unverhofft in die Welt der Stars ein. Da saßen sie, in Blumenstoff-Jacken und bunte Stiefel gekleidet, umgeben von allerhand ausgewähltem Volk. Auf einem kleinen Plattenspieler wurde pausenlos die Single »Respect« von Aretha Franklin abgenudelt, neben Psychedelia war Soul die große Sache. Ohne Scheu schloß ich Bekanntschaft mit Bassist Wally Allen (auch er ein Muster an Freundlichkeit), der mir sogar A- und B-Seite der brandaktuellen Single aufschrieb: »Defecting Grey« / »Mr. Evasion«. In der Bewunderung für Hendrix und Cream waren wir uns absolut einig: »Gorgeous«, sagte er. Da war keine Spur von Arroganz oder gar Bosheit. Der Liebenswürdigste von allen aber war Gitarrist Dick Taylor. Bestimmt eine Viertelstunde lang nahm er sich meiner nachgerade väterlich an, antwortete bereitwillig und entgegenkommend auf all meine törichten Fragen und ließ mich sogar auf seiner roten Gibson ES 335-Halbresonanz spielen. Ich trug ihm das vor, was ich für das Riff von »Hey Mama Keep Your Big Mouth Shut« (von der ersten LP) hielt, und er bestätigte, es habe so seine Richtigkeit. Wahrscheinlich hat mich das ermutigt, bis in die Achtziger hinein den Gitarristen zu spielen ...

Auf die Frage, ob man die alten Hits und vielleicht auch was von »Get The Picture« zu geben beabsichtige, wurde geantwortet, das sei nicht der Fall, es stehe anderes auf dem Programm. Mr. Taylor erklärte mir auch gut verständlich, was »Get The Picture?« eigentlich heißt, nämlich soviel wie: »Kapiert?« Ich trieb ein Stück Karton und einen Filzschreiber auf, damit die Musiker mir ihre Autogramme geben konnten. Auf meiner Runde war ich dann auch Aug in Aug mit dem eher abweisenden, gerade etwas schreibenden (ein neues Stück?) Phil May. Ein großer Augenblick, als der Legendäre seinen Namenszug auf meinen Pappendeckel setzte! Schlagzeuger Skip Alan fand ich ebenfalls weniger kinderlieb als seine Kollegen Taylor, Povey und Allen. Als ich zuletzt mit meinem vollgeschriebenen Karton abzog, schwirrte mir der Sinn, und das vollkommen ohne Drogen. Mir war Großes, nachgerade Numinoses widerfahren, später erzählte ich den Freunden mit verklärtem Blick davon. Die mehr den Banalitäten des Alltagslebens zugeneigten Trottel hatten aber gar keinen rechten Sinn für die Erhabenheit meiner Erfahrung, und das, so spürte ich, trennte mich grundsätzlich von ihnen.

Die musikalische Darbietung der Pretty Things stellte für mich ein weiteres überraschendes Erlebnis an jenem Abend dar. Was sie spielten, erinnerte weder an Liebgewonnenes aus früherer Zeit noch an »Emotions«. Es war ausnahmslos neues, mir unbekanntes Material mit einem erstaunlich gewaltigen und eigenwilligen Klang, der sich grundlegend von allem unterschied, was ich je von ihnen gehört hatte – offenbar waren sie in ihre »psychedelische« Phase getreten. Diverse elektronische Effekte, Orgel, mehrstimmiger Chorgesang und ein total veränderter Gitarrenstil: Bis auf

Phil Mays Stimme war nichts wie früher. Im Unterschied zu den Veränderungen, die »Emotions« aufgezeigt hatte, gefielen mir diese Neuerungen aber ausgesprochen gut. Als ich später »Defecting Grey« und »Mr. Evasion« auf Platte hörte, erkannte ich sie sofort wieder. Woraus jedoch das restliche Programm bestand, weiß ich leider nicht. Vielleicht waren Titel vom »S. F. Sorrow«-Album dabei, das damals schon in Arbeit gewesen sein muß, keine Ahnung. Um es herauszufinden, müßte ich mich in Hypnose versetzen und zurückführen lassen, vielleicht tu ich das noch. Da ich Photos von dem Auftritt habe, kann ich wenigstens die Verstärkeranlage beschreiben: Es waren der neuerdings obligate Marshall-Turm (Gitarre) sowie zwei Vox AC 100-Verstärker (Bass und Keyboards) mit insgesamt drei, vier Boxen. Mikrophone gab's damals ausschließlich für die Singenden, und der Gesang wurde über die halleneigene Anlage verstärkt. Vor dem Schlagzeug stand dementsprechend auch kein Mikro, sondern bloß ein brauner Lederkoffer, vermutlich mit Ersatzfellen und -stöcken.

Zwischen Stücken wie »Hey Mama Keep Your Big Mouth Shut« und dieser neuen Musik lagen in jeder Hinsicht Welten, und ich gehörte wahrlich nicht zu denen, die die musikalische Wandlung und Weiterentwicklung der Gruppe ablehnten (wie etwa der in der Nachbarschaft wohnende Apothekerssohn, der mir in seiner Enttäuschung die »S. F. Sorrow«-LP schenkte). Es sollte noch allerhand Epochales folgen, das an gedachtem Abend seine Schatten vorauswarf: die Single »Talkin' About The Good Times« / »Walking Through My Dreams« und eben das Album »S. F. Sorrow«. Ich muß sagen, die Aufnahmen der Pretty Things aus dieser Periode (bis einschließlich »Parachute« von 1970) höre ich, wenn in Stimmung, heute noch ausgesprochen gern. In dieser Pionierzeit haben sie, wie viele andere, ihre größten kreativen Leistungen erbracht, und der Zauber der entstandenen Werke ist einzigartig. Daß diese superben Platten nicht viel erfolgreicher waren, ist eins der Mysterien der Rock-Geschichte.

Auf jeden Fall war ich nach dem Konzert am 11.11.1967 nicht mehr derselbe wie vorher und habe zeitlebens ein irgendwie irrational-sentimentales Verhältnis zu der Gruppe behalten, nostalgischer Narr, ich! Jeder hat so seine Albernheiten dieser Art, und jeder hat die, die er verdient.

Ekstase oder bloße Show?

The Who in Herford (1968)

Von Yoerk Bruchmann und Axel Potthoff

Herford war von einer Plage befallen worden! Nein, lieber Leser, nicht von der Mogfizus Spozifilibus (die Krankheit, unter der seinerzeit Lumumba litt), viel schlimmer noch: von den Who! Wir waren entschlossen, uns diese Gelegenheit, Näheres über die Krankheit zu erfahren, nicht entgehen zu lassen. Also rollte unsere drei Mann starke Sermo-Expedition, mit Photoapparat, Blitzlicht, Papier, Totschlägern und Beruhigungspillen bewaffnet, vor dem Jaguar-Club vor.

Die erste bittere Pille mußten wir schon am Eingang schlucken: 12 DM Eintritt! Und dann sahen wir sie: die Hamburger Beatband The Rivets, die es übernommen hatte, den Fans bis zum Eintreffen der Who einzuheizen. Nach dem Auftritt der Rivets eine Pause. Gerade noch Zeit, den weniger informierten Lesern etwas über die Who zu erzählen: Die Who kommen alle aus Shepherds Bush, West London. Eine ziemlich verrufene Gegend, wo die meisten Jungen irgendeiner Straßenbande angehören. Roger Daltrey (22), Leadsänger der Gruppe, und John Entwistle (21), Baßmann, begannen gemeinsam in der unbekannten Gruppe The Detours. Aber Roger und John mußten bald einsehen, daß sie mit ihren eigenwilligen musikalischen Vorschlägen bei den Detours nicht ankamen. Sie stiegen aus und beschlossen, sich Typen ihres Schlages zu suchen.

Aus: »Sermo. Zeitung der Schüler des Ratsgymnasiums Bielefeld«, 7. Jg., Januar 1968, Nr. 1

Wochenlang rannten beide durch Londoner Clubs, bis sie eines Tages den komischen Pete Townshend (21) in einer Kneipe entdeckten. Er stand an einer Musik-Box, ließ unentwegt verrückte Platten spielen und wackelte dazu mit seinen langen, schlaksigen Beinen. Sein auffallendstes Merkmal jedoch: eine krumme und lange Nase, die Jean Paul Belmondo vor Neid erblassen lassen würde. Roger und John sprachen das Unikum an und merkten sofort, daß Pete haargenau aus ihrem Holz geschnitzt war. Pete wurde als neues Mitglied aufgenommen. Zwei Monate später stieß der hitzköpfige Keith Moon zu der Gruppe; und Kit Lambert übernahm das Management. Er baute die Gruppe ganz nach seinen Vorstellungen auf. Das verschlang zwar riesige Summen, aber der Erfolg blieb nicht aus. Beispielsweise gab die Gruppe fast jede Woche ca. 1700 DM für ausgefallene Pop-Art-Kleidung aus. Sie trugen alte Armee-Jacken mit zwei Dutzend Orden, Hemden mit Verkehrs-abzeichen und machten den »Union Jack« zur Mode. Im Januar '65 wurde die erste Platte aufgenommen: »I Can't Explain«. Die Platte wurde 104000mal verkauft und sprang auf Platz 8 der englischen Hitparade. Der Durchbruch war gelungen. In Null, nichts zählten die Who zu den gefragte-sten Beatbands der Welt. Mit »My Generation« erreichte das Wochenein-kommen der Who schwindelnde Höhen.

Doch zurück zum Geschehen, denn plötzlich setzte im Saal ein furchtbares Krachen ein, das selbst unsere an Beatmusik gewöhnten Ohren noch nicht vernommen hatten. Einige der minibekleideten Damen fingen an zu krei-schen, und die männlichen Gäste stiegen auf die Stühle (man konnte Männ-lein und Weiblein allerdings nicht immer unterscheiden). Die Who waren in Aktion. Nacheinander spielten sie »Substitute«, »Happy Jack«, »Boris the Spider«, »Heatwave«, »My Generation«, »Run, Run, Run«, »I've Been Away« und »I'm A Boy«. Es war wirklich faszinierend, was die Who zeigten, und es tat uns nicht mehr leid, die 12 DM bezahlt zu haben.

Nachdem sie 45 Minuten lang ihre Instrumente bearbeitet hatten, gab Pete Townshend das Startzeichen zur allgemeinen Zertrümmerung, indem er mit seiner Gitarre wild auf die Verstärkeranlagen einschlug. Und dann wurden wir Zeuge einer einmaligen Show. Keith Moon versetzte seinen beiden Baßtrommeln einige kräftige Stöße, so daß die scheppernd über die Bühne rollten. John Entwistle schien seine Gitarre mit einem Lasso zu verwechseln. Er warf sie wieder und wieder ins Publikum und zog sie am Kabel wieder zurück (ein Wunder, daß es keine Verletzten gab). Binnen zwei Minuten war auf der Bühne alles mehr oder weniger zerstört. Es stank und qualmte wie nach einem Bombenangriff (Kurzschluß). Als die 4 sicher waren, daß alles kaputt war, fiel der Vorhang.

Das Startzeichen für uns, aktiv zu werden. Durch die Masse der immer noch starr zur Bühne schauenden Fans, die aussahen, als hätten sie einen Geist gesehen, schlängelten wir uns zur Bühne durch, um die Who zu einem Interview zu bitten. Doch wir wurden von den »Roadmanagern«, die die Bühne absicherten, abgewiesen. (Die Who brachten 22 Roadmanager als eigene Leibwache mit.) Doch durch Zufall lief uns der Manager in die Arme, der uns, nachdem wir ihm mehrfach unseren Sermo-Presseausweis unter die Nase gehalten hatten, erlaubte, für zwei Minuten in die Garderobe der Who zu gehen. Wie gesagt, so getan. Wir fanden die Band in einem dunklen Raum, von einigen (äußerst minibekleideten) Damen umgeben, jeder ein Handtuch im Nacken und vor Erschöpfung kaum fähig, etwas anderes zu tun als dazusitzen. Pete schien sich am weitesten erholt zu haben.

Sermo: Warum zerstörten Sie am Schluß ihres Auftritts Ihre eigenen Instrumente? Geraten Sie, während Sie spielen, so in Ekstase, daß Sie sich nicht mehr kontrollieren können, oder ist das bloße Show?

Pete Townshend: Nun, in erster Linie ist das Show. Die Leute wollen eben so etwas sehen. Außerdem ist der Schaden nicht so groß, wie angenommen wird.

Sermo: Dürfen wir fragen, was Sie für einen solchen einstündigen Auftritt bekommen?

Pete T.: Nun, ich darf das nicht genau sagen. Schreiben Sie zwischen 7.000 und 10.000 DM.

Sermo: Wie gefällt Ihnen das hiesige Herforder Publikum?

Pete T.: Gut. Gewöhnlich spielen wir aber nicht in so kleinen Clubs. Normalerweise spielen wir nur vor Kulissen von 10.000 bis 20.000 Zuschauern. Das macht uns wesentlich mehr Spaß.

Sermo: Wie gefällt Ihnen Deutschland?

Pete T.: Wunderbar, wir werden, so hoffe ich, bald wieder hierher zurückkommen.

Sermo: Wir haben gelesen, daß Sie zu den Beatmusikern gehören, denen man vorwirft, Rauschgift genommen zu haben. Ist das richtig?

Pete T.: Ja, das ist richtig, ich habe auch tatsächlich Haschisch genommen. Viele tun das. Ich weiß, daß es nicht besonders schädlich ist!

Wir hätten Pete gern noch mehr gefragt, leider aber erschien der Manager und machte uns klar, daß unsere Zeit gekommen sei (der »Bulle« neben ihm war wohl kein typischer Vertreter des englischen »Gentleman«). Spätere Versuche, mit den Who noch in ein Gespräch zu kommen, erwiesen sich leider als Fehlschläge!

Hush & Hasch

Essener Song- und Blues-Tage, Grugahalle (1968) –
Von Wolfgang Welt

Eigentlich sollte mein erstes Konzerterlebnis der Auftritt der Beatles am 25. Juni 1966 in der Essener Grugahalle sein. Aber ich war erst dreizehn, und wahrscheinlich hätten meine Eltern mich nicht gelassen. Wie sollte ich auch das Geld auftreiben, wo gab es Karten? Es war ja noch nicht so wie heute, daß einem per Computer in jedem pieseligen Verkehrsverein oder ELPI-Laden Tickets für 100 Veranstaltungen bundesweit angeboten werden. Ich glaube kaum, daß damals in Bochum Karten zu kriegen waren. Meine Eltern konnten mir kein Taschengeld geben, weil mein Vater, ein kleiner Zechenangestellter, froh war, wenn er vom Lohn ein paar Mark für Zigaretten »knäppen« konnte. Da blieb nicht viel für uns drei Kinder übrig. Was wir brauchten, kriegten wir, aber zwanzig oder wieviel Mark für diese Negermusik waren nicht drin. Ich hätte mir vielleicht was von der Frau Murski leihen können, einer ehemaligen Nachbarin, für die ich jede Woche den Lottoschein abgab und die mir immer eine Mark extra gab. Aber ich wollte nicht unverschämt sein.

Da erschien die Rettung. In der kurzlebigen Boulevard-Zeitung »Der Mittag«, wo damals die späteren Medien-Größen Helmut Markwort (»Focus«) und Dieter Kürten (ZDF) ihre Karrieren begannen, gab's ein Preisausschreiben, bei dem man zwei Beatles-Karten für Essen gewinnen konnte. Dafür mußte man die Top Five der amerikanischen Hitparade der folgenden Woche erraten. Das schien mir nicht allzu schwer zu sein. Ich würde mehrere Möglichkeiten einschicken, unter den Namen von verschiedenen Verwandten. Eine spannende Woche verging.

Ich verfehlte mein Ziel nur knapp. Ich bekam die beiden Karten nicht, sondern als zweiten Preis die »BRAVO«-LP der Rolling Stones. Ein schwacher Trost. Was waren schon die Stones auf Platte gegen die Beatles live. Auch wenn es für mich nicht den großen Gegensatz der beiden gigantischen Gruppen gab, meine Favoriten waren die Liverpooler, und ich bemühte mich auch erst zehn Jahre später um eine Karte für die Stones in Dortmund.

So fand meine Initiation erst 1968 in der Gruga bei den Essener Song- und Blues-Tagen statt, oder wie der Titel war. Ich wollte zu der Nachtveranstaltung, die samstags von 18 Uhr bis zum nächsten Morgen dauern sollte. Das Problem war, daß ich sonntags früh in der A-Jugend des SuS Wilhelmshöhe spielen mußte, das war ich meinem Vater als erstem Vorsitzenden schuldig, denn er brachte mich in unserm VW bis direkt vor die Halle. Abholen würde er mich aber nicht. Ich ließ mich überreden, um zwölf Uhr den letzten Zug zurück nach Bochum zu nehmen. Ich war früh da. Natürlich war die Gruga ausverkauft, und ich sicherte mir einen Platz zehn Meter vor der Bühne, auf einer Art Laufsteg, der von der Bühnenmitte aus ins Auditorium ragte. Ich würde die gute Stelle auch nicht zum Pissen verlassen. Ich trank deshalb nichts. Ich sah damals noch ziemlich zivilisiert aus, während immer mehr Hippies in ihrer bunten Kleidung eintrudelten. Viele hatten Mädchen dabei. Da war ich ein fast noch unbeschriebenes Blatt. Ich hatte in der Obertertia nur mal ein Techtelmechtel mit Wolfram Altenhövels Schwester unterhalten. Während ich Uschi nach dem Abitur aus den Augen verlor, halte ich heute noch Kontakt zu ihrem Bruder, mit dem ich schon zweimal auf Bob Dylan-Konzerten war. Am besten gefiel ihm unser gemeinsamer Besuch bei dem Kölner Solo-Gig von Ray Davies.

Damals aber war ich allein. Trotzdem war das ganze Ding eine Offenbarung, nicht nur die Musik, auch das ganze Drum und Dran, die Atmosphäre mit all den freundlichen und friedlichen Leuten. Eine Rock-Generation vorher hatte hier bei Bill Haley noch Kleinholz gemacht. Es lag ein eigentümlicher Duft in der Luft. Bald sah ich die ersten Tüten, die sich einige Leute unverhohlen ansteckten. Ich kam dahinter, daß es sich um Haschisch handelte. Ich griff aber nicht zu. Ich ließ mich dann auch nicht von der Musik ablenken.

Die Reihenfolge weiß ich nicht mehr. Ich war von Anfang an hingerissen. Hardin & York waren eine Zweimann-Band, mit dem ehemaligen Drummer der Spencer Davis Group, deren heimlicher Chef Stevie Winwood Traffic gegründet hatte, die aber leider an diesem Abend nicht auftraten. Schlagzeug und Orgel – es war fantastisch, was die beiden aus nur zwei Instrumenten rausholten. Es war ihr Durchbruch, und sie sollten noch auf manchem Festival spielen, auch wenn sie nicht massenweise Platten verkauften. Dann der erste deutsche Auftritt von Taste, einem irischen Trio mit Rory Gallagher an der Spitze. Er spielte damals schon mit derselben Fender Stratocaster, die ihn bis zu seinem Leber-Tod vor einigen Jahren begleitete. Hervorragend auch der Bassist Richard McCracken. Ich vergaß Hunger und Durst, als Deep Purple angesagt wurden. Ein Raunen ging durchs Publikum, das die Engländer im Sturm eroberten. Mir hatte es besonders angetan, wie der Keyboarder Jon Lord seine Instrumente bearbeitete, während der Sänger »Hush« röhrte. Ja, hier feierte der progressive Rock seinen Sieg, vielleicht auch durch den Auftritt von Pink Floyd, von dem ich aber nicht überzeugt bin, ob er in jener Nacht wirklich stattfand, wie mir neulich noch Peter Wasielewski (ex-Conditors), einer der besten linkshändigen deutschen Bassisten, weismachen wollte. Der hatte auch den legendären Termin wahrgenommen. Er erzählte mir, daß sie noch spät in der Nacht die ganze LP »Ummagumma« gespielt hätten. Ich glaub nicht dran. Ich war ja auch wie verabredet um zwölf abgehauen und hatte noch die Jazz-Rock-Formation von Keef Hartley gesehen. Die gefiel mir auch so gut, daß ich sie mir später bei meinem ersten London-Besuch noch mal im Marquee in der Wardour Street angesehen hab, aus dem in letzter Zeit ein scheußliches Restaurant geworden ist. Also, wer alles noch nachts gespielt hat, ich hab es verpaßt, Nice zum Beispiel mit Keith Emerson. Wer sonst noch? Fleetwood Mac? Man frage den heutigen »Spiegel«-Autor Henryk M. Broder. Der soll damals der junge Pressesprecher der Veranstaltung gewesen sein.

Ich nahm also den letzten Zug nach Bochum-Langendreer und sank glücklich, auch ohne Hasch, in mein Bett. Am nächsten Morgen stand ich pünktlich auf und schoß zwei astreine Tore. So verbanden sich damals zwei Bereiche in meiner Brust, die noch lange drinbleiben sollten, Fußball und Popmusik. Ich hab danach noch viele Spiele gespielt und manches Konzert erlebt, aber nie war die Synthese in mir so geglückt wie an diesem Wochenende.

Der Weg ins Rote Haus

Jimi Hendrix im Berliner Sportpalast
(23. Januar 1969) –
Von Rainer Balcerowiak

Es hatte wieder einmal nicht geklappt. Die progressive Vorhut meiner Klassenkameraden hatte längst diese unverzichtbaren Lammfellwesten, außen gegerbt und innen flauschig, ohne die man in der Berliner Jung-Hippie-Liga nicht einmal im Mittelfeld mitspielen konnte. Doch die unternehmerische Entscheidung über die Verwendung meiner kargen weihnachtlichen Bareinkünfte war unwiderruflich gefallen: Ein Bob Dylan-Songbook, drei Langspielplatten (»Flowers Of Evil« von Mountain, »Cheap Thrills« von Janis Joplin und »Atom Heart Mother« von Pink Floyd), eine lilafarbene Kordhose und – EINE EINTRITTSKARTE FÜR JIMI HENDRIX!!

Während meine durchaus weltoffenen Eltern dem in ihren Ohren äußerst abseitigen Musik- und Textiliengeschmack ihres 13jährigen Sprößlings zwar verständnislos, aber relativ tolerant gegenüberstanden (nur sonntags waren sowohl der »Krach« wie auch die Kordhose tabu), erforderte der geplante Konzertbesuch einiges an taktischem Geschick und Überzeugungskraft. Die Hetztiraden der Presse gegen Hippies, Gammler und ihre zu allerlei Randaliererei und Drogenkonsum verführende Musik hatten ihre Wirkung auch auf meine Eltern nicht verfehlt. Letztendlich gelang es, die Genehmigung im Austausch gegen meine Zustimmung zu einem mir eher verhaßten Verwandtenbesuch zu erhalten. Als die Eltern eines Schulfreundes, der das Konzert ebenfalls besuchen durfte, sogar anboten, mich nach diesem Ereignis per Auto vor der Haustür abzuliefern, war die letzte Verteidigungslinie gebrochen.

Es war unfaßbar. Mir, dem eigentlich mit dem Fluch der späten Geburt geschlagenen Siebentklässler, sollte es vergönnt sein, bereits im frühpubertären Stadium den Olymp des Rock 'n' Roll zu betreten, von den Früchten der Verheißung zu kosten, den Weg der Erkenntnis zu beschreiten! Meine wachstumsbedingten Konzentrationsstörungen in der Schule wuchsen ins Unermeßliche, sogar der Verdacht auf Drogenkonsum wurde hier und da geäußert, obwohl daran nun wirklich noch nicht zu denken war. Schwebend und beschwingt verbrachte ich den Januar und starrte mehrmals täglich auf ein kleines Stück dünner Pappe, wie der polnische Katholik auf seine schwarze Madonna. Denn auf diesem Wonne versprechenden

Rechteck stand in ruhiger, serifenfreier, schwarzer Druckschrift: »THE JIMI HENDRIX EXPERIENCE. 23. JANUAR 1969, 20 Uhr. BERLIN. SPORTPALAST.«

Natürlich hatte ich außer der musikalischen Dauerberieselung aus Radio, Tonband und Plattenspieler auch schon livehaftige E-Gitarren gehört. Doch was da in Form von bemühten, aber lausigen Schülerbands auf mein anspruchsvolles Gehör in resopalverkleideten Jugendfreizeitheimsälen niederprasselte, erfüllte bestenfalls soziale Funktionen und produzierte Appetit auf mehr. Und der Besuch der verruchten Orte, an denen meine fünf Jahre ältere und dem Haschischkonsum bereits nicht abgeneigte Schwester seinerzeit verkehrte, war mir noch durch elterliches Verdikt verwehrt. Immerhin gab es bereits damals Berliner Untergrundikonen wie »Agitation Free«, »Ash ra Tempel« und »Tangerine Dream« mit ihren endlosen Improvisationen zu bestaunen.

Zurück zum Tag der Tage. Mit seltener Gelassenheit ertrug ich die vormittäglichen Versuche einer gewissen Frau Zunft, mir die lateinische Sprache näherzubringen. Der Musikunterricht, der sich gerade um das Lebenswerk irgendeines alten und toten Sackes drehte, kam mir allerdings angesichts der zu erwartenden Ereignisse wie eine Verhöhnung vor.

Nach einer leichten Abendmahlzeit holten mich die Eltern meines Schulfreundes gegen 18.30 Uhr aus der elterlichen Wohnung ab und steuerten den Sportpalast an, eine marode, dem baldigen Abriß geweihte Spielstätte, die aufgrund einer äußerst medienwirksamen Nachfrage eines gewissen Herrn Goebbels an seine Volksgenossen, ob sie denn den totalen Krieg wollten, was jene selbstverständlich bejahten, eine gewisse Berühmtheit erlangte.

Ich hatte den Bau bereits in meiner frühen Kindheit in Begleitung meines Vaters anläßlich eines volksfestartigen Spektakels namens »Sechstagerennen« besucht. Völlig enthemmte Wesen, meistens Angehörige des männlichen Proletariats, schauten dabei brüllend 20–30 Männern zu, die ununterbrochen auf Fahrrädern im Kreis fuhren.

Was für ein Unterschied! Statt bierseliger Schultheiß-Berliner hatte sich heute der aufgeklärte Teil der nachwachsenden Generation versammelt, und ich kann voller Stolz behaupten, daß ich einer der Jüngsten, wenn nicht der Jüngste überhaupt war, der diesem Ereignis beiwohnte. Die Unsitte, klitzekleine Kinder in Tragetüchern zu Rockkonzerten zu schleppen, kam schließlich erst später auf. Immerhin ermöglichte diese Kulturverirrung meiner seinerzeit knapp neun Monate alten Tochter Janis (!!) den Besuch eines John Cipollina-Konzertes im Oktober 1981 im Berliner Quartier Latin, und »Who Do You Love« parallel zur Muttermilch kann so verkehrt nun auch wieder nicht sein, aber das nur nebenbei.

Zurück zum Hendrix-Konzert. Trotz meiner taumelnden Vorfreude wurde ich in der Halle zunächst von schweren Komplexen geplagt. Nicht nur die fehlende Lammfellweste, auch meine lächerlich mittellangen und mittelgescheitelten Haare, noch dazu ohne Stirnband, stempelten mich zum Outfit-Außenseiter, trotz lilafarbener Kordhose.

Doch dann kam ER. Natürlich mit Lammfellweste, Cowboystiefeln (hatte ich natürlich auch nicht) und Stirnband sowie einer weißen Fender-Stratocaster, jener zeitlosen Kultgitarre mit dem glasklaren Sound.

Erste sägende, wabernde Töne dröhnten aus der imposanten Wand mehrerer gekoppelter Marshall-Türme, Tuning war angesagt. Auch Drummer Mitch Mitchel und Bassist Noel Redding hatten Position bezogen. Nun gab es kein Erbarmen mehr. »Fire« eröffnete den Set, der Saal tobte, und ich flog das erste Mal in meinem Leben aus meinem Körper raus (ohne Drogen!). Es folgte »Hey Joe«, was mich beschämt zu Boden gucken ließ, da ich es seinerzeit immer noch nicht spielen konnte. »Spanish Castle Magic« und »Foxy Lady« bildeten dann das kleine Vorprogramm für den ersten großen Höhepunkt des Abends. Der »Red House Blues« öffnete mir die Augen und zwar für alles und für immer. Nicht nur, daß in diesen bewegenden zwanzig Minuten mein Weg von einer »House Of The Rising Sun«-klampfenden dreizehnjährigen Dumpfbacke zum ernstzunehmenden Blues- und Rockgitarristen begann: Es war mehr, viel mehr. Ich begann ernsthaft zu begreifen, was Blues ist. Auf alle bedeutenden Mißhelligkeiten des Lebens, also kein Job, kein Geld, kein Dope, fetter Kater, keine oder eine bescheuerte Frau, gab es von nun an eine Antwort, und die hieß: »Red House«. Selbst die Schachgeschichte Berlins wurde von dem wegweisenden Stück mitgeprägt. Jene Freaks, darunter auch ich, die sich Mitte der 80er Jahre unter dem Schutzschild der ehrwürdigen »BSG Eckbauer« als Turniermannschaft in der Kreisliga C anmelden konnten, wählten sich den Titel als Mannschaftshymne und entkamen nur knapp dem Ausschluß aus dem Schachverband. Unser bluesorientiertes Auftreten (Einschlafen während der Partien, Leeren von mit Wasser gefüllten Schnapsflaschen bei Spielen gegen Kindermannschaften, knallende Sektkorken nach gelungenen Zügen, konsequent abseitige Eröffnungsbehandlung (b2-b4) sowie Auftreten in Badehose bzw. Stadtreinigungsoverall oder NVA-Uniform) stieß bei den Verbandsoberen auf schroffe Ablehnung, konnte jedoch den sofortigen Aufstieg von »Red House-Eckbauer« in die Kreisliga B nicht verhindern.

52

Zurück zu Hendrix. Er schenkte uns noch ein wunderschönes »Sunshine Of Your Love«, schließlich war man auch Cream-Fan, was jedoch schlagartig bröckelte, da Hendrix bei seinem Solo den allzeit weit überschätzten Eric Clapton äußerst dünn aussehen ließ und das seelenlose Gedudel dieses Herren genüßlich bloßlegte.

Ein infernalisch lautes und verzerrtes »Purple Haze« beendete den Set zunächst, und nach angemessener Trampel- und Brüllpause wurden 6.000 inzwischen völlig weggespacete Jünger des Meisters mit einem äußerst sentimentalen »The Wind Cries Mary« in die kalte Berliner Nacht entlassen. Natürlich endete der Hendrix-Rausch für mich, den Dreizehnjährigen, zunächst äußerst unwürdig. Die liebenswürdigen, gutmeinenden Eltern meines Schulfreundes empfingen uns mit einem völlig deplazierten »Wie war's?«, und auch meinen Erzeugern fiel bei meiner Heimkehr nichts Passenderes ein. Natürlich ging das Leben weiter, aber irgendwie anders. Ich war in eine Gemeinschaft der Erleuchteten aufgenommen worden. Plötzlich brauchte ich auch keine Lammfellweste mehr, denn ich hatte IHN gesehen. Natürlich konnte ich schon wenige Zeit später »Hey Joe« recht passabel auf der Gitarre spielen, aber selbst das war nicht mehr so wichtig. Die Tür zum Rock 'n' Roll hatte sich mir durch eine günstige Fügung in frühester Jugend, am 23. Januar 1969, weit geöffnet, der Wind hat seitdem Dutzende von Namen geheult, manic depressions wurden mir ebenso vertraut wie castles made of sand, und die Frage »Are you experienced?« kann ich seit jenem Tag getrost mit »Ja!« beantworten. Den Eintritt in den innersten Winkel der Rockkammer meines Gitarristenherzens (es gibt da natürlich auch noch eine Jazzkammer) gestatte ich bis heute außer Jimi ohnehin nur Leslie West. »Hey Baby« gehört noch heute zu jenen Songs (neben »Crackin' Up In Your Eyes« von Hermann Brood, »Kick Out The Jams« von MC 5, »Der Kampf geht weiter« von Ton Steine Scherben und »I'm Waiting For My Man« von Velvet Underground), die mich zuverlässig davon abhalten können, richtig große Dummheiten zu begehen.

Am 4. September 1970 spielte Jimi Hendrix erneut in Berlin, im Rahmen eines »Super-Concerts« . Ein doofes Konzert, bei dem man von Yes schon so abgenervt war, daß man Jimis »Band of Gypsys« kaum noch unbefangen genießen konnte. Zwei Wochen später starb er in einem Londoner Hotelzimmer. Ich lebe noch und werde ihn nie vergessen. Und mein erstes Rockkonzert am 23. Januar 1969 schon gar nicht.

Der heiße Atem eines
uniformierten Killergauls

Edgar Broughton Band in der Neuen Welt, Berlin (1971)
Von Ralf Sotscheck

Es war ein sehr kurzes Konzert. Edgar Broughton und seine Band sangen drei Lieder a cappella, weil ihnen an der DDR-Grenze die Instrumente beschlagnahmt worden waren. Dann verschwanden sie wieder. Danach gab es eine zünftige Straßenschlacht. Die hatte es auch schon vor dem Kurzauftritt gegeben. Aber das gehörte sich ja für eine Anarcho-Rockband.

Edgar Broughton, 1947 in der englischen Kleinstadt Warwick am Avon geboren, und seine Band waren Ende der sechziger Jahre in der westdeutschen Underground-Szene wahrscheinlich bekannter als in ihrer Heimat. Zum Abschluß jedes Gigs spielten sie den Kampfruf »Out Demons Out«, der sich auch gut auf dem Plattenspieler bei voller Lautstärke machte, wenn man die Nachbarn zur Verzweiflung treiben wollte. Zu Beginn der Konzerte fragte Edgar Broughton das Publikum stets: »Hat irgendjemand irgendwelche Drogen dabei?«

Das hatte sich wohl auch bei der Polizei herumgesprochen. Die Beamten vermuteten möglicherweise, daß Musiker und Publikum munter Tüten austauschen würden, als die Band, 1971 war es wohl, in der Neuen Welt in der Berliner Hasenheide auftreten sollte. Vor der Halle hatte die Polizei ein Spalier gebildet, durch das die Eintrittskartenbesitzer hindurch mußten. Mein Freund Domi und ich hatten keine Tickets und beobachteten die Sache von der gegenüberliegenden Straßenseite. Irgendetwas verdarb den Polizisten plötzlich die Laune – vermutlich der Anblick der vielen langhaarigen Menschen, denen sie Überstunden verdankten. Jedenfalls prügelten die Polizisten auf Kommando los, und aus dem Gang durch das Spalier wurde ein Spießrutenlauf. Wer demonstrativ seine Eintrittskarte nach oben hielt, wurde besonders aufs Korn genommen. Dann trieb die Polizei die Menge in Richtung Südstern. Domi und ich bogen flink in eine kleine Seitenstraße ab, als die Stampede losging, liefen um den Block und standen wieder vor der Neuen Welt.

Dort war es verdächtig ruhig, nur in der Entfernung sah man eine Staubwolke, wo die Schlacht zwischen verhinderten Konzertbesuchern und konzertverhindernden Ordnungshütern tobte. An der Konzertkasse saß niemand mehr, und die Tickets, die wir nicht besaßen, kontrollierte keiner. Im Saal befanden sich rund hundert Leute, alles Eintrittskartenbesitzer, die vor dem Polizeieinsatz hineingekommen waren. Dann geschah erst mal gar nichts. Nach einer Weile betrat die Band die Bühne. Edgar Broughton berichtete von den beschlagnahmten Instrumenten, gab aber keinen Grund an, warum die DDR-Grenzer die Musikgeräte nicht nach Westberlin lassen wollten. Und wo war Edgar Broughtons Mutter, die auf Tourneen stets den Kleinbus fuhr? Statt einer Antwort sangen Edgar Broughton, sein jüngerer Bruder Steve und – so glaube ich – Victor Unitt, der früher bei den Pretty Things war, zwei Lieder sowie das unvermeidliche »Out Demons Out« und verschwanden wieder. Das ärgerte die Fans, die Eintritt bezahlt hatten, und sie begannen, die Neue Welt zu demontieren. Domi und ich, die keinen Eintritt bezahlt hatten und eher zurückhaltende Naturen waren, machten uns wieder aus dem Staub.

Leider hatte sich draußen das Blatt inzwischen gewendet, die Fans hatten die Polizei zurückgedrängt, und zwar genau bis zur Neuen Welt, vor der die Schlacht nun stattfand. Wir schlängelten uns am Getümmel vorbei und beobachteten das Geschehen aus sicherer Entfernung, als Domi plötzlich verschwunden war. Ich sah ihn gerade noch um die Ecke verschwinden und begriff im nächsten Augenblick den Grund für seinen plötzlichen Aufbruch: Vor mir landete eine Tränengaspatrone, ein Querschläger ganz für mich allein. Aber man war ja damals immer gut vorbereitet. Ein mit Zitronensaft getränktes Taschentuch vor die Augen gepreßt, taumelte ich heulend hinter Domi her, der vor dem Hertie-Kaufhaus, dessen Scheiben längst zu Bruch gegangen waren, interessiert beobachtete, wie ein alter Mann mit seinem Krückstock einen tragbaren Fernseher aus der Auslage angelte.

Dann traf Verstärkung ein – berittene Polizei. Es verleiht einem Flügel, wenn man den heißen Atem eines uniformierten Killergauls im Nacken spürt. Die rabiaten Galopper trampelten alles nieder, was nicht schnell genug zur Seite sprang. Wir schafften es mit Müh und Not zum U-Bahnhof Hermannplatz und wollten eigentlich gemütlich nach Hause fahren. Doch kurz bevor wir den Bahnsteig erreichten, kam uns eine Hundertschaft Polizei aus der U-Bahn entgegen – noch mehr Verstärkung. Was tun? Schlagstock oder Pferdehufe? Auf halber Treppe im U-Bahnhof befand sich eine Tür, hinter der acht Mülltonnen standen. Sechs waren bereits mit Konzertbesuchern besetzt, wir zwängten uns in die beiden anderen Tonnen und warteten ab. Nach einer Stunde war draußen alles ruhig und wir krochen stinkend aus den Tonnen.

Nur noch nach Hause unter die Dusche und dann ein Bier, dachten wir uns, doch auf dem Weg zur Bushaltestelle kam aus einer Seitenstraße eine Horde Jugendlicher auf uns zugerannt, hinter ihnen Feuerwehr und Polizei. Irgendjemand hatte aus Jux einen Feuermelder eingeschlagen. Die Polizisten, denen der Abend ohnehin vermiest war, wurden nun ernstlich böse und hetzten die vermeintlichen Übeltäter duch Neukölln. Wir mußten abermals die Beine in die Hand nehmen, was durch die hölzernen Cloggs, die damals modern waren, nicht erleichtert wurde.

Irgendwann, spät in der Nacht, saßen wir dann doch noch frisch gewaschen vor einem frisch gezapften Bier und sprachen über den großartigen Abend. Eine Straßenschlacht war ja auch das mindeste, das man von der Edgar Broughton Band erwarten durfte.

Weihnachten und der Dackel

Birth Control u.a. in Salzgitter (Weihnachten 1972) –
Von Michael Bonder

Das erste Fahrrad, die erste Jeans, die erste Liebe, der erste Kuß, der erste Beischlaf, die erste Zigarette, das erste Bier, der erste Schnaps, entsprechend der erste »Kater«, die erste Anlage, die erste Platte, das erste Konzert. Was ist eigentlich dran am ersten Mal?

Sicher, jedes erste Mal hat seinen bestimmten Zeitpunkt. Wer mit 30 noch jungfräulich ist, wirkt ein wenig sonderbar, wer mit 12 seine erste Million macht, dito. Es ist etwas Besonderes, nämlich besonders aufregend, weil es Türen zu etwas Neuem, Unbekanntem aufstößt, manchmal sogar höhere Weihen verleiht. Das heißt aber nicht, daß es besonders gut, ein Erlebnis, eine Offenbarung sein muß, selbst wenn es sich nicht um die erste Tracht Prügel oder die erste Potenzstörung handelt. Gewöhnlich ist es eine Ernüchterung, die uns nicht mehr zeigt, als daß die neuen Schuhe zunächst immer ein paar Nummern zu groß sind. Wahrscheinlich sind die ersten Male deshalb selten denkwürdige Momente und daher wenig einprägsam. Vielleicht sollten in der Erinnerung die wirklich einmaligen Ereignisse einfach als »erstes Mal« festgehalten werden, wie z. B. das erste der unzähligen Rory Gallagher-Konzerte, die ich besuchte, oder das von John Lee Hooker, George Thorogood, Taj Mahal, Mickey Jupp, Little Feat ... Mein erstes Konzert jedenfalls, und auch andere erste Male, muß ich mühsam rekonstruieren, ohne Gewißheit jedoch, der Wahrheit nahe zu kommen.

Daß ich mich überhaupt noch daran erinnere, liegt wahrscheinlich an zwei Dingen, an Weihnachten und an einem Dackel. Nur die ins Gedächtnis gebrannte weihnachtliche Ödnis eines unbedeutenden niedersächsischen Dorfes mit seiner geschlossenen Dorfkneipe und seiner Jugend, die Feiertage im Familien- oder Verwandtenkreis zu verbringen hatte, kann mich dazu veranlaßt haben, zu diesem Konzert zu gehen. Angekündigt waren nämlich Gruppen wie Wallenstein, Birth Control, Holde Fee und, ganz sicher bin ich mir nicht, auch die Wolfenbüttler Lokalmatadoren Satyagraha (oder so ähnlich), die Vorwegnahme der späteren westlichen Besessenheit von fernöstlicher Weisheit. Ich war schon damals mit 15, es muß also 1972 gewesen sein, ein Rolling Stones-Fan mit Neigung zum Blues, und bin im übrigen heute noch der Meinung, daß zu den aussagekräftigsten

Ordnungsmustern der Welt die Einteilung in Rolling-Stones-Fans und Beatles-Fans zählt (der Rest, der Kopfmusik wie Jazz, Deutschrock und ähnliches hört, ist durchaus zu vernachlässigen). Also wohl wegen Weihnachten hatte mein Freund, ein früher Deutschrock-Fan, wenig Mühe, mich zu dem Konzert zu überreden. Und, ehrlich zugegeben, interessierte mich der Auftritt von Birth Control, denn ihre »Hoodoo Man« war eine meine ersten LPs. Mit einiger Mühe konnte sie sogar als Rock durchgehen. Weihnachten also hat genauso Spuren hinterlassen wie dieser Dackel, der unvermeidliche. Zur Standardausrüstung des jagdbewußten Landmanns gehören neben ein bis zwei Deutsch Drahthaar unverzichtbar ein oder zwei Rauhhaardackel. Solch einer kam mir entgegen, nachdem mein Freund mir die Tür zum bäuerlichen Anwesen seiner Eltern geöffnet hatte. Er wedelte freundlich mit dem Schwanz, und ich beugte mich unbedarft hinunter, um das possierliche Wesen zu streicheln. Schon hatte das rattenähnliche Untier seine Zähne in meine Hand geschlagen. Ich riß die Hand samt Dackel hoch und schüttelte sie kräftig. Danach ließ ich den Arm kreisen. Ich trat ihn mit links in das Gesäß. Ich packte ihn am Nacken, anschließend an der Gurgel und drückte zu. Der Hund entwickelte dadurch einen gewissen Ehrgeiz, knurrte unbeeindruckt vor sich hin und ließ nicht locker. Ich begann, mit ihm über sein Fehlverhalten zu diskutieren. Vergeblich! Abhilfe schuf letztlich eine kräftige Rückhand gegen die Wand, an der das Tier jaulend hinunterrutschte, um wie die sprichwörtliche gesengte Sau durch eine Tür zu verschwinden, aus der sogleich die Bauersfrau trat. Sie warf mir mißbilligende Blicke wegen meines offensichtlich rauhen, wenig artgerechten Umgangs mit dem Dackel zu. Kein »das versteh ich gar nicht, das hat er ja noch nie gemacht«, also war der Hund ein Gewohnheitstäter. Auch der Verweis auf meine verwundete, blutende Hand brachte sie nicht endgültig auf meine Seite. Es reichte aber für Desinfektionsmittel, Pflaster, das Angebot, mich zu einem Arzt zu bringen (selbstverständlich abgelehnt wegen männlicher Haltung und des bevorstehenden Konzerts), und die Mahnung, eine Tetanusimpfung nachzuholen.

Ohne neuerliche Verzögerungen bestiegen wir ein weiteres Stück Standardausrüstung des Landmanns, den unvermeidlich jagdgrünen 240er Diesel. Eingehüllt in wohlmeinende Ermahnungen der Bauersfrau, machten wir uns auf den Weg ins Salzgittersche. Während der Fahrt liefen die Woodstock-Filme, die ich gesehen hatte, noch einmal in meinem Kopf ab. Meine Vorstellungen waren voll von den Dingen, vor denen uns die gute Frau warnte. Mein pubertäres Fieber füllte güldene Salzgittersche Haine mit leichtgeschürzten, jointbewehrten, beseelt und enthemmt umherschwirrenden Hippiemädchen, die nur auf mich warteten, um mich zu verwöhnen. Die Säfte stiegen, und nicht nur sie.

Wir kamen an, stiegen aus und standen schließlich vor einer abgewrackten Halle, vielleicht in besseren Zeiten die Betriebskantine der Stahlwerke. Statt rauschgiftgeschwängerter Luft der Gestank von Heizöl, statt williger Hippiemädchen vermummte Wesen in Jeans, Norwegerpulli und grüner US-Feldjacke. Wahrscheinlich, weil wir genauso gekleidet waren, würdigten sie uns keines Blickes. Wir waren dankbar, daß es immerhin so schummrig war, um unser und das allgemeine Elend im Dunkeln zu verbergen.

Dennoch bestürzt und beschämt setzten wir uns auf den bedrohlich fleckigen Hallenboden. Wenigstens der kam in seiner Verdrecktheit den Bildern aus Woodstock nahe, wie sich nach tagelangen Regenfällen die Leute im Schlamm wälzten. Als Konzertfrischlinge hatten wir selbstverständlich vergessen, Unterlagen einzupacken. Wahrscheinlich hätte ich es sowieso als, wie es heute heißt, »uncool« abgetan. Viele Leute hatten jedenfalls Decken und ähnliches mit, und ich erinnere mich merkwürdigerweise noch genau daran, daß es mir größte Sorgen bereitete, meine neue Weihnachtslevis und meine schöne Feldjacke könnten beschmutzt werden.

Wir lagerten uns also auf den nackten Boden, die Sorgen schwanden, und der Raum füllte sich langsam (wenn ich mich recht erinnere, ist er nicht besonders voll geworden). Wir waren viel zu früh gekommen, Ausdruck unserer jungfräulichen Aufgeregtheit. Sie hinderte uns daran, die Zeit bis zum Konzertbeginn anders als rauchend und an den Fransen unserer Wildleder-Boots zupfend zu verbringen. Wir hatten dabei nur ein Problem. Unser gemeinsamer Zigarettenvorrat belief sich auf sechs Stuyvesant (»Stoßmichsanft«) Filter. Die konnte man einzeln bei Zigarren-Stein in Wolfenbüttel, Ecke Okerstraße-Lange Herzogstraße, direkt am damaligen Szenetreff »Die Stange« für zehn Pfennig erwerben.

Zu trinken hatten wir selbstverständlich auch nichts dabei. Geld ebenso wenig. Halb so schlimm also, daß es nichts zu kaufen gab. Wir saßen bald ohne Zigaretten, ohne Hippiemädchen auf dem Schoß und durstig herum und warteten auf den ersten Auftritt. Wir trauten uns nicht, irgendjemanden um uns herum um irgendetwas zu bitten. Drang ein »ey, haste mal ne Kippe, Alter« auf uns ein, schüttelten wir verschämt die Köpfe. Unser Durst ersparte es uns immerhin, aufstehen und zur Toilette gehen zu müssen. Wer weiß, wie die ausgesehen hätte und was auf dem Weg dorthin hätte passieren können. Im Grunde genommen sehnte ich, glaube ich, das Ende herbei.

Wie oft in solchen Situationen kommt nicht das Ende, sondern verzögert sich der Anfang. Mein Freund begann, die zunehmend unerfreuliche Situation auszunutzen, um seine Begeisterung und Kenntnisse über Jazz- und Deutschrock an mich weiterzugeben. Bevor es jedoch zu ernsten Zerwürfnissen zwischen uns kommen konnte, ging es los.

An Satyagraha habe ich keine Erinnerung. Der Auftritt von Holde Fee verstärkte meine Sehnsucht nach dem Ende. Der Sänger von Wallenstein war immerhin so bemerkenswert, daß er in meinem Gedächtnis blieb. Allerdings verachtete ich ihn damals wegen seines androgynen Gehabes, aufdringlich geschminkt, ganz in Brian Eno-Manier, und wahrscheinlich stockschwul, genug Gründe also, um bei einem aufrechten Dorfjungen anzuecken. Endlich sollte Birth Control auf die Bühne. Das Ende kam dann doch schneller als wirklich gewünscht. Mein Freund blickte auf seine Uhr, sagte, seine Mutter stehe gleich vor der Halle, und wir gingen. Das war's.

Später, wieder in der Schule, sahen die Dinge selbstverständlich ganz anders aus. Was war schon Woodstock? Die Musik war besser, die Frauen noch schärfer und die Typen noch wilder und gefährlicher. Kaum ein anderer als wir hätte dieses Abenteuer gemeistert. Selbstverständlich waren plötzlich einige schon bei Pink Floyd- oder Led Zeppelin-Konzerten. Wir aber wußten es besser und waren die Helden.

Musikpädagogisch sehr wertvoll

Ekseption in der Oetkerhalle,
Bielefeld (frühe Siebziger) –
Von Fritz Tietz

Mein erstes Rockkonzert bzw. das, was ich damals dafür hielt, war eins der holländischen Klassikrock-Formation Ekseption in der Bielefelder Oetkerhalle. Uriah Heep, Led Zeppelin oder Deep Purple wären mir natürlich lieber gewesen, gerne auch Slade, Ten Years After oder die Rolling Stones oder, etwas später, Wishbone Ash, Genesis, Caravan oder Soft Machine. Aber die kamen in diesen, übrigens und entgegen andersverklärenden Aussagen keineswegs wilden, sondern eher aufgeräumten, um nicht zu sagen, behüteten frühen 70er Jahren nicht nach Bielefeld, jener Stadt meiner Geburt, Jugend sowie Schul- und Pickelzeit.

Und eigentlich, muß ich wohl zugeben, waren mir Rock-Konzerte nie so richtig wichtig. Jedenfalls nie so, als daß ich dafür eigens nach Düsseldorf, Dortmund oder Münster gereist wäre, wo ja »meine« Gruppen alle naselang auftraten. Ich verspürte nie diesen Konzertreisedrang, der meine Freunde dauernd dazu brachte, sich zeit- und geldaufwendige Exkursionen in die Nähe ihrer Stars zuzumuten. Ich vertrat die Auffassung, daß, wenn überhaupt, diese Stars gefälligst nach Bielefeld zu kommen hätten, dem Nabel der Welt immerhin, der ja meine Heimatstadt bis Ende der 80er Jahre, als ich endlich aus ihr verschwand, ohne Zweifel war. Allein, sie kamen nicht – bzw. die, die kamen, spielten eher in der zweiten und dritten Liga und hießen Ekseption oder auch Novalis, Panikorchester oder Insterburg & Co.

Manch einer mag das für ein Versäumnis halten, wenn man zeit seiner Pubertät keinem »richtigen« Rockkonzert beiwohnte. Ich werte das heute eher als Gewinn. Schließlich erlebte ich sämtliche »richtigen« Konzerte, welche ich mich später überreden ließ zu besuchen, vornehmlich als anstrengende Menschenzusammenrottungen von insgesamt eher geringem Vergnügungswert. Allein die Anreisen waren oft schon eine Zumutung. Massenhaft zusammengepfercht mit lauter vorfreudig aufgekratzten jungen Leuten in zumeist völlig überladenen Bussen oder Bahnen, mußte man von deren Haltestellen immer noch erst und in großen Rudeln etliche Kilometer weit zum eigentlichen Veranstaltungsort laufen. Und das immer durch so öde Siedlungen wie Hamburg-Alsterdorf oder über steinwüste

Messegelände wie in Hannover oder gar auf matschigen Pisten durch irgendwelche regentriefenden Gehölze, wie man sie durchwaten mußte, um ins Frankfurter Waldstadion zu gelangen. Dazu kam das elende Anstehen beim Kartenverkauf samt den entwürdigenden Taschen- und Leibesvisitationen durch irgendwelche Halunken beim Einlaß. Im Konzertsaal grassierte in der Regel von Beginn an dieser manische Drängel-, Kreisch- und Tanzwahn, der einen von der Musik nichts hören und von den Musikern nichts sehen ließ – außer höchstens mal ihr Abbild auf einer Videoprojektion über oder neben der Bühne. Dazu kam der Terror des unausgesetzten Mitklatschens und Volle-Getränkebecher-Werfens, nicht zu vergessen das dauernde Die-Freundin-auf-die-Schulter-nehmen genau vor einem samt dem dämlichen Feuerzeuggeschwenke und Mitgegröle bei jeder sich bietenden Gelegenheit. Kurzum: Nirgends sonst wurde häufiger gegen meine Menschenwürde verstoßen als bei Rock-Konzerten. Und es war immer das Publikum, das am heftigsten gegen sie verstieß. Ich bin mir sicher: Einige der Rockkonzerte hätten unvergeßliche Ereignisse werden können, wären bloß diese Zuschauer nicht gewesen.

Mein letztes »richtiges« Rockkonzert war eins von Lou Reed in der Hamburger Alsterdorfer Sporthalle. Viele, die da waren, meinten hinterher, daß es ihr bestes Konzert überhaupt gewesen sei. Für mich war es bloß das klebrigste aller Zeiten. Eine heiße Sommersonne hatte die Halle tagsüber ordentlich aufgeheizt. Entsprechend durstig war abends das Publikum. Weil, wie es hieß, Herr Reed es so wünschte, wurden die dürstenden Massen nur mit alkoholfreien Getränken versorgt, und weil die Massen doof sind, tranken sie statt erfrischendem Mineralwasser, wie ich's als offenbar einziger tat, ausschließlich süße, klebrige Cola. Hektoliterweise zischte die an diesem Abend in die Publikumsmägen. Zirka zwo Liter der Gesamtmenge hatte jedoch jemand anstatt in seinen Hals auf einen Sitz der Tribüne gegossen, was ich allerdings erst bemerkte, als ich mich bereits in die Lache gesetzt und gut fünf Sekunden in ihr gehockt hatte. Zeit genug für die Cola, um sich vollständig erst in meine Hose und anschließend in meine Unterhose einzusaugen. Erst dann begriff ich, warum dieser Schalensitz der bis dahin einzig freie auf der ansonsten voll besetzten Tribüne gewesen war, und jetzt ganz schnell wieder wurde. Denn mit colagetränkten Hosen wollte ich das Restkonzert denn doch lieber stehend im Innenraum verbringen. Auch wenn sich dort während der nächsten drei Stunden noch gut drei weitere Liter Cola aus herumfliegenden Pappbechern über mich ergossen und der Fußboden bald von einer derart zährenden Zuckerschicht überzogen ward, daß man festzukleben drohte, so man nicht hin und wieder die Füße lupfte. So weit es das dampfende Gemenge und Gedränge rundherum erlaubte, machte ich das denn auch, und immer, wenn sich die Schuhsohlen vom karamellierten Fußboden lösten, gab es so ein unangenehm knarzendes Geräusch. Nicht verhindern konnte ich allerdings, daß die colanasse Unterhose sich immer klebriger ums Gemächt schmiegte und es untenrum bald juckte wie verrückt. Folglich mußte ich dauernd da hingreifen, um mich zu kratzen, und um das einigermaßen unbemerkt tun zu können, begann ich ausdrucksstarke Tanzschritte vorzutäuschen, von denen sich meine Umgebung seltsamerweise schnell anstecken ließ, jedenfalls hottete um mich herum bald das halbe Parkett.

Lou Reed aber und die Band spulten, von meinen juckenden Sorgen völlig unberührt, ihr Programm herunter. Und sie spulten und spulten und wollten gar nicht wieder aufhören zu spulen. Erst weit nach Mitternacht war Schluß. Da fuhr dann allerdings, wie man es von einem Nest wie Hamburg auch gar nicht anders erwarten kann, keine U-Bahn mehr. Folglich stürzte sich alles auf die wenigen Droschken, die bereitstanden. Ich aber bekam keine ab und mußte zu Fuß gehen, und da es immer noch sehr schwül war in dieser Nacht, wurde unterwegs viel Schweiß produziert, der die zwischenzeitlich angetrockneten Colaflecken auf Kopfhaut und Rücken wieder aufweichte und im Zusammenspiel mit ihnen einen Kleister erzeugte, der die letzten noch offenen Hautporen mählich zuleimte. Dazu scheuerte mich mit jedem Schritt die colafeuchte Unterhose wund und wunder. Erst irgendwo in Eimsbüttel fand ich ein Taxi. Völlig verschwitzt, verklebt und vollends ausgedörrt kam ich gegen halb vier morgens zu Hause an. Seitdem höre ich Musik vornehmlich nur noch von Platten oder aus dem Radio.

Aber zurück von der aktuellen zu meiner jugendlichen Rockkonzerteabstinenz Anfang der 70er Jahre und zu einem weiteren, um nicht zu sagen dem entscheidenden, Grund, warum ich damals nie ein »richtiges« Konzert in Köln, Berlin oder Osnabrück besuchte. Der Grund nämlich war der: Selbst wenn ich Rockkonzerte hätte besuchen wollen, es wäre mir von meinen Eltern niemals erlaubt worden. Ein Verstoß gegen dieses Verbot hätte unweigerlich zu wochenlangem Stubenarrest mit verschärfter Aufsicht geführt und nur deshalb nicht auch noch ein ausgedehntes Fernsehverbot nach sich gezogen, weil wir damals noch keinen Fernseher hatten. Rockkonzerte besuchen, das galt bei uns zu Hause als ähnlich ausgeschlossen wie Mädchen mit nach Hause bringen, Schlagzeugspielen lernen (statt Blockflöte oder Cello!) oder lange Haare tragen, ich meine, richtig lange Haare, wie man sie damals tragen mußte, und nicht nur halblange und gepflegte, wie man mir das höchstens zubilligte und was immer total scheiße aussah, dem Damen- und Herrensalon Peppmeier sei Dank. Davon abgesehen, hätte ich aber auch nicht das nötige Taschengeld für auswärtige Konzertreisen übrig gehabt. Das reichte mal eben für ein Dutzend LPs im Jahr zzgl. einiger Singles und die unbespielten Audio-Cassetten natürlich für die unter solchen Umständen allerdings überlebensnotwendigen Mitschnitte der diversen Musiksendungen im Radio.

Auch nicht gerade erlaubt, aber einfacher zu verheimlichen (und erschwinglicher sowieso) waren dagegen die Besuche in den heimischen Konzertsälen wie der Oetkerhalle, der Aula der Pädagogischen Hochschule oder dem Keller der Evangelischen Studentengemeinde – wo mir übrigens einmal mitten im heftigsten headbanging eine Flasche Bier über den Kopf gegossen wurde und ich wenig später aus dem Klofenster fliehen mußte, um nach ihrem Inhalt nicht auch noch die Flasche selbst über den Schädel gezogen zu bekommen. Keine Ahnung, wer da an diesem Abend aufspielte. Geblieben ist bloß die Erinnerung an das kühle Bier und wie es mir plötzlich über Haare und Gesicht lief, denn ich hatte vor lauter Rumzucken und Kopfruckeln vorne am Bühnenrand den Ausgießer nicht kommen sehen: Ein Mitglied einer dutzendstarken Nietenjackengang, die auf ihren Mopeds hergeknattert war, um Ärger zu machen. Ihr Ärgermachen aber brachte mir immerhin die Erkenntnis, daß Bier, so man es lange genug einwirken läßt, den Haaren einen seidigen Glanz von langanhaltender Dauer verleiht; ein Effekt, der mit Cola nicht zu erzielen ist, wie ich ja Jahre später nach jenem Hamburger Lou Reed-Konzert feststellen konnte.

Natürlich habe ich auch Rockkonzerte besucht, bei denen einem nichts über den Kopf gegossen wurde. Genaugenommen war das sogar bei der Mehrzahl der Konzerte der Fall. Allerdings: Gegossen wurde da selbstverständlich auch, wenn auch weniger über als vielmehr in den Kopf. Alkoholisches vor allem. In den Hippie-Kreisen, in denen ich damals verkehrte, trank man bevorzugt preiswerten Wein, und zwar am liebsten den sehr preiswerten aus diesen bauchigen 2-Liter-Flaschen. Die schleppten wir zahlreich mit in die Konzerte, und es gab selten jemanden, der einen daran hinderte. Unvorstellbar, daß man heute mit so einer 2-Liter-Bombe unbehelligt in eine solche Veranstaltung marschiert. Damals war das völlig normal.

Normal war damals leider auch, daß wir uns in der Öffentlichkeit möglichst hippiesk gaben. Lange Haare, Latzhose und sonstwelche Lumpen waren obligatorisch. Ebenso ständiges Umarmen und andere gegenseitige Sanftheiten wie öffentliches Streicheln und viel Verständnis zeigen füreinander bis hin zu gemeinsamem Weinen in der Straßenbahn. Öffentliches Barfußlaufen galt ebenfalls als völlig normal, und wer eine Gitarre hatte und darauf egal wo und bei jeder Gelegenheit rumschrammelte, kriegte nicht, wie das heute ja durchaus passieren kann, gleich eins aufs Maul, sondern jede Frau ins Bett. Ja, so war das damals Anfang der 70er, und es war längst nicht alles gut, was da war.

Immer und überall auf dem Fußboden sitzen, auch das gehörte zwingend mit zum Lebensstil jener Hippiejahre. So auch in Rockkonzerten. Selbst wenn Stühle da waren, man fläzte sich lieber auf dem Fußboden herum. Ich konnte keinen Schneidersitz, fand deswegen Fußbodensitzen immer sehr anstrengend und fürchte, meine Rückenprobleme von heute rühren aus dieser Zeit. Wenn die Musik gut war, hielt es einen jedoch nicht lange auf dem Teppich. Dann sprang man mit einem Juchzer auf, um sich sogleich dem möglichst exaltierten Ausdruckstanz hinzugeben. Eine Musik aber galt als umso besser, je orgelnder ein Orgel-, je kreischender ein Gitarren- und je unendlicher ein Schlagzeugsolo geriet. Dann schloß man verzückt die Augen, bleckte das Oberkiefergebiß und fing an, ungelenk und dabei irgendwie ausschreitend und -greifend mit allen zur Verfügung stehenden Gliedmaßen herumzurudern oder sonstwie akrobatisch seinen Gefühlen Ausdruck zu verleihen. Je größer die Ekstase, um so raumgreifender wurden die Bewegungen. Auch hüpfte man dann schon mal wie von der Tarantel gestochen umher und auch schon mal rauf auf die Bühne, bis man schließlich, von noch so einem langanhaltenden Gitarrensolo angestachelt, dazu überging, nur mehr den Kopf immer wieder rhythmisch nach vorne zu stoßen und ihn zu rütteln und zu schütteln und herumzudengeln, bis es knackte im Genick und man Sterne sah und kleine Blitze und einem auch schon mal etwas übel wurde.

Wenn einem gelegentlich auch mal richtig übel wurde, hatte das mehr mit dem schlechten Wein zu tun als mit dem Tanzstil, den wir pflegten. Und geraucht wurde ja auch alles mögliche und recht ordentlich bei solchen Gelegenheiten. Am Ende waren jedenfalls immer alle sehr schön enthemmt, und es kam zu manch ulkiger Verwicklung auch sexueller Art. Einmal zum Beispiel wälzten sich nach einem Konzert zwei meiner Hippiefreunde heftig miteinander knutschend und einander abgrabbelnd vor der Oetkerhalle im Schnee. Stumm stand da die Restclique und staunend drum rum, und alle, insbesondere die entgeisterten Freundinnen der beiden, blickten recht fassungslos in diesen Abgrund an sexueller Ausschweifung. Später am Abend hat sich dann noch einer in hohem Bogen in die Straßenbahn erbrochen, worauf wir alle Mann aus dem Waggon geworfen wurden, allerdings nicht ohne zuvor brav die vom Fahrer geforderte Reinigungsgebühr zu entrichten: zehn Mark; ein Betrag, der mir schon damals als sehr gering erschien bei der Sauerei, die wir hinterließen. Keine Ahnung übrigens, welches Konzert das war, in dessen Anschluß das alles passierte. Ist schließlich über 25 Jahre her, also immerhin mehr als ein Vierteljahrhundert. Da kriegt man nicht mehr alles so exakt zusammen. Auch ob das Bielefelder Ekseption-Konzert tatsächlich mein allererstes Rockkonzert war, will ich nicht unbedingt beschwören. Es war aber garantiert das erste und wohl auch einzige, das ich mit der ausdrücklichen Billigung und Erlaubnis meiner Eltern besuchte. Kein Wunder, war doch die Musik von Ekseption ein von allerlei gängigen Themen und populären Motiven der klassischen Musik durchsetzter Krach, der aber gerade deswegen bei Eltern und Lehrern als musikpädagogisch sehr wertvoll galt. Musiklehrer-Rock sozusagen, wie er sonst nur in »Pictures At An Exhibition« dargeboten wurde, diesem Mussorgskij-Murks von Emerson, Lake and Palmer, mit dem sie einen ja auch dauernd quälten im Musikunterricht, wenn's um die Unterschiede und Grenzen von E- und U-Musik ging. Und irgendwie ging's da ja damals dauernd drum, weswegen man übrigens auch von Jacques Loussier nicht verschont blieb und dessen nervigem Play-Bach-Geschrammel. Das war ebenfalls so einer, zu dessen Konzerten unsereins nicht nur gedurft hätte, da wären wir regelrecht hingeprügelt worden. Zum Glück kam der nie nach Bielefeld.

Der Tag, an dem Ben Webster vergaß,

in Hildesheim aus dem Zug zu steigen

Ben Webster in der Bischofsmühle,
Hildesheim (August 1973) –
Von Michael Quasthoff

Der Tag, an dem Ben Webster vergaß, in Hildesheim aus dem Zug zu steigen, war ein Montag im August 1973. Für mich war es der Tag, an dem ich den größten Tenorspieler der Welt hören wollte. Für Ben Webster war es wahrscheinlich ein Tag wie jeder andere. Seit er denken konnte, stieg Webster morgens irgendwo in einen Zug oder in einen Autobus und abends stieg er irgendwo wieder aus. Als man John Dillinger erschoß, zog er mit Ellingtons Band durch das staubige Texas. Von Pearl Harbor erzählten sie ihm in St. Louis, Missouri, während eines Gigs mit Billy Holiday. Seinen 50sten Geburtstag feierte er dreimal. In Paris, Marseille und Genua. Oder war es Offenbach? Über Kleinigkeiten hat sich Webster nie einen Kopf gemacht. Sein Leben glich den Balladen, die er spielte. In einem kargen Hotelzimmer blies er sein Horn warm, bestellte Pizza und eine Flasche Bourbon, fuhr vorbei an den immergleichen Neonreklamen in den Club und erfand drei Sets lang so wunderbare Chorusse, daß den härtesten Typen warm und den Damen ganz anders wurde – und Schmierlappen wie Kenny G. vor Scham die Zunge abfallen müßte. Dann nahm er noch ein paar Drinks und ging ins Bett; wenn es gut lief, mit einer schönen Frau. Am nächsten Tag wartete eine andere Stadt, der nächste Club und, wenn es wieder gut laufen sollte, auch eine andere Frau.

Ich weiß noch, daß es an dem Tag, an dem Ben Webster vergaß, in Hildesheim aus dem Zug zu steigen, geregnet hat. Mein Freund Achim und ich standen auf der Brücke über dem Innerstewehr und sahen zu, wie große schwere Tropfen in die braune Brühe klatschten, die schaumschlagend zwischen den Betonpfeilern hindurchschoß. Dann gingen wir am Ufer entlang hinüber zur Bischofsmühle, wo montags die Jazzer auftraten. Wir waren das erste Mal da und viel zu früh dran. Der Laden war so gut wie leer. Jeder legte 2 Fünfer auf den Resopaltisch neben die grüne gußeiserne Kassenbox. Das war 1973 der Marktwert von Ben Webster, dem größten Tenoristen der Welt. Wir setzten uns an die Theke und bestellten Bier. Hinter dem Tresen hing ein Bild von Elvin Jones. Coltranes Drummer trug ein weißes T-Shirt und grinste breit. Wahrscheinlich weil er nicht wußte, was auf seinem T-Shirt stand. Ein Gönner des Jazzclubs, im Hauptberuf Betreiber eines Geschäftes für Malereibedarf, hatte es bedrucken lassen. Die Inschrift lautete: »Mein Pinsel ist der größte«. Soviel zur Political Correctness in der Hildesheimer Börde. Wir tranken unser Bier und warteten. Langsam füllte sich der Club, und wir tranken weitere Biere. Die mit dem Bandbus angereisten Sidemen des Meisters, zwei fröhliche Dänen und ein stiller schwarzer Mann, langten ebenfalls kräftig zu. Denn Ben Webster vergaß, wie gesagt, an diesem Tag in Hildesheim aus dem Zug zu steigen. Irgendwann ging uns das Geld für weitere Bestellungen aus.

Der Mann hinter dem Tresen, der ein sehr freundlicher Mann war, spendierte eine Runde, »weil ihr so traurig guckt«, sagte er. Ich fragte ihn, wann denn mit dem Auftauchen von Ben Webster zu rechnen sei.

»Keine Ahnung, Jungs«, antwortete der Mann und stellte uns noch zwei Pils vor die Nase. Wir bekamen allmählich ziemliche Schlagseite. Irgendwann klingelte das Telefon. Der freundliche Mann nahm den Hörer ab, brummte »ach, du grüne Neune« und »mach ich«. Dann schritt er auf die Bühne, griff sich ein Mikrofon und sprach den Satz hinein, dem diese Geschichte ihren Titel verdankt. »Wie ich eben höre, hat Ben Webster vergessen, in Hildesheim aus dem Zug zu steigen.« Der Anruf kam aus Göttingen. Von der Bahnhofsmission. Dort, erzählte uns der Mann, hatte ein Schaffner den stark alkoholisierten Saxophonisten abgeliefert, weil er auf die Information, dies sei keineswegs der Hauptbahnhof von Hildesheim, nicht nur etwas unwirsch reagiert, sondern auch die Zahlung eines Zuschlages rundheraus verweigert habe. Und zwar mit den mehrmals und bedrohlich laut wiederholten Worten: »You take that piss out of me.«

Am Ende wurde aber doch noch alles gut. Der solvente Pinselfritze spendierte ein Taxi und organisierte den sofortigen Rücktransport Websters. Anderthalb Stunden und drei weitere Gratisbiere später stand der größte Tenorspieler der Welt tatsächlich in der Bischofsmühle. Ich erinnere mich noch, daß er erstaunlich klein und zierlich wirkte und aussah, als hätte er einen Gig in Alaska. Unter dem Parka trug er zwei Pullover, und auf seinem Kopf saß eine riesige rote Pudelmütze.

Viel mehr bekam ich nicht mehr mit. Noch vor dem Ende des Openers war ich randvoll wie eine Haubitze eingenickt. Ben Webster hatte mehr Stehvermögen. Es soll ein legendäres Konzert gewesen sein.

Sweet Home Maestrani

Pete Maestrani im Kongreßhaus, St. Gallen (1973)

Von Andreas Schäfler

Er kam in seinen quietschgrünen Boxerstiefelchen aus Leguanleder auf die Bühne getänzelt, hatte rasiermesserscharfe Bügelfalten in der silbernen Lacklederhose, und was ihm bis zum Bauchnabel offenstand, war eindeutig das rostrote Kettenhemd von Charles Bronson aus »Death Wish III«. Die ganzen Details, die ich wochenlang im voraus gepaukt hatte, materialisierten sich vor meinen Augen. Man weiß nur, was man sieht, auch wenn es kaum zu glauben ist. Aber natürlich wußten alle hier im Konzertsaal schwer Bescheid. Zum Beispiel darüber, daß Pete Maestrani als Galionsfigur des Italo-Pop logischerweise die weltgrößte Gitarre überhaupt spielte. Gerade bekam er die zwei Meter sechzig lange doppelhalsige Rickenbacker von ein paar kräftigen Roadies umgeschnallt und stellte sich noch etwas breitbeiniger hin.

Wumm wumm machte der Baß, batschbatsch das Schlagzeug – Signale, daß jetzt gleich nicht länger gefackelt würde. Schon orgelte eine Breitseite Flutlicht heran, und Pete legte los. Sein Gesang war sofort auf 180 Stakkato, und die Regler an der Gitarre bis zum Anschlag offen. Wer im Vorfeld dieses Konzerts auf unplugged spekuliert haben mochte, was damals zwar noch gar nicht recht erfunden, aber trotzdem schon in der Welt war, ich sage nur Donovan, der ließ solche Hoffnungen jetzt am besten fahren. Zumal links und rechts am Bühnenrand nun wie auf Kommando zwei gewaltige Nebelmaschinen das Fauchen anfingen. Die Beweihräucherungen, die ich als Meßdiener aus der Kirche kannte, waren augenblicklich als fauler und extrem unheiliger Zauber entlarvt. Hier, bei Pete Maestrani, spielte die Musik!

Allwo Roadies und Bühnentechniker werkelten, konnten auch die berühmten Groupies nicht weit sein. War es dieser pikante Begleitumstand gewesen, dem die Sorge der Eltern gegolten hatte, als sie mich auch nach langen Diskussionen in gesamtnachbarlichen Kreisen nur widerstrebend zum Maestrani-Konzert fahren ließen? Besagte liederliche Frauenzimmer aber wären nach dem wenigen, was ich wußte, am ehesten direkt vor der Bühne zu finden, wo sie den Star und seine Mannen am wirkungsvollsten anhimmeln konnten. Aber in dem Pulk von Leuten, in dem ich nun einmal stand, waren bereits die allerschönsten Mädchen zugegen, die ich je zu Gesicht bekommen hatte. Und gleich so viele davon, mit lauter glänzenden Augen und langem, glänzenden Haar! Und die ganzen Lackschuhe erst – mir wurde ganz schwarz vor Augen. War das etwa alles eine Nummer zu groß?

Wie so manches an früher Herzensbildung und prägender Lebenserfahrung ging, wenn ich's recht bedenke, auch dieser allererste Konzertbesuch auf das Konto meiner Oma mütterlicherseits. Schon an meinem ersten lebendigen Kuscheltier war sie schuld gewesen, einem Stallhasen aus Opas Zucht, der dann alsbald auch mein erstes geschmortes Kaninchen darstellte. Auch für meinen ersten Flug war Oma verantwortlich gewesen, weil sie ihren Gewinn bei einem Preisausschreiben der »Gelben Hefte« vor lauter Höhenangst sofort an mich, ihren ältesten Enkel, abgetreten hatte: eine Viertelstunde im Hubschrauber über unserem Dorf. Naja, ich war zwischen gut und gerne zehn weiteren Passagieren eingekeilt und konnte fast nichts sehen.

Und nun also dies, weil Oma einige Wochen zuvor das große Los in der Tombola von Schreibwaren Enderli gezogen und verständlicherweise kaum gewußt hatte, wohin mit den drei Dutzend Freikarten für das Konzert von Pete Maestrani im Kongreßhaus St. Gallen. Eine war dann schon mal für mich, und den Rest sollte ich weiterverschenken, das heißt, ich durfte diverse Schulkameraden und deren Verwandtschaft einladen – beziehungsweise eingeladen wurden schließlich wir – also Sandro, Urs und, ich glaube, Annette und ich –, nämlich von den Valsangiacomos, was Sandros Eltern waren, und zwar in einen Personalbus der Baufirma Finger, wo Herr Valsangiacomo arbeitete.

Ich hatte damals gerade für den ganzen Kram, den die älteren Brüder meiner Freunde so hörten, zu schwärmen begonnen. Komplizierte Sachen wie The Nice, The Flock und The Incredible String Band, aber auch Traffic und weiteres heavy Zeug. Andererseits fand ich auch Jack Grunsky sehr gut, einen kanadischstämmigen Sänger, der auf dem Feindsender Ö3 einmal wöchentlich die Sendung »Folk mit Jack« moderierte. Auf dem Gebiet des Italo-Pop aber, und darum würde es bei Pete Maestrani ja wohl gehen, war ich überhaupt nicht bewandert. Also bleute Sandro mir bis zum Tag X alles Wissenswerte über Pete Maestrani ein, bis für gebührende Ehrfurcht im Vorfeld auch von meiner Seite gesorgt war. Einiges kam mir reichlich seltsam vor. Etwa daß der große Star exakt so wie meine Lieblingsschokolade hieß. Aber vielleicht war er ja weitläufig mit jener traditionsreichen

Kakaobutter-Schmelzdynastie Maestrani AG mit Stammsitz in St. Gallen verwandt, deren Erzeugnisse nicht nur in Fachkreisen Weltruf genossen. Die Hinfahrt im Transit habe ich komplett vergessen. Weiß bloß noch, daß wir alle, groß und klein, so angezogen waren, als ginge es zu einer Beerdigung. Zuverlässig setzt meine Erinnerung erst dort wieder ein, wo – wie oben beschrieben – der Auftritt von Pete Maestrani begann. Und es wird wohl das Beste sein, zurück in den Konzertsaal zu schalten und jetzt quasi live auf Sendung zu gehen.

Von oben schießen sich soeben, gerade noch rechtzeitig zum Refrain, zwei punktgenaue Suchscheinwerfer auf Petes Gesicht ein. Es ist über und über von einem Dreitagedesignerbart in Silbermetallic bewachsen, ein, wie sagt man, auch atmosphärisch ungeheuer dichtes Bild: So also sieht ein Alleinerbe der Schokoladenseite des Lebens aus. Zwar eher klein von Statur und irgendwie süßer als erlaubt, aber mit der gefährlichsten aller Gitarren und diesem superherben Gesang bewehrt. Das Eröffnungsstück strebt seinem furiosen Finale entgegen, es folgt der erste Luftsprung des Leaders – und Tusch!

»Good evening, Europe, how are you?« fragt der flotte Wahlkalifornier von irgendwie verdammt weit weg, die Sprechstimme seltsam belegt, mit Jet-Lag wahrscheinlich. Das Gesinge wird doch nicht etwa Playback gewesen sein? Ganz unschuldig zeigt Pete nun seine sehr, sehr vollständigen und kein bißchen braunen Zähne vor und wird kurzfristig von seinem monströsen Instrument befreit. »Europe«, das ist andererseits sehr schön und

Zeichnung: Martin Tom Dieck

71

mit Bedacht gewählt, denn wie soll ein Weltstar wie ausgerechnet Pete Maestrani sich merken können, in welcher Stadt des alten Kontinents er gerade gastiert? Gestern Glasgow, morgen Klagenfurt, so will es die Never growing old-Tour, doch aus der proppevollen Finsternis echot es schon »Va bene, Pitt, benissimo«. »Ah, amici«, raunzt Pete ergriffen ins Mikro und setzt, auf Rumpelitalienisch und aus dem Stegreif gebrochen, zu einer Art Willkommenspredigt an.

Ich verstehe nicht viel, Bahnhof und Kofferklauen, hier und da ein Fußballergebnis aus der Seria A oder vielleicht eine adriatische Wassertemperatur, was weiß denn ich, dann aber folgen namentliche Grüße aus oder nach »Palörmo«, wie unser Weltstar den Namen dieser stolzen Stadt auszusprechen geruht. Darauf kann ich mir immerhin einen Reim machen, denn ursprünglich sollen die Maestranis ja von dort abstammen. Einige Bengels in meinem Umkreis, unzweifelhaft sizilianischer Herkunft, sind entsprechend aus dem Häuschen und geben dem Affen Zucker, sprich: zücken die Zippos, um ihrem Götzen huldvoll Licht zu spenden.

Nach dem Schwermetall-Opener ist jetzt die erste Schmachtballade fällig. Pete packt den Mikroständer, reißt ihn ostentativ in die arg strapazierte Schräglage und pappt mit der anderen Hand kurz und streng sein Haupthaar fest. Dann beginnt langsam der Pelvis zu rotieren – und so zart, so zart und bitter, wie nun ein Slowfox herüberkommt, gibt es gar keinen Zweifel: Das ist »Gianduia«, sein erster und bislang größter Hit. Den Nebelmaschinen entströmen jetzt rote und blaue Schwaden, die sich symmetrisch verflüchtigen und den Blick auf Dick und Dave freigeben, Petes wieselflinke Lead-Gitarristen, die für diese Nummer auf die zwölfsaitigen Martins gewechselt haben und nun belämmert um die Wette schrammeln. Beide haben blonde Fönfrisuren, und irgendwie hört man das auch deutlich raus. Reinrassig ist er nie und nimmer, dieser Italo-Pop, sondern ein ganz perfider Bastard, bös von Gino Vannelli und Konsorten eingefärbt. Aber Pete dehnt »Gianduia« genüßlich, leckt sich bei jedem Zauberwort die Lippen und schickt etwas Echo nach – der Song kommt wie geschmiert. Dann breakt er formvollendet mit der Rickenbacker und hängt ein klein wenig Distortion rein. Baß und Schlagzeug, nun ja, sie foxen slow und haben leichtes Spiel dabei, denn wer im Publikum noch nicht an einer Ohnmacht herumbastelt, klatscht den Takt, immer schön auf die Eins, so ist es brav. Zeit zum Nachdenken.

Schokoprinz per Abkunft, Rockstar aus Profession – ob es Pete wohl schwergefallen war, das Lager zu wechseln? Und welchen Umständen mochte es zu verdanken sein, daß er hier und heute auf dieser Bühne stehen durfte und nicht etwa gerade einer außerordentlichen Generalversammlung der Maestrani-Aktionäre vorsitzen mußte? Vielleicht lag der Fall ja so ähnlich wie bei den Ambrosettis: Papa Flavio bereits ein tadelloser Altsaxophonist, Sohnemann Franco der gefragteste Flügelhornist in der europäischen Szene – und der familieneigene Maschinenbaukonzern im Tessin florierte ganz von selbst. Andererseits klang das bei Pete im Vergleich zum jungen Ambrosetti schon eher nach Rache des Enterbten, besonders in den harten Nummern.

Das alles und noch viel mehr überdachte ich auf dem stillen Örtchen, zu dem ich mich mühsam an weggetretenen Partnerlook-Pärchen vorbei, über picknickende Familien hinweg und durch »Pitt! Pitt! Pitt!« skandierende Fan-Pulks hindurch gekämpft hatte. Beim Händetrockner begegnete ich zu meiner Überraschung Herrn Valsangiacomo, der mit diversen Herren lauthals gegen das Gebläse anparlierte und nach eigenem Bekunden die Zeit totschlug. Draußen im Foyer scharwenzelten junge Lümmel, die sich virtuos an geschnorrten Zigaretten vergingen, um Frauen mit neu gerichteten Frisuren und frisch nachgezogenen Lippen herum. Es war Pause. Ich verdrückte mich mit Herzklopfen und nahm die Sammlung käuflich zu erwerbender Maestrani-Reliquien in Augenschein.

Die Gabentische waren opulent bestückt, mit Klamotten in erster Linie, massig T-Shirts, bedruckt mit Petes kupfernem Konterfei vor unter- bzw. aufgehender Kaliforniensonne, aber auch fesche Bomberjacken mit der scharfgemachten Rickenbacker hinten drauf. Dann Pete lebensgroß als Poster, Pete als kleiner Sticker zum Gernhaben, am liebsten in verschiedenen Posen dank preiswertem Sechserpack. Und natürlich wurden stapelweise Platten feilgeboten. Ebenso die P.M.-Parfums, hard line für ihn und free style für sie. Daneben stattliche, gemischtgeschlechtliche Bildbände, nämlich Vol. 1-3 einer Art abwaschbaren Autobiographie, die beim flüchtigen Reinblättern aber keine Hinweise auf eine in so und sovielen Gazetten herbeigebetete Scientology-Zugehörigkeit von Pete preisgaben. Wo aber, bitteschön, waren die Produkte aus dem Maestrani-Schokoladensortiment? Weit und breit kein Stück Minor Branche, die wir auch die Knochen nannten, geschweige denn eine Tafel Krachnuß – das durfte ja wohl nicht wahr sein. Entweder hatte das Management sträflich gepennt, oder bei den Maestranis hing tatsächlich der Haussegen schief.

Im Saal hatten Pete und seine Mannen scheint's wieder los- und noch einen Zahn zugelegt. Also rasch wieder rein ins Getümmel, wo jetzt ausgelassene Partystimmung herrschte, mit viel Karacho und ganz nach dem Motto: Hurra, ein Hit, wir singen mit! Das zeitigt besonders bei den Refrains recht abenteuerliche Resultate, obwohl vermutlich nicht wenige Palörmo-Immigranten nach Kräften mithelfen. »Sweet Home Maestrani«. Ich bahne mir einen Weg ganz nach vorn, auf die Ränge links von der Bühne. Groupies? I wo! Dafür habe ich von hier aus die Band besser im Blick. Sagenhaft, was der Keyboarder sich abschuftet an seinen Yamahas! Aber auch die Gitarreros legen sich wieder mächtig ins Zeug. Dave ist übrigens Rollstuhlfahrer, wirkt deswegen immer so klein von weiter hinten. Er und Dick kriegen zwischen den Songs laufend frisch gestimmte, nicht selten sogar neu bespannte Instrumente gereicht, Roadies und Techniker haben gut zu tun. Am meisten Streß aber hat der Mann mit den Frotteetüchern, der Verschleiß ist enorm, es fliegen sozusagen die Fetzen. Insgesamt ist das eine echt sportive Angelegenheit, nicht zuletzt für Pete selbst, der bei seinen bärenstarken Riffs jeweils bis zu fünf Pedale anklicken und sich, weil er natürlich voll mitgeht, auch noch anderweitig verrenken muß, was für den durchtrainierten Athleten aber weiter kein Problem darstellt. Pete betreibt ja als Ausgleichssport schon jahrelang Extremkletterei in den Rockies, aber wem sage ich das.

»Gleich ist Schluß«, gibt jetzt mit Kennermiene ein alter Sack neben mir seiner Tussi zu verstehen, tatsächlich aber setzen Pete und die Band immer noch einen drauf, weil die Leute jedesmal, wenn er »Goodnight Europe« sagt, johlen wie verrückt. Ich habe längst vergessen, daß ich eigentlich gar kein Fan von Italo-Rock bin, und helfe eifrig Zugaben zu erklatschen. Toll fühlt sich das an, wie mitten in der Produktion eines Doppel- oder Dreifach-Live-Albums.

Erst nach dem vierten, fünften allerletzten Stück ist das Konzert wirklich aus und unwiderruflich vorbei. Erst tröpfchen-, bald aber scharenweise drängt das beglückte Volk aus dem verschwitzten Saal ins stickige Foyer, Frauen und Kinder verstopfen noch einmal die Toiletten, derweil die Herren sich final vor der Getränkeausgabe zusammenrotten. Ist das wirklich der verabredete Treffpunkt? Es herrscht ein heilloses Durcheinander, und Herr Valsangiacomo muß wieder und wieder unsere Transit-Besatzung durchzählen. Dann stieben die versammelten Heimweh-Italiener blitzartig auseinander und verschwinden im Dunkel der Nacht, wir hinterher. Ein paar riskante Manöver und lautstarkes Gehupe auf dem großen Parkplatz noch – und schon stiehlt sich meine Erinnerung wieder davon.

Wahrscheinlich hatten mich inzwischen mächtige Wogen von Müdigkeit übermannt. Lange aufbleiben mochte ja eine feine Sache sein – allein, ich wollte heim ins Kinderbettchen. Dann aber, die Rückfahrt war schon beinahe überstanden, ereilte uns noch eine Panne: In der kurzen Steigung hinter Gais blieb der Transit mit leichter Schlagseite infolge Plattfußes liegen. Und so kam noch einmal verschwörerische Stimmung auf, als Herr Valsangiacomo und sein Schwiegervater fluchend, aber erstaunlich flink den Reifenwechsel vornahmen. Anschließend durften Sandro und ich ihnen je eine Zigarette anmachen und auch selber zwei-, dreimal dran ziehen. Ich mußte dabei an die Schutzpatronin dieses Abends denken, der ich das alles eines Tages haarklein erzählen würde!

Was aus Pete Maestrani geworden ist? Nun, er ist längst aus den Schlagzeilen raus. Schweigen im Fachblätterwald. Trauern und Erinnern. Aber nicht zu tranig auf die Drüse drücken. Denn eines Tages, das weiß ich gewiß, werde ich im Ramsch eines Second-Hand-Plattenladens nach einer alten Italo-Scheibe greifen, mit zitterndem Zeigefinger die Besetzungsliste auf dem Backcover durchgehen und noch einmal auf meinen ersten leibhaftigen Rockstar stoßen. Bis dahin halte ich mich an die intakte Maestrani-Produktpalette, namentlich an die Krachnuß, die nach wie vor auf dem Markt ist, zwar längst in neuem Gewand, aber mit dem selben unvergleichlich zarten Schmelz wie ehedem.

Einmal den King machen ...

Jerry Lee Lewis und Chuck Berry in Scheeßel und anderswo (1973ff.) –

Von Jörg Gülden

Dies ist die Geschichte von zwei talentierten, aber völlig durchgeknallten Gaunern, die beide unbedingt auch mal »King« sein wollten. Ihr Pech nur, es gab im Rock 'n' Roll-Reich bereits deren zwei: einen vom Volk inthronisierten – Elvis – und einen faktischen – Little Richard. Daß sie somit auf ewig nur für dritte und vierte Plätze abonniert sein würden, wurmte unsere Möchtegern-Kings Jerry Lee Lewis und Chuck Berry fortan dermaßen, daß sie zu den abenteuerlichsten Kniffen und Tricks griffen, um sich wenigstens einmal die Krone aufsetzen zu können – und sei's nur die von der yellow press verliehene für den »größten Schmutzfinken aller Zeiten«.

Jerry Lee Lewis, genannt der Killer (nicht wenige Leichen pflasterten seinen Weg), machte seinem Namen im November '76 fast geschichtsträchtig Ehre, als er rattendicht bei Elvis' Graceland-Domizil in Memphis vorfuhr, eine Derringer-Pistole schwenkte und den »King« zu sprechen begehrte. Der war leider nicht da, dafür aber kurz darauf der Arm des Gesetzes. Zwar surfte der »King« schon in den Fünfzigern nur die ganz große Welle, doch Jerry Lee und Chuck ritten – ob live oder auf Platte – auch ein recht flottes Brett. Pech nur, daß man sie permanent auf package tours durch die Lande jagte, denn so stellte sich für die beiden Abend für Abend die nagende Frage der Ehre: Wenn schon nicht auf Platz eins oder zwei, wer von uns steht bitte auf dem Treppchen auf Platz drei?

Der Killer mußte zwar – ob er wollte oder nicht – jeden zweiten Abend in die Zitrone mit der Vier beißen, doch die Frage, wer denn Herr im Ring sei, klärte er in bester Redneck-Manier ein für alle Mal: Eines schönen Konzertabends – er war mal wieder vor Chuck Berry dran – zog er nach der letzten Zugabe eine Flasche Feuerzeugbenzin aus der Tasche, übergoß seinen Flügel damit, hielt dann ein brennendes Streichholz dran und verließ das flammende Bühneninferno mit den Worten »I'd like to see any son of a bitch follow that!« Manche wollen gar gehört haben, er habe »beat that, nigger!« gegrölt.

Dem konnte old Chuck nun wirklich nichts entgegensetzen, aber dafür machte er Schlagzeilen als dirty old man, als herauskam, daß er in der Damentoilette seines Berry's Southern Air-Restaurants versteckte Videokameras installiert hatte. Oh, wie mußte der alte Geizkragen da bluten, denn das Gericht verdonnerte ihn dazu, an die 60 Damen, die geklagt hatten, je 30.000 Märker zu zahlen.

Doch der wahre showdown der beiden schlimmen Finger fand Anfang September 1973 in Deutschland statt – beim Festival in Scheeßel. Tags zuvor war man in Paris aufgetreten – Chuck Berry vor Jerry Lee Lewis –, in Scheeßel nun sollte die Reihenfolge umgekehrt sein. Doch nach dem Paris-Gig gab es Zoff zwischen den ewigen Streithähnen: Chuck war der Ansicht, schon hier sei die Hackordnung nicht eingehalten worden. Ein derbes Wort gab das andere, und als der Killer seinen Konkurrenten anblaffte, er könne ihn mal kreuzweise, da zog Berry ein gezinktes As aus dem Hut: Statt zusammen mit Lewis die Maschine nach Hannover zu besteigen, ließ sich Berry klammheimlich nach Bremen fliegen, charterte hier einen Benz, angelte sich am Steintor zwecks Amüsement noch eine Nutte – und ließ den Killer in Scheeßel schmoren.

Als dann showtime kam, war der Killer felsenfest davon überzeugt, sein Kontrahent wäre weit, weit weg. Denkste, denn Freund Chuck saß längst in seinem Mercedes auf dem Parkplatz im backstage-Bereich und wartete geduldig. Als dann der Killer vor zigtausend Leuten seinen Flügel malträtierte und etwa am Ende des vierten Songs angelangt war, da entstieg Chuck behend seiner Limousine, holte seine Klampfe aus dem Kofferraum und machte sich auf den Weg Richtung Bühne. Ganz der Rock 'n' Roll-Einzelkämpfer (eine Band hatte er natürlich nicht dabei), schlich er sich von hinten an, stöpselte unbemerkt seine Gitarre in den nächstbesten Amp und legte urplötzlich so los, daß es den Killer fast mit einem Herzstillstand vom Schemel gehauen hätte. Doch vor ausverkaufter Arena mußte der natürlich gute Miene zum bösen Spiel machen. Zusammen schrieb man nun Rockgeschichte. Allerdings – das war man sich der gemeinsamen Ganovenehre wohl schuldig – nur für kurze Zeit. 13 1/2 Minuten dauerte der legendäre gemeinsame Auftritt der beiden Titanen, dann verließ man – jeder in eine andere Richtung – fluchtartig die Bühne. Um sich von nun an noch weniger ausstehen zu können. Fortan schrieb dann jeder für sich allein Geschichte. Allerdings primär in Sachen Publikumsverarsche. Wie die nun folgenden Beispiele belegen ...

Il Killer sensa denti!
(Oder: Mutti, Mutti, er hat überhaupt nicht gebohrt!)

Nennt es meinetwegen Nostalgie, aber wenn einer deiner alten Heroen vom Schlage Chuck Berrys, Little Richards oder Jerry Lee Lewis' sich die Ehre eines seltenen Konzerts gibt, dann gehst du als oller Greaser selbstredend hin. Das aber, was Jerry Lee Lewis, der selbsternannte Killer, da neulich in der Hamburger Musikhalle zum Besten gab, das war nicht nur selten, sondern höchstgradig seltsam und obendrein eine herbe Frechheit.

Erwähnen wir zunächst jedoch Rudi Rock und seine Schocker; die Jungs und ihre pferdebeschwanzte, röhrenbehoste Sexy-Hexy waren 'ne Wucht. Mal »Ich bin ein Tiger«-rockig, mal »Ich bin ja so allein«-schnulzig – und immer ein Schmaus für Aug und Ohr. Wenn sie jetzt noch für den komischen Rudi-Kasper in der Zimmermannshose, der leider nicht soo gut singen kann, einen Ersatz-Ted Herold oder -Benny Quick kriegen könnten, wer würde dann für ShaNaNa noch einen Cent geben?

Aber nun zum Eisenfresser aus den USA. Da kommt so ein Fuzzy auf die Bühne, labert was von »murmel, murmel, Lewis«, und hereinspaziert kommt eine Else mit Hüften so breit wie ein Scheunentor, die sie mit hautengen Hosen, die ihr fast bis zum Hals reichen, noch zu unterstreichen weiß. – Soll des Killers Schwester sein. – Die Torte hängt sich also an den Flügel und legt mit einer schleimigen Country-Nummer los. Oder sagen wir besser: will loslegen. Denn die Jungs aus Barmbek und Altona, die hartgesottenen Altrocker, die immer noch stolz eine (wenn auch schüttere) Schmalztolle spazieren tragen, die pfeifen, brüllen »Scheiße« und »Jerry, Jerry, Jerry«. Kaum zu glauben, aber das wirkt augenblicklich; die Else erhebt ihren Panoramaarsch vom Klavierschemel, und ein paar Sekunden später kommt auch schon der Herr Killer mit den Seinen angestolpert. Ach ja, dazu muß auch noch etwas gesagt werden, denn die »Band« war mit Abstand nicht nur das besoffenste, sondern auch das unsäglichste Sortiment arm-, bein- und hirnamputierter Kellerbar-Mucker, das je gewagt hat, Hand an ein Instrument zu legen. Der Typ an der Geige, der in dem Wembley-Film von neulich noch wie der Bruder des erdnußfarmenden US-Präsidenten ausgesehen hatte, sah heute nicht nur wie die Großmutter des Präsidenten aus, sondern war obendrein so hackevoll, daß er zweimal glatt über seine eigenen Beine fiel und einmal ein Fiedelsolo begann, ohne zu bemerken, daß er gar keinen Bogen in der Hand hatte. Ob oder wie voll Schlagzeuger und Bassist waren, konnte nicht ausgemacht werden, denn der Trommler-Darsteller ging augenblicklich hinter zwei Becken in

Deckung und ward fortan nicht mehr gesehen – und gehört. Der Mensch mit dem Baß hingegen schlich herein, lehnte sich matt an seinen Verstärker, und hätte ihm am Schluß nicht jemand gesagt, daß Feierabend sei, er würd heute noch da lehnen.

Der Killer, leicht schmerbäuchig, dunkle Brille, die den Fluß der Whisky-Tränen kaschieren soll, lächelt also schmierig in den Saal und macht sich dann wie ein Wienerwald-Alleinunterhalter über den Flügel her. Und all die Rocker da oben auf der Galerie glauben, sie laust der Affe, wagt der Selbstmordkandidat es doch, auch mit einer Kanntrieh-Schnulze zu starten. – »Scheiße, buh, Rock 'n' Roll!« protestiert's nahezu einstimmig aus dem Saal. Der Killer ist erst baff, versucht's dann aber mit der harten Tour. Er wirft seine ganze Redneck-Macho- und (selbstredend) Killer-Autorität in die Waagschale, knallt ein paar Mal den Klavierdeckel auf und zu und kann dank der zigtausend Watt links und recht von ihm den gut zweitausendstimmigen Protest mit ein paar Nettigkeiten wie »Assholes«, »Cunts« und »Motherfuckers« übertönen. Aber nur für fünf Sekündchen, denn nun kocht des Volkes Seele, da kommt auch der Killer-P.A. nicht mehr mit. Der Herr Lewis (oder war's vielleicht gar nicht er?) ballt die Faust, würde uns zu gerne kollektiv eine in die Fresse hauen, muß sich dann aber mit dem armen kleinen Tourbegleiter, der zufällig am Bühnenrand steht und partout für nix was kann, begnügen. Dem bedauernswerten Tropf semmelt er stellvertretend eine Watsche rein, und da er sich das als Killer wohl schuldig ist, schmeißt er auch noch seinen Klavierschemel und sein Mikro um und verpißt sich.

Ich will's kurz machen. Er ist dann nach etwa 20 Minuten, während denen das Barometer zwischen »komm raus, du Sack!«-Applaus und »Geld zurück!«-Abbruchstimmung schwankte, wieder erschienen und hat dann auch noch – mehr schlecht als recht – das gespielt, was das Volk von ihm hören wollte: Rock 'n' Roll. Ich weiß allerdings nicht, ob er 'ne masochistische Ader hat, denn auch diesmal hat er andauernd versucht, uns ein Country-Nümmerchen unterzujubeln. Und prompt gab's jedes Mal wieder Stunk. Einmal, als ich dachte, »jetzt haut er wieder ab«, hat er sogar eine Killer-Ansprache gehalten und etwas gesagt, das so klang wie: »Ihr habt euer verdammtes Geld bezahlt, um mich zu hören. Jetzt haltet also eure verdammten Schnauzen und hört gefälligst zu, was ich spiele, ihr Wichser!« Womit er den im Pfeffer liegenden Hasen mit dem Nagel genau auf den Kopf getroffen hat, denn bei Eintrittspreisen so um die 30 Eier kann nur ein Sturzbesoffener der Ansicht sein, irgendwer gäbe ein müdes Arschrunzeln für seinen drittklassigen Country-Schlock. Nein, mein Alter, wir wollten das hören, wofür wir dich kennen (und einst geschätzt haben), das, was du wirklich mal konntest und (wenn du mal wieder nüchtern bist) sicher immer noch kannst: Rock 'n' Roll!!!

Und noch eins: Solltest du jemals die Frechheit besitzen, wieder nach Hamburg zu kommen, um uns für solche Preise das Vergnügen zu morden, dann werde ich, so wahr du der Killer bist, zu deinem Henker. Denn dann wirst du, so wahr ich Gonzo heiße, zu den Klängen von »Whole Lotta Shakin' Going On« deine Stiefel fressen. And be sure, you asshole, I mean it ...

Das war Kack, Plärri!

Geahnt hatte ich's ja. Oder besser noch: Ich hab's sogar gewußt. Nur, daß er's diesmal so vollherbe treiben würde, das konnt ich weder wissen, geschweige denn ahnen. Daß Freund Chuck in puncto Finanzgebaren selbst einen armenischen Teppichhändler noch jederzeit mühelos auszustechen weiß, ist längst Rock 'n' Roll-Legende, aber daß er gar zweimal 1800 Leute kollektiv über den Tisch zu ziehen wagt – und dann auch noch bei lebendigem Leibe von dannen kommt –, das hätte ich nicht mal zu träumen gewagt.

Also, die große Rock 'n' Roll-Verarsche lief so: Da schleichen fünf Gestalten mit weichen Knien auf die Bühne der Hamburger Musikhalle, stieren ängstlich ins Publikum und machen sich alsdann an allerlei musikalischen Geräten zu schaffen. Zwei der Typen schnallen sich Telecasters um, einer sich 'nen Baß, ein weiterer hockt sich an den Flügel, und ein ganz dicker zwängt sich hinter das Schlagzeug. Flankiert sind die Herrschaften von der Sparausgabe eines P.A., und die paar mickrigen Verstärker hinter ihnen lassen allenfalls auf den öffentlichen Übungsabend einer Amateur-Combo schließen.

Kaum daß dieser Gedanke mein Hirn durcheilt hat, beginnen die fünf auch schon meine Horrorvision zu realisieren. In anderen Worten: Sie legen so los, als gelte es, heute beim Beat-Nachwuchswettbewerb in »Jupp's Tanzdiele« den Trostpreis in Gestalt einer Runde Jägermeister zu gewinnen. Doch siehe da, ich bin beileibe nicht im falschen Konzert, denn da kommt auch schon old Chuck himself, grinst erst verschmitzt in den Saal und mustert dann sein Häuflein der fünf Unglücklichen. Und du, du weißt genau, daß der alte Beutelschneider dieses sein Ensemble hier und jetzt zum ersten Mal zu Gesicht bekommt und auch nicht den leisesten Schimmer hat, wer ihm diese verlorenen fünf Pfadfinder da auf die Bühne gestellt hat. Ist ihm ja auch völlig schnurz. Denn wenn er könnte, dann würde er nur zu gerne auch noch auf die Andeutung eines P.A.s verzichten und seinen Striemel als akustischen Set abspulen.

Ich mach's kurz, denn es kommt, wie's kommen muß. Die zwei Gitarreros hauen unhörbar in die Saiten, der »Pianist« geht auf dem Klavierschemel in Ruhestellung, und nur der Baßmann ist schwer beschäftigt; er muß fortan nämlich dem feisten Drummer, der – ich schwöre es! – garantiert noch nie eine Chuck Berry-Nummer gehört haben kann, jeden gottverdammte Break – und davon gibt's bei Berry ja so einige – per wilden Armbewegungen signalisieren. Und dazu guckt der Dicke auch noch so, als habe er a) heute erstmals ein Schlagzeug gesehen und b) sich schon zu Beginn der ersten Nummer die Hosen gestrichen vollgemacht. Nur einen kratzt das nicht die Bohne: Chuck Berry! Der grinst sich eins, verspielt sich oft und macht pünktlich nach 45 Minuten Schluß mit der Volksverarsche.

Als er ein paar Minuten später im Mercedes zu seiner Nobelherberge düst (Chuck fährt gern Mercedes, gern selbst und am liebsten on the german autobahn), grinst er noch mehr, denn er muß an die 3600 Idioten denken, denen er heute bis zu 32 Mark teure Tickets hat andrehen können. Und wenn er auch noch daran gedacht hat, daß er ja erst 47 ist und seine Schmierentheater-Nummer noch gut 20 Jährchen durchziehen kann (weil wir Deppen ihm mit von nostalgischen Anwandlungen feuchten Augen auch noch abkaufen würden, daß er für 32 Eier nur noch seine alten Scheiben auflegt), dann dürfte er an diesem Abend noch reichlich was zu grinsen gehabt haben.

PS: Jetzt verstehe ich auch, warum es Dave Edmunds mit den Worten »Chuck Berry hat ein komplettes Arschloch aus sich gemacht« abgelehnt hat, diesen alten Gauner zu produzieren.

Pater Solan und seine ausgeflippten Meßdiener

Nektar in Hannover – unter anderem (1974)
Von Wenzel Storch

> »Ich hatte immer diese magische Formel, weißt du,
> um in das Unbewußte einzubrechen. Ich lag da und
> sagte immer wieder: ›Fick die Mutter, töte den
> Vater. Fick die Mutter, töte den Vater.‹ Du kannst
> echt in deinen Kopf reinkommen, wenn du das ein-
> fach andauernd wiederholst.«
>
> Jim Morrison

Mein erstes Rockkonzert war Nektar, irgendwo in Hannover, und mein letztes war Modern Talking, auch irgendwo in Hannover.

Auf das Modern Talking-Konzert hatte ich mich tagelang gefreut und bin dann auch entsprechend bedient worden – ich finde bei den Liedern ja immer die Stellen super, wo Dieter Bohlen mit verstellter Stimme den Kehrreim wiederholt. Naja, jedenfalls an Nektar habe ich nur noch sehr verschwommene Erinnerungen, keine Ahnung, wie die Musik war. Ich weiß nur noch, daß die so eine blubberige Dia-Show hatten und ich den festen Willen, davon beeindruckt zu sein, da ich damals schon vorhatte, später auch mal Drogen zu nehmen. Aber irgendwie war trotz bewußtseinserweiternder Dia-Show alles ziemlich langweilig. Am Ende der Veranstaltung fand ich mich zusammen mit einem Freund über die Brüstung gelehnt wieder – es gab da sowas ähnliches wie eine Empore –, und wir vertrieben uns die Zeit damit, die langhaarigsten Gestalten auszusuchen und denen auf den Kopf zu rotzen. Einige haben wir total vollgerotzt, weil die aufgrund ihrer flauschigen Matte den Spucke-Aufprall gar nicht mitgekriegt haben. Andere hatten uns da oben natürlich schnell ausgemacht und drohten mit ihren Fäusten. Jetzt kam es darauf an, schnell den Kopf wegzuziehen, damit man, wenn man wieder nach unten kam, nicht erkannt und womöglich vermoppt wurde. Zu der Zeit war ich dreizehn und, vor allem im Kontext eines Rockkonzerts, gut wiederzuerkennen: Dieses Paßbild zierte für viele Jahre meinen Schülerausweis – auch dann noch, als ich schon längst eine stolze Matte trug.

Aber halt – mein allererstes Rockkonzert war früher! Das war ein Schulgottesdienst mit Pater Solan und seinen rockenden Meßdienern, in irgendeiner Kirche in Himmelsthür (bei Hildesheim). Wenn man da hinging, fielen zwei Stunden Physik bei Herrn Orlinski aus. Und das war gut, weil ich da wie in Chemie, Mathe und Sport entweder auf vier minus oder auf fünf plus stand. Zwar war ich damals selber Diener am Tisch des Herrn bzw., vornehm ausgedrückt, Page an Seinem Hofe, fand aber Gott und seine Bande schon lange heimlich scheiße und wünschte die ganze Brut zum Teufel. Eine Rock-Messe hatte ich allerdings noch nicht erlebt, und die Show, die diese Meßdiener mit ihrem gepflegten langen Haar zwischen Tabernakel und Opfertisch abzogen, schien mir genau das Gegenteil dessen zu sein, was ich mir unter einem echten Rockkonzert vorstellte. Ich muß zugeben, ich hatte ziemlich hohe Erwartungen. Die Zustände on stage und drumherum, wie ich sie mir ausmalte und wie ich sie möglichst bald mitzuerleben wünschte, sind vielleicht am besten in jenem Satz zusammengefaßt, der wie ein Paukenschlag die Memoiren von Peggy Casserta (»Going Down With Janis«) eröffnet: »Ich war splitterfasernackt, hackevoll mit Heroin, und das Mädchen zwischen meinen Schenkeln, das mir die Pfanne ausleckte, war Janis Joplin.«

Die Erwartung, beim ersten Rockkonzert auf hemmungslose Zustände zu treffen, war auch bei meinen Schulkameraden allgemein verbreitet und wurde durch Zeitschriften wie »Pop«, »Popfoto«, »Musik Express« und

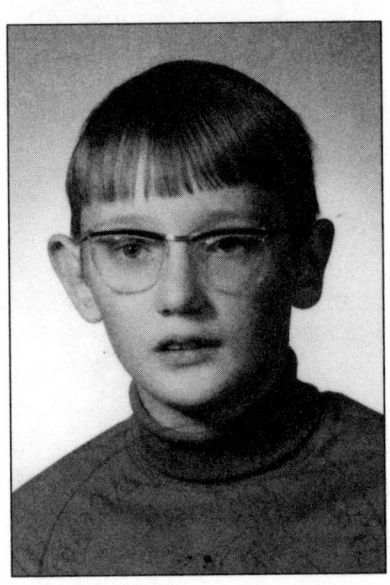

Der adoleszente Autor

»Sounds« geschürt. Letztere besorgte ich mir im zarten Alter von elf Jahren zum ersten Mal, um, ohne freilich ein Wort von dem Insider-Kauderwelsch zu verstehen, die hochkarätige Lektüre stolz auf dem Schulhof mit mir rumzuschleppen. Auch wenn ich nicht viel verstand, wühlte mich der Inhalt irgendwie auf. Eine kleine Kostprobe mag das verdeutlichen. Elisabeth v. d. Mei schwärmt in einer »Sounds« jener Tage von der Gruppe Group Image, deren Platte sie nicht so gelungen findet wie ihre Live-Gigs:

»Keith Emerson - Kugelschreiberzeichnung (aus meinem Matheheft der sechsten Klasse)«

»Group Image sind Rock-Demagogen, und ihr größtes Vergnügen besteht darin, ihr Publikum in einen totalen Energie-Tanz zu führen, besonders durch Lead-Sängerin Sheila Darla, die sich wenig darum kümmert, eine schöne Stimme zu haben, sondern dich vielmehr mit Schreien, Grunzen und Hüpfen geil macht. Also, bis Group Image mal zu Ihnen kommt, versuchen Sie sich mit diesem Ersatz vom Boden zu heben, und denken Sie über eine Antwort auf die Frage ›Aus welcher Zeit bist du?‹ nach, wenn EIN MUND IN DEN WOLKEN Sie danach fragen sollte.«

Der Mund aus den Wolken sollte mich später tatsächlich allerlei fragen, aber das ist ein anderes Kapitel. Jedenfalls weiß ich, daß das erste Mal auch bei meinen Freunden und Klassenkameraden anders verlief als erwartet.

Einer stieß anno '74 beim Pissen, als er in der Pause, die Band hieß übrigens Aton, das Lokal verließ, auf einen leibhaftigen Löwen. Er schlug sein Wasser durch einen mit grünem Plastik ummantelten Maschendrahtzaun ab, der sich als Raubtiergehege entpuppte, und sagt heute nicht ohne Stolz: »Der Schwanz war so schnell in der Hose drin, so schnell konntste gar nicht kucken.« Ein anderer erlebte das erste Mal auf Acid und mußte sich in diesem Zustand, es war ausgerechnet das Festival der Jugend in Dortmund, Udo Lindenberg und die Puhdys reinpfeifen. DKP und LSD – das stell ich mir als nicht zu toppende Mischung vor. Der Trip klang jedenfalls damit aus, daß besagter Herr – der namentlich nicht genannt sein möchte und heute ein hohes Tier in der Schwimmteich-Branche ist – zusammen mit seinen Kumpels, die wie er natürlich auch alle voll drauf waren, einen riesigen unbewachten Biertank entdeckte. Der wurde ratzfatz aufgebrochen, was eine Horde Hamburger Rocker anlockte. Das Ende vom Lied war, daß die betrippten Herrschaften wie Serviermädchen den Rockern zu Willen sein, ihnen mithin ein ums andere Mal einschenken mußten, während diese sich bereits nach den ersten Schlucken auf die Fresse hauten. Abhauen ging wohl nicht, das wäre bei den Rockern wie Verrat oder Desertion rübergekommen. Wie ein Wunder sind alle heil da rausgekommen, weil sich die Lederkerle von der Waterkant darauf beschränkten, sich gegenseitig abzulaschen und irgendwann besinnungslos zu Boden sanken. Klingt wie im Märchen, aber – der Teichebauer beschwört's – es war so.

Und einer – genauer gesagt Bernward Herkenrath, der ja nun auch schon auf die Fünfzig zugeht und in unserem Schmalfilmchen »Der Glanz dieser Tage« vor 15 Jahren einen werdenden Priester spielte – kann sich bis auf ein winziges Detail an praktisch nichts mehr erinnern, weder an den Ort noch an den Namen der Band und schon gar nicht an die Mucke. Der weiß eigentlich nur noch, daß er einen Fellmantel anhatte, einen ziemlich schummrigen Schuppen betrat und daß sofort einer auf ihn zutorkelte und ihm auf seinen schönen Fellmantel kotzte.

Aber – wie sagte schon Jim Morrison? »Mein Geschmack ist so: wann immer jemand auf mich zukommt, ist das groovy, denk' ich.«

Groovy, denk ich, ist auch das folgende Gedicht, das zwar schon acht Jahre alt ist, aber eine willkommene Möglichkeit, das Ganze hier lyrisch ausklingen zu lassen:

Der Wecker klingelt zu früher Zeit
Wir stehn nicht auf, wir sind zu breit
Auch wenns die Spießer nicht verstehn
Wir haschen, bis wir Sterne sehn
Und vom vielen LSD
Tut uns schon die Rübe weh

Die Haare werden immer länger
Der Geruch wird immer strenger
Seife ist für uns tabu
Wir schaun den Spießern beim Waschen zu
Zum Hardrock schmeckt ein strammer Max
In den Ohren Ohropax

Ob oral, ob anal
Freie Liebe ist genial
Freie Liebe nachts im Wald
Wenn die Rockgitarre schallt
Jimi, spiel uns noch ein Solo
Das ist echt Diabolo

Bangladesh und Ho-Chi-Minh
Sind in unsern Herzen drin
Ob wir laufen oder stehn
Wir sind like a hurricane
Kinder, laßt die Blumen sprechen
Aber tut sie nicht abbrechen

Daß auf diesem Wege rauskommt, daß ich heimlich bescheuerte Gedichte schreibe, kann ich nicht ändern.

Honky Tonky Show

Udo Lindenberg & das Panik-Orchester im Kuppelsaal, Hannover (November 1975) –
Von Jörg Feyer

Die erste und tiefste Assoziation ist immer dieselbe geblieben, seit Jahren schon: das Motorrad!!! Wie es plötzlich von hinten rechts aus dem Off langsam nach vorn in die Mitte der Bühne rollt, während die Band eine mächtige Instrumental-Welle mit schleppenden Drums und fliegender Solo-Gitarre entschlossen dem Scheitelpunkt zutreibt, um sie just brechen zu lassen, als das Motorrad seinen Bestimmungsort erreicht hat. Eine Harley muß es wohl gewesen sein. Obwohl, nein. Wie läßt Udo Lindenberg die als Rockerbraut angeheuerte Inga Rumpf doch gleich singen? »Das einzig Starke an Dir ist Deine Moto Guzzi ...« Was sich natürlich auch toll auf »Fuzzi« reimt. Was wäre schon auf »Harley« gegangen? Abgesehen davon, daß da zwei Silben fehlen (und der Zusatz »Davidson« eine zuviel bringt). »Aber sonst bist Du ja so ein ...???« Na, eben.

Ob die Mütter in Hannover und Umgebung tatsächlich den vom Meister auf »Ball Pompös« prognostizierten »Schock« bekamen, als sie morgens in der Zeitung lasen, daß die »Honky Tonky Show« des Herrn Lindenberg abends ihre Heimatstadt heimsuchen würde, ist nicht überliefert. Auch wir – eine Gymnasial-Klasse in einem verschlafenen, gutgläubigen Heide-Nest – standen (noch) nicht unter Schock, spürten aber wohl den Strom der Vorfreude pulsieren, als wir den Bus enterten, der uns in die Landeshauptstadt bringen sollte. Unser Musiklehrer, den wir ob seiner hageren Erscheinung ganz liebevoll »Knochen« getauft hatten, hatte ihn gechartert und vorab auch die Tickets für die ausverkaufte Show besorgt. Ja, doch, er stand dem Populären nicht völlig verschlossen gegenüber, der Herr Werner, wenn auch immer ein gewisser Dünkel des Klassik- und Jazz-Freundes durchschimmerte. Später besuchten wir in kleiner Tutanden-Runde noch ein Weather Report-Konzert mit ihm, was dann schon eher seine Tasse Tee war. Und meinen riesigen Elvis Costello-Button mit »My Aim Is True«-Covermotiv mochte er dann auch nicht so gern.

Warum Udo? Ein Bekenntnis, das einem heute ja noch peinlicher vorkommen muß als das für andere Heroen pubertärer Wirren. Die haben ja meist die Gabe – welche Gnade –, einfach in der hübsch verklärten Sonnenallee nostalgischer Erinnerung zu entschwinden, wenn sie ihren Dienst getan haben. Udo aber blieb fortan mit jener quälenden Hartnäckigkeit präsent, der zuletzt nicht mal die schnellen Telekom-Radler entwischen konnten. »Gegen den Strom, gegen den Wind«? Ach, Udo.

Es war nicht mein allererstes Konzert. Abgesehen mal von namenlosen Schülerbands auf Aula-Schulfesten gebührt die Ehre der Premiere im größeren Rahmen wohl Kraan, die eines Sommerabends im Stadtpark der Kreismetropole aufgespielt hatten. Jazz-Rock, gewiß, aber immer wieder mit Grooves bestückt, die – zumal für hiesige Behäbigkeiten – erstaunlich sexy daherkamen. »Andy Nogger«, »Holiday am Marterhorn« (inklusive Gipfelsturm, versteht sich), »Nam-Nam«, »Jerk Of Life«. Für mein musikalisches Leben vor der ersten Udo-Platte aus dem Govi-Katalog (»Ball Pompös«) war das deutsch-undeutsche Quartett um Helmut Hattler (heute Tab Two) durchaus repräsentativ. Um es mal plakativ auf den Punkt zu bringen: Colosseum sagten mir damals mehr als CCR, die mit »Hey Tonight« durch die Hitparade schnarrten. Zu kommerziell fand ich das damals (später spielten wir dann selbst Fogerty-Songs wie »Bad Moon Rising«, weil sie so schön einfach waren ...). Meine ersten Platten: »Virginia Plain« von Roxy Music, »School's Out« von Alice Cooper (die mit dem Damenslip), »Sticky Fingers« von den Stones (die mit dem Reißverschluß), »Thick As A Brick« von Jethro Tull (die mit dem Zeitungscover), »Pop History« mit Jimi Hendrix und Taste (die zum Doppel-LP-Sonderpreis). Tja, verdammt, und warum dann noch Udo?

Wahrscheinlich weil er mich einfach mit dem Populären versöhnte. Weil sein schnoddriger Wort-Witz, der ihn noch heute durch alte Songs wie »Leider nur ein Vakuum« zu tragen vermag, eine Unmittelbarkeit besaß, die sich sonst nur im Eröffnungsriff von »Brown Sugar« fand. Weil sein Panik-Orchester rasant zu rocken verstand, doch auch bei etwas diffizileren Arrangements nicht gleich einbrach. Weil er Pubertät in Songs wie »Da war so viel los« (auf »Votan Wahnwitz«) als tragikomische Retro-Revue inszenierte, die trotz ironischer Distanz reichlich Identifikations- und Abgrenzungspotential bot. Und so amüsierten wir uns schon mal prächtig über die »Bonnies und Clydes von früher«, die später mal als »Herr und Frau Bieder« brav in Vorstadt-Mittelschicht machen werden. Klar, da würden wir niemals landen!

Die Gruppendynamik jener Jahre ist auch nicht zu unterschätzen. In der Saison 74/75 – die Meister-Herrlichkeit meiner Gladbacher Borussen war gerade vorbei, und ich war obendrein sitzengeblieben – konnte man einem via Presse und öffentlich-rechtliches Monopol-Fernsehen omnipräsenten Udo kaum entgehen. Es gab damals sogar eine Lindenberg-Show im Ersten!

Und diesmal wollte ich einfach auch mal dazugehören, während ich zuvor, in meiner alten Klasse, mit meinem Faible fürs, na ja:»»Progressive« doch ziemlich isoliert dastand. Es war nicht so, daß Udo»unsere Sprache sprach«, und was sonst immer so an Straßenmythen herumgeistert. Das wäre ja auch fatal gewesen, ob unserem Verstummen vor den un- und halbverdauten Sensationen jener Zeit. Vielmehr gab er uns eine, seine Sprache, deren Jargon, deren flapsige Floskeln so gut paßten zur halbstarken Generalkrise jener Jahre. Heute sind die HipHopper mit einem kräftigen»Yo!« zur Stelle, wenn das Herz»losknallt« (wie Udo so schön sagte) und die Hormone tabula rasa spielen. Solche Alternativen gab es damals noch nicht in deutscher Sprache, die einem dann doch näher kam als oft nur halbverstandene Anglizismen.

Rückblickend betrachtet, war Udo Lindenberg ja im Herbst 1975 schon gerade dabei, seinen kreativen Zenit zu überschreiten, was irgendwie auch schon die Wahl des Auftrittsorts signalisierte. Der Kuppelsaal der Stadthalle, bestuhlt natürlich, ja und da rechts geht's zur Garderobe. Hoch-Kultur-Terrain. Rock fand sonst in jenen Jahren in der Niedersachsen- und der Eilenriede-Halle statt. Aber das paßte schon, denn Lindenberg war ja auf dem Weg, seinem Hang zum Theatralischen, gar zum Rock-Kabarett nachzugeben, der ihn gut 3 Jahre später gar an die Seite von Peter Zadek trieb. Derweil die Witze zunehmend flauer wurden, die Sprache in Klischees zu ersticken begann, und es im Gebälk des Panik-Orchesters gewaltig knirschte. Gitarren-Albino Karl Allaut hatte die Band schon 1974 verlassen, Gottfried Böttger, der Mann am Klavier, sollte ihm im Anschluß an diese Tournee folgen.

Aber was kümmerte mich das damals? Was wußten wir schon? Wir wollten das ganze Theater ja, wollten sehen, wie die dicke»Elli Pyrelli« – eine fiktive Leihgabe aus dem Regensburger Opernhaus – ihre Arien-Einlage schmetterte. Wie Rudi Ratlos, der»Teufelsgeiger«, der es schon Eva Braun so richtig gut besorgt hatte, Udo galant umtänzelte. Und richtig scharf war natürlich die Nummer mit dem Dracula, der ihm in»0-Rhesus-Negativ« zur Sperrstunde an die Kehle wollte, sich aber die falsche Blutgruppe ausgesucht hatte. Mit Udo konnte ich sogar Vampire (ver-)trösten! Und fürs Gemüt hatte er auch was zu bieten:»Das Mädchen aus Ostberlin« – für Udo im geteilten Deutschland so nah wie für uns die süße Blonde aus der Realschule nebenan. Und doch so unerreichbar. Wenn selbst Udo scheiterte, konnten wir uns besser fühlen, da oben im Balkon. Von halbrechts guckten wir auf die Bühne herunter, wo der obligatorische Panik-Gürtel im Scheinwerferlicht immerfort glitzerte wie ein Leuchtfeuer des Wahnwitzes. Der schien hier nun plötzlich mit Händen greifbar, während Udo gewagte Ausfallschritte vollführte, das Mikro an der Schnur herumwirbelte und dabei die Finger der anderen Hand zum Panik-Gruß spreizte. Ach, ein Feuerwerk der coolen Gesten muß das gewesen sein!

Tja, und dann das Ding mit dem Motorrad. Es muß etwas zu bedeuten haben, daß sich gerade diese Szene so tief ins Gedächtnis gegraben hat, daß sie immer am Anfang der Erinnerungskette steht. Nun gibt's nicht jeden Tag Motorräder auf Konzertbühnen zu bestaunen, zumal beim ersten »richtigen« Konzert. Andererseits gab's ja spektakelige Optik genug an diesem Abend. Nein, es muß auch mit dem Song zu tun haben, für den das alles inszeniert wurde, mit der wunderbaren, melodramatischen Ballade vom »Cowboy-Rocker«, in der sich alles Sehnen, Hoffen und Bangen adoleszenter Konfusion verdichtet. Da kommt ein Junge aus dem Kino, aber entkommt einfach nicht der Traumwelt, die die bewegten Western-Bilder für ihn geschaffen haben. Und nachdem er in den Schaufenstern kurz nochmal den rechten »Cowboy-Gang« überprüft hat, steigt Charles Bronson von der Leinwand zu ihm herab, flüstert ihm als innere Stimme zu, daß er jetzt zu seiner Clique fahren und »der Alten«, die er liebe, sagen solle, »daß du sie jetzt haben willst!« Doch die Angebetete ist – bis auf die Moto Guzzi eben – nur mäßig beeindruckt und obendrein noch der »Engel« des Rocker-Präsidenten, der ihm gleich drei Fäuste auf dem Highway zur Hölle androht. Und so zieht er von dannen auf seinem Motorrad, allein und gewiß gedemütigt, doch vielleicht auch künftig gefeit gegen neue Einflüsterungen aus der Traumwelt. Und während die Musik noch einmal auf goldenen Schwingen entschwebt und über die Niederlage hinwegtröstet, bleibt am Ende doch vor allem Ungewißheit, ähnlich wie am Schluß von Steve Earles Small Town-Studie »Someday«. Wird er eines Tages doch noch nach Las Vegas reiten und die Sonne putzen? Vielleicht mit einer anderen?

Mit Udo und mir jedenfalls sollte es dann bald vorbei sein. Wir begeisterten uns nach dem Konzert noch mal für das nächste Album »Galaxo Gang« und Starkicker »Bodo Ballermann«, der den Damen den Samen nahm (während wir einsame Masturbationsrekorde aufstellten und auch nie über Bezirksliga rauskommen würden). Doch dann kam der Summer of 76, ein Aufenthalt in London, und Elvis Costello, Blondie, Graham Parker, The Jam, Dr. Feelgood warteten schon darauf, die Regie zu übernehmen. Keine drei Jahre später saß ich Udo dann erstmals und auch zum einzigen Mal als Reporter (unserer Schülerzeitung) gegenüber. Nicht zuletzt sein Konzert war es ja, was in mir den Wunsch geweckt hatte, mehr zu erfahren über die, die die Musik machen und über das, was da hinter dem Vorhang vonstatten geht (bevor das Motorrad rausrollt). Und da saßen wir nun, backstage hinter einer Zeltbühne auf dem Stadtfest der Kreismetropole, und Udo ließ sich tatsächlich vom Band-Doktor den Blutdruck messen, während er Worthülse um Worthülse verschoß. Da war er so nah und plötzlich doch so fern. Und dennoch: Wenn heute mein gerade mal 9-jähriger Sohn zu »Honky Tonky Show« durchs Zimmer tanzt und sich über die Story von Gerhard Gösebrecht »aus dem dreizehnten Sonnensystem« amüsiert – dann ahne ich zumindest, was mich damals so für ihn eingenommen hat, und bin fast bereit, Udo Lindenberg all die unsäglichen Posen und Platitüden zu verzeihen, die er seit jener unvergeßlichen November-Nacht mit dem Motorrad vom Stapel gelassen hat.

Worst of erste Konzerte

Jane, Scorpions, The Vibrators in Hannover (1976ff.)
Von Dietrich zur Nedden

Das Leben als Roman: Der älteste Bruder hat bei den Eltern durchgesetzt, zum »Love and Peace«-Festival nach Fehmarn fahren zu dürfen, aber sie stellen eine Bedingung: Er muß mich mitnehmen. Mein erstes Konzert wird einer der letzten Auftritte von Jimi Hendrix. Er spielt »All Along The Watchtower«, er spielt »Foxy Lady«, »Red House«, »Purple Haze« und zum Schluß »Voodoo Chile (Slight Return)«. Zwei Wochen später ist Hendrix tot, und ich habe ein philiströses Leben lang was zu erzählen.

Es war selbstverständlich ein bißchen anders und – weil prosaischer – ein bißchen komplizierter. Außerstande, die chronologische Reihenfolge zu rekonstruieren, bleiben mir mindestens drei erste Konzerte, sogar wenn man zur Bedingung stellt, daß es Eintritt gekostet haben muß, und Schülerbands nicht zählen.

In zwei Fällen befinden wir uns mitten in den siebziger Jahren. Das, was Krautrock genannt wurde, ließ einige seiner übelst riechenden Blüten in Hannover gedeihen. Die eine hieß Eloy, eine Band, die melodiösen Rock spielte; die andere hieß Jane, eine Band, die melodiösen Rock spielte. (Vielleicht nannte es sich aber auch – noch schlimmer – melodiöser Hardrock.)

An jedem Bauzaun in der Stadt waren Plakate geklebt. Eine Steinwüste unter blauem Himmel, darauf die Ankündigung »Jane live at home«. In den vorbereitenden Presse-Artikeln wurde an den Lokalpatriotismus der Leser appelliert, möglichst zahlreich zu erscheinen, weil das Material für die neue LP, eine Live-LP, wie sich denken läßt, während dieses Konzerts mitgeschnitten werden würde.

Jane strebten seinerzeit dem Gipfel ihrer Karriere zu. Kürzlich war ihr fünftes Album erschienen mit dem Titel »Fire, Water, Earth And Air«: »Das neue Jane-Album dreht sich um die vier Elemente und ist als Konzeptplatte gemacht. Alle Songs werden von Naturgeräuschen begleitet, die die Band per Kunstkopf aufnahm. Um das Feuer aufs Band zu bekommen, wurde der Kopf beispielsweise in einen brennenden Reifen gestellt«, liest man in einem zeitgenössischen Pressetext. Konzeptalbum, Kunstkopfaufnahmen – da ging's lang.

Wir alle hin. Nicht so sehr um die Band zu feiern und zu verehren, sondern weil wir vermutlich auf sehr mysteriöse Art mediengeil waren. Wir wollten auf einer Live-LP, die bestimmt hunderttausendmal verkauft werden würde, dabei sein. Jane war bei uns nicht besonders beliebt, doch immerhin war ich einigermaßen beeindruckt gewesen von Janes Hit »Out In The Rain«: »Do you go / Out with me / In the rain?« Und dann hebt das Gitarrensolo an und man selbst ab, nein, im Gegenteil, man zerfließt wie ein zäher, zuckriger Brei, bleibt am Boden kleben und dumpft vor sich hin.

Vom Konzert ist mir nichts geblieben, es wabert im Rückblick im Trockeneis-Nebel, der garantiert Verwendung fand. An nichts kann ich mich erinnern – ein Umstand, der der Belanglosigkeit der Band geschuldet sein könnte – außer an die aberhundert emporgehaltenen Feuerzeuge, als die ersten Takte von – na was wohl? – »Out In The Rain« in die Ohren schleimten.

Und seitdem mir das Bild mit den Feuerzeugflammen wieder vor Augen steht, frage ich mich, ob es vielleicht die Geburtsstunde des Feuerzeuge-Hochhaltens war. Sehr viel älter kann die Tradition nicht sein, denn seit wann gibt es Wegwerffeuerzeuge? So etwas stünde in dem Lexikon, das mir fehlt: Die Antwort auf die Frage, wann das erste Mal bei einem Live-Konzert vom Publikum die Feuerzeuge angeratscht wurden, um eine Ballade oder ein Liebeslied zu behelligen. Irgendetwas will schließlich jeder von Zeit zu Zeit in Brand setzen, aber man muß dabei bitteschön kuscheln können.

Von Jane bleibt nicht viel zu erzählen. Die Live-DoLP verkaufte sich gut, doch irgendwann zerstritten sich die Bandmitglieder untereinander, und ein Gericht mußte verfügen, daß es vorsichtshalber zwei Bands mit Namen Jane geben solle. (Könnte nach diesem Muster nicht auch Deutschland noch mal vor Gericht zitiert werden?) Ein Fan beschreibt die Vorgänge so: »Beide Jane-Parteien beanspruchten den Namen Jane für sich, mit Einstweiligen Verfügungen versuchten beide Parteien, Konzerte der anderen Jane zu verhindern, ein Gericht mußte entscheiden, und somit wurde geurteilt, daß Jane nur noch mit einem Zusatz wie Peter Panka's Jane oder Klaus Hess' Jane (bzw. Mother Jane) agieren dürften.«

Das wäre alles so was von fürchterlich und egal, wenn mir nicht ab und zu Peter Panka über den Weg liefe. Er wohnt offenbar in unserer Gegend. Er kennt mich natürlich nicht, aber ich erkenne ihn, sei es in der Postfiliale oder vor dem Extra-Markt. Seinen fünfzigsten Geburtstag hat er längst gefeiert, sein schütteres schulterlanges Haar ist hennagefärbt, die Rockerklamotten sind viel zu eng, die Cowboystiefel klacken mühsam, doch lässig.

Der Termin des Jane-Konzerts kollidiert mit einem anderen, einem der Scorpions, die in der Glashalle, der kleineren Schwester der Niedersachsenhalle, auf einer Veranstaltung des Stadtschülerrates für fünf Mark Eintritt auftraten. Und wieder erwischte mich die konventionelle Kitsch-Ballade. »In Trance« paralysierte mich, und ich ließ allen Lieferschwierigkeiten zum Trotz nicht locker, bis ich die Platte dazu endlich hatte: »I am in tra-a-ance / O baby can't you hear me calling / …« Und dann hebt das Gitarrensolo an und man selbst ab, nein, im Gegenteil, man zerfließt wie ein zäher, zuckriger Brei, bleibt am Boden kleben und dumpft vor sich hin.

Kein Jahr später schlugen, aus London kommend, The Vibrators in der Glocksee auf. Mit welcher Wucht! Kein Song war von einem anderen zu unterscheiden, eine Betonmauer of Sound: Punk. Was das war, ließen sich die paar Dutzend Zuhörer in gebührender Entfernung von der Bühne demonstrieren. Nachher nichts im Schädel außer einem Dröhnen, einem Sirren, einem Kratzen – und ansonsten Leere und Verblüffung. Trotzdem war ich nicht gemeint.

Das Leben als Groschenroman, weil meine Eltern mich nicht nach Fehmarn ließen. Ich hatte sie aber auch nicht gefragt. Was wären das auch für Eltern gewesen, die 1970 ihren neunjährigen Sohn in ein Drogen- und Delirium-Paradies entlassen? Jugendamt ante portas.

Ich kenne die Frage: Würden Sie, wenn Sie noch einmal von vorne anfangen könnten, irgendetwas anders machen? Ja, nein, bestimmt.

Ende einer Kraut-Kindheit

Tangerine Dream im Circus Krone, München (27. Oktober 1976) –

Von Michael Sailer

Ich erinnere mich an einen Nachmittag während der Olympiade 1972, als ich mit meinen Eltern am übervölkerten Ufer des Olympischen Sees in München entlang ging. Da gibt es eine Steinbühne; auf der waren Leute mit Beschäftigungen beschäftigt, die mit Popmusik zu tun hatten. Ich wollte stehenbleiben, mein Vater fragte die Leute, wo sie herkommen, erfuhr etwas von Toronto oder Toledo, und dann weiß ich noch den bedauernden Gesichtsausdruck eines der Männer, dessen deutscher Wortschatz sich auf »kein Strom« beschränkte. Mein allererstes Konzert war also überhaupt keines.

Einige Zeit später nahm mich mein Vater eines Nachmittags auf eine Wiese mit, auf der eine wackelige Holzbühne stand. Die betrat ein Mann mit Gitarre, der schüchtern verkündete, er spiele nun ein Lied von Wolf Biermann, und er spiele heute überhaupt nur Lieder von Wolf Biermann, was sich so lustig anhörte, daß ich es nicht mehr vergaß. Was er dann wirklich sang, habe ich dagegen schon lange vergessen, ebenso wie das, was die Band nach ihm spielte, die Subject Esquire hieß und die ich vielleicht gar nicht mehr richtig zu hören bekam, weil es spät wurde.

Im Sommer 1976 begann ich mit meinem älteren Cousin Konzerte zu besuchen, die jeden Sonntagnachmittag auf jener Steinbühne am Olympiasee stattfanden. Da spielten die Größten der deutschen Rockszene: Rembremerdeng, Franz K., Fargo, Cry Freedom, Harlis, Ramses, Guru Guru, dünne Männer mit wallenden Matten in einer Mischung aus Glockenjeans, lila Batikspirale und indischen Teppich-Stoffen, deren Ansagen meistens mit »okay« begannen und die dermaßen selbsternannt unkommerziell waren, daß überhaupt niemand mehr zu sagen wußte, was eigentlich kommerziell war, von Udo Jürgens abgesehen. Und obwohl ich von den meisten davon so begeistert war, daß ich schon nach dem ersten Sonntagnachmittag am Theatron (so hieß die Steinbühne) endgültig beschloß, selbst Musiker zu werden, sind mir diese Konzerte nicht so richtig als Konzerte in Erinnerung geblieben. Ein Konzert: Dazu gehörten Plakate an Litfaßsäulen, wochenlang vorher erworbene Karten, wissende Vorfreude und schulische Fachsimpeleien, dazu gehörten auch eine Halle und ein abendlicher Termin. Mein erstes echtes Konzert fand also erst am 27. Oktober 1976 statt.

Da wurde es aber auch Zeit. Alle anderen (so geht das, wenn man sich nur mit Älteren abgibt) hatten ihren ersten Konzertbesuch längst hinter sich – ich war weder damals bei Slade dabeigewesen (Protestgeheul) noch kürzlich bei Jethro Tull (was mir sehr wenig ausmachte). Offenbar war mein Vater derselben Meinung, denn ich hatte nur beiläufig erwähnt, daß mir nachmittags beim Spazierenradeln ein Plakat mit der Aufschrift »The Magic of Tangerine Dream« aufgefallen war, schon rückte er mit zwei Karten an – alleine durfte ich natürlich noch nicht in einen Konzertsaal; schließlich war ich erst kürzlich dreizehn geworden.

Tangerine Dream waren im Kanon der in meinem Freundeskreis anerkannten Bands ziemliche Paradiesvögel. Zwar hatten auch die meisten anderen einen Mann in ihren Reihen, der einen von diesen gigantischen Synthesizern bediente, an deren aufrecht stehender Vorderfront aus tausenden von Steckbuchsen jede Menge Kabel raushingen, die nach einem kryptischen System verbunden werden konnten, um »annähernd 28 Millionen Klangmöglichkeiten« zu erzeugen (wie man aus dem »Rock-Lexikon« erfuhr, das mangels vernünftiger Literatur zum Thema eine Art Bibel geworden war). Man schob sich wissend Begriffe wie »Sinuston«, »Cluster«, »white noise« und »pink noise« zu und erstarrte in Ehrfurcht, wenn es dem Yes-Keyboard-»Magier« Rick Wakeman (aus heutiger Sicht die Verkörperung einer Mischung aus immensem Talent, Größenwahn und Allround-Neurose) wieder einmal gelang, seine zirpenden Improvisationen in der Simulation eines Bombenangriffs enden zu lassen. Aber Tangerine Dream gingen noch viel weiter, verzichteten ganz auf überkommenen Ballast wie Schlagzeug, Baß und Gesang und saßen vielmehr zu dritt an diesen musi-

96

kalischen Raumschiffbrücken, mit gebeugtem Rücken und der festen Intention, »kosmische Kuriere« (»Pop«) darzustellen. Ihre Musik war auch im weitesten Sinne kein Rock mehr, sondern bestand aus programmierten Grundsequenzen, über die die drei Männer einen improvisierten Asphaltbelag aus Melodien und Disharmonien legten. Albumtitel wie »Phaedra«, »Rubicon«, »Atem« oder »Ricochet« klangen erhaben und regten die Phantasie des Früh-Teenagers an, der mit »Raumschiff Enterprise«, »Time Tunnel« und »Perry Rhodan« sozialisiert worden war und auf einer Science fiction-Grundstimmung durch die lästige schulische und heimische Realität einer strahlenden Zukunft entgegenrauschte. Deren Soundtrack würde wie Tangerine Dream klingen, das stand fest, und mit diesem Argument ließen sich auch die läppischsten Kirmesorgel-Melodien zu großer, wichtiger Kunst aufbauschen.

Von den an Tangerine Dream beteiligten Musikern ist mir nur noch der Name Edgar Froese in Erinnerung, weil er sich so zweierlei anhörte, daß man ihn musikalischen Novizen gegenüber nicht gerne erwähnte. Dieser Mann sah sehr ernst und wie das Gegenteil eines Popstars aus – was er ja auch nicht war; seine Mission und Aufgabe war es vielmehr, das Weltall in den ultimativen Popstar zu verwandeln. Edgar Froese betrat am 27. Oktober 1976 zusammen mit seinen zwei Kollegen die Bühne des Münchner Circus-Krone-Baus, auf der die drei weitgehend identischen Arbeitsplätze der Musiker aufgebaut worden waren; alle drei setzten sich mit dem Rücken zum Publikum an ihre Stationen (die sie andersrum vollständig verdeckt hätten) und begannen mit der Arbeit.

Haschisch war damals verboten, billig und überall zu haben und gehörte zu einem Konzert dazu wie der süßliche Gestank ranzigen Altöls zu den McDonald's-Filialen, die zur selben Zeit auch gerade begannen, aus dem Boden deutscher Städte zu sprießen wie genmanipulierte Colani-Boviste. Das Licht im Saal erlosch, bunte Lampen flammten auf, um die Rücken und Geräte der Musiker zu illuminieren, und im selben Augenblick begann eine Armee von Joints, die Luft in eine Atmosphäre zu verwandeln. Es dauerte nicht lange, bis die Sanitäter – in der Masse graugrüner Gammelkleidung durch orangerote Uniformen leicht zu erkennen – durch die Menge wuselten, um Kreisläufe wiederherzustellen. Aus den Boxen erscholl derweil eine hysterisch übersteuerte elektronische Tonsequenz, der die Tangerine Dream-Männer mit zwitschernden, heulenden und klimpernden Zwischengeräuschen erweiternd zu folgen suchten. Die Dunkelheit im Saal, der betäubende Rauch, die infernalische Lautstärke und das eklatante Mißlingen der Improvisationsversuche machten mir schlagartig klar, daß der

Weltraum, nach dem ich mich so sehnte, nicht nur erschreckend dunkel, weit und tief, sondern auch mit namenlosen Monstren bevölkert war, denen zu begegnen mir ein weniger wünschenswerter Aspekt der kosmischen Zukunft schien.

Das erste »Stück« dauerte ein paar Stunden oder vielleicht auch nur fünfzehn Minuten. Als es vollbracht war, verließen die Musiker mit derselben lässigen Grußbewegung eines gestreckten Arms (ohne das Gesicht nach hinten, also ins Auditorium zu wenden) die Bühne und kehrten nach einer Pause zurück, um weiterzumachen. Diesmal erhob sich Edgar Froese nach einiger Zeit von seinem Gerät, schnallte sich eine Gitarre um und erzeugte in angestrengter Versenkung eine nicht endenwollende Flut unappetitlicher Rückkoppelungs- und Kreischgeräusche. Ich rutschte in meine Sitzschale wie ein Schluck Wasser und wünschte mir, er möge lauter lärmen, damit ich nicht zum Ohrenzeugen längst erwarteter Magenentleerungen werden müsse. Er tat es, allein meine Angst vor einem plötzlichen Rülpsplätschern in unmittelbarer Nähe blieb.

Es folgte eine weitere Pause, und – wenn mir da meine Erinnerung keinen Streich spielt – noch eine, was jedoch nicht folgte, waren jene scheinbar federleichten, faszinierend utopischen Melodiegewebe, die ich von Tangerine Dream-Platten kannte. Was hier stattfand, erinnerte an Konkretes: zum Beispiel daran, wie es sich anhören könnte, wenn man aus Versehen in eine Müllverwertungsanlage gerät oder von der Turbine eines Jumbo-Jets eingesaugt und während eines Transatlantikfluges einer vollständigen Verhackstückung unterzogen wird.

Doch – es waren noch (mindestens) zwei Pausen, aber einige Zeit nach der zweiten befand mein Vater, es werde nun langsam spät und Zeit. Die Blöße des sofortigen erfreuten Aufbruchs konnte ich mir nicht geben, zumal er die Karten bezahlt hatte, also schickte ich ihn zum Warten an den Eingang vor und ertrug noch ein paar Minuten lang die eiserne Flut brachialer Dröhnung, ehe ich ihm folgte.

Danach habe ich mir sehr lange Zeit, fast ein Drittel Leben, keine Tangerine Dream-Platte mehr angehört, weil der Klang ihrer Synthesizer-Burgen in meiner Gegenwart durch einen nun wahrlich utopischen Effekt automatisch eine Geruchsmischung von Magensäure, wochenlang verschwitzten Jeans und Oregano (das Haschisch war – wie gesagt – billig) erstehen ließ. Ihre Zeit war aber ohnehin reif. Durch die Beteiligung an Film- und Fernsehsoundtracks zu irdischen Beschallungsarbeitern banalisiert, verlor die Band ihre Faszination und zieht heute als nostalgischer Wandercircus in Sachen »Die Zukunft von gestern« immer noch durch die Lande

– inzwischen angemessen dynastisch ergänzt durch Edgar Froeses Sohn – und veröffentlicht in immer kürzer werdenden Abständen neue Platten, die niemand mehr hören will, seit sich herausgestellt hat, daß einerseits Tangerine Dream weniger mit der kosmischen Zukunft zu tun hat, als man dachte, und andererseits ohnehin die Zukunft sich als Tummelplatz verblödeter BWL-Jünger erwies, dem man besser fernbleibt. So landete »Perry Rhodan« im Keller, »Enterprise« im Quotenloch, die Batikspirale im Putzeimer, und am musikalischen Horizont erschienen wesentlich sympathischere Gestalten, die für Kiffer und Althippies nichts übrig hatten, deren folgerichtiges Schlagwort »No Future« einen blankliegenden Nerv traf und mit deren noch weitaus lauterem Lärm man immerhin etwas anfangen konnte, die Welt aus den Angeln heben zum Beispiel, oder wenigstens die Eltern dermaßen erschrecken, daß ihnen der Glaube, sie seien ebenfalls noch recht jung, so schnell verging wie Hören und Sehen. Welche Erkenntnis ich ebenso wie die glückliche Landung in einem späteren Konzertsaal, wo The Clash meinem Leben einen Sinn gaben, einer verqueren biographischen Logik zufolge letztlich Tangerine Dream verdanke. Und dafür bin ich ihnen nun doch sehr dankbar.

Ach so, und eigentlich war mein erstes Konzert damit natürlich doch wieder nicht mein erstes Konzert, irgendwie.

Feuer und Flamme

»First Rider Open Air Festival«
im Eichenring, Scheeßel (1977) –
Von Friedhelm Rathjen

Mein erstes Konzert war mein erstes Festival, aber ganz objektiv betrachtet war mein erstes Festival das zweite Festival. Klingt rätselhaft? Na, dann muß ich wohl ein bißchen ausholen.

Mein Geburts- und Aufwuchsort ist ein kleines Dorf, das seit den berühmtberüchtigten 70er Jahren zur niedersächsischen Gemeinde Scheeßel gehört, und wenn ich irgendwo in der weiten Welt diesen Name nenne, geht bei den Rockmusik-Veteranen unter meinen Gesprächspartnern meistens sofort die Kinnlade runter, und sie wollen wissen: »Warst du auch auf dem legendären Festival damals?« Na, kommt drauf an, welche Legende gemeint ist, denn es gibt zwei, die an den Namen Scheeßel geknüpft sind, eine musikalische und eine pyrotechnische. Die musikalische fand an einem Wochenende Anfang September 1973 statt. Für nicht mehr als einen Zwanzigmarkschein konnte man am Rande besagten Scheeßels auf dem schönen Gelände des Eichenrings (eigentlich ein Sandbahnstadion, soll heißen: eine dieser dreckspritzenden Motorradbahnen, auf denen Leute mit so illustren Namen wie Egon Müller Weltmeister im Kreisverkehr werden konnten) zwanzig mehr oder minder bekannte Bands bestaunen: auf dem Zenit ihres Könnens spielten beispielsweise Chicago, Manfred Mann's Earthband und die Mannen von Wishbone Ash; wohl schon etwas talsohliger musizierten unter anderem Lou Reed, Chuck Berry und Jerry Lee Lewis. Wenn's denn Lewis war. Fans des Welt-, Wald- und Wiesenliteraten Arno Schmidt wissen nämlich, daß ich einmal die These aufgestellt hab, der vermeintliche Lewis sei in Wahrheit der mit einer ähnlichen Haartracht versehene Schmidtarno gewesen, der auf dem Scheeßeler Festival Material für seinen Jugendkultroman »Abend mit Goldrand« sammelte (all das ist, schön wissenschaftlich aufbereitet, nachzulesen in meinem hochernsthaften Artikel »A Walk on the Wild Side: Arno Schmidt und die Rockmusik am Beispiel der Festivals von Woodstock und Scheeßel«, abgedruckt in »Zettelkasten 12: Jahrbuch der Gesellschaft der Arno-Schmidt-Leser 1993«).

Gut: Arno Schmidt war also 1973 auf dem Scheeßeler Rockfestival – aber ich war's leider nicht, mangels Alter. Sind vierzehn Jahre nicht genug für

ein Festival? Eigentlich doch, aber nicht, wenn man als schüchterner Dorf-
bubi auf einem Bauernhof in solchen Zeiten aufwächst. Am Sonnabend (für
Süddeutsche: gemeint ist der Samstag – Anm. d. Red.) des fraglichen Wo-
chenendes trieb ich mich also stattdessen auf dem heimischen Schützenfest
herum, trat nur gelegentlich aus dem Dorfgemeinschaftshaus heraus auf
den berühmten Westerholzer Sportplatz (Höhendifferenz über Normal-
null zwischen beiden Toren: zwei Meter!) und lauschte gegen den Wind
den Blechbläsern von Chicago nach, deren satter Sound da über zehn Kilometer Luftlinie herübergeknallt kam, bevor ich mich wieder der »Schönen Maid« von Tony Marshall und ähnlichem Liedgut ergeben mußte. Und
am Sonntag (mit dem süddeutschen Gebrauch dieser Vokabel deckungs-
gleich – Anm. d. Red.) führte der unvermeidliche Nachmittagsausflug mit
Vater, Mutter, Bruder und Schwester dann natürlich am Festivalgelände
vorbei, wo wir uns in den Verkehrsstau der Frühabreiser einreihten und
von entnervten Freaks als Gaffer beschimpft wurden. Väterlicher Kommentar: »Ist ja eine Unverschämtheit! Die sollen man erstmal zum Friseur
gehen!« (Im Original plattdeutsch – Anm. d. Red.) Und über dem allen
schwebte die Reibeisenstimme von Lou Reed, der gerade ins Scheeßeler
Holz hineinsang.

Freaks, Verkehrsstau und Lou Reed hin oder her: Das erste Scheeßeler
Festival war noch nicht »mein« Festival. Die einzige Legende, die ich mit-
machte, fand vier Jahre später statt. Am 3. und 4. September 1977 lief an
gleicher Stelle das zweite und für lange Zeit letzte Festival, und diesmal
war ich dabei, wiewohl der Eintritt diesmal doppelt so teuer war. Daß die
zugkräftigsten Namen, nämlich Rory Gallagher und Alvin Lee, schon Wochen vorher wieder von den Ankündigungsplakaten verschwanden, fand
ich nicht so schlimm, denn ich hatte meine Krachmusik-Phase einstweilen
hinter mir (auch noch wieder vor mir, aber das wußte ich noch lange nicht);
daß so neumodische Kinkerlitzchen wie eine Super-Laser-Lightshow angesagt waren, interessierte mich nicht, denn mir ging's bei Musik immer
nur um Musik und nie um irgendwelches Drumrum; daß ich mich mit diversen Freunden (weniger -innen, aber das folgt wohl schon aus meiner
Bemerkung übers Drumrum) verabredet hatte, um auf dem Eichenring ein
gemeinsames Zelt aufzubauen, versteht sich wohl von selbst. Am Abend
vor dem Ereignis zog ich mir im Kino in der Kreisstadt (die heißt Rotenburg an der Wümme und ist genau so) noch schnell den guten alten Wood-
stock-Film rein, auf daß auch klar werden würde, wo die Unterschiede liegen. Hätte ich mir vielleicht lieber den Altamont-Film ansehen sollen, um
vorbereitet zu sein?

Das einzige, was Scheeßel '77 mit Woodstock '69 gemein hatte, war vermutlich das verkehrstechnische Chaos der Anreise. Ich hatte nun ja den Vorteil, nur ein paar Kilometer vom Schauplatz weg zu wohnen, hätte also gut und gern zu Fuß hinspazieren können, aber es gibt da ein Alter, in dem man sich nicht gern unmotorisiert bewegt. Folglich wurden komplizierte Absprachen mit Freund Reinhard getroffen, der nicht nur mich, sondern auch noch diesen oder jenen Gleichgesinnten abholte. Zur Strafe verreckte sein Kugelporsche in der Scheeßeler Bahnhofstraße; für immer. Zähneknirschend schulterten wir unser Gepäck und stapften im Pulk der andern Rockfans gen Eichenring.

Lang war der Fußmarsch, und lang waren die Schlangen am Eingang, wo wir immerhin noch von der Ordnertruppe der Hell's Angels kontrolliert wurden – daraus folgt für den Kenner schon, daß wir immerhin noch am späten Nachmittag auf dem Gelände eintrafen, denn später wurde aus noch zu schildernden Gründen nicht mehr kontrolliert. Und endlich, endlich standen wir im Ring: zusammen mit Hunderttausenden Gleichsinnter!!! Na, wohl doch nicht, mehr als 15.000 Leute dürften seinerzeit nicht auf dem Gelände gewesen sein.

Durch die verzögerte Ankunft hatte ich die erste Band schon mal total verpaßt, und dabei handelte es sich bei der schrottigen Truppe sogar um heimliche Lieblinge von mir: Long Tall Ernie & the Shakers. Das waren die einzigen, die auch schon beim ersten Festival dabeigewesen waren; eine holländische Rock 'n' Roll-Revival-Band, die sich einen Heidenspaß draus machte, die Uralthelden zu karikieren. Musikalisch interessierte diese Truppe nicht sonderlich, aber wenn Long Tall Ernie nicht gerade in den Bühnenaufbauten rumkletterte, pflegte er aufs Klavier zu springen, seine Wildlederschuhe in die Taste zu kanten und nebenher noch seine Schmalztolle mit einem Kamm zu traktieren. Dochdoch, das hatte schon was. Leider war dem guten Bohnenstangen-Ernie damals schon der Combo-interne Rang abgelaufen worden durch seinen ehemaligen Mitstreiter Hank the Knife, der einen fürchterlichen Hit gelandet hatte mit einer Murksnummer namens »Guitar King«. Erinnert sich wer? Dumm-dumm-dumm-dumm-dumm-dumm-dumm-dumm-dumm, genau.

Long Tall Ernie war also schon lang von der Bühne, als ich am Schauplatz erschien, und hat seine Anlage deswegen wohl auch retten können; das erste, was ich musikalisch mitkriegte, waren außerordentlich befremdliche Töne, die von Van der Graaf Generator stammten: mußte man nicht hinhören, konnte man also sein Zelt aufbauen und eine allgemeine Lageorientierung versuchen. Seltsame Gerüche wehten übers Gelände; es

Chaos im Eichenring-Stadion:

20 000 Besucher fühlten sich betrogen

Prominente Gruppen brachen Verträge – Bühne angesteckt – Eine Million Mark Sachschaden

Am Ende des 850 000-Mark-Spektakels, dem größten Rock-Flasko, seit es derartige Konzerte in Deutschland gibt, brannte die Bühne. (Foto: Burosch)

So sah es am Sonntag morgen im Eichenring-Stadion in Scheeßel aus. Das Gelände glich einem riesigen Müllplatz.

ROTENBURG

Stadt und Kreis

Montag

5

September

Was geschah vor 25 Jahren?

5. September 1952

Am Sonnabend nachmittag war für die Rockfans die Welt noch in Ordnung. Doch hinter den Kulissen brodelte es.

Polizei: Kein massiver Einsatz, um Aggressionen zu verhindern

hieß, rundherum an den Ständen würden rarste Raubpressungen verkauft, aber irgendwie war ich zu dämlich, um da was mitzukriegen. (Das hol ich jetzt alljährlich bei den fliegenden Händlern vor dem Haupteingang zur Frankfurter Buchmesse nach: für irgendwas ist die Literatur wohl doch gut, wa?) Irgendwann, nach langer Umbaupause, spielten Colosseum II, die nicht übermäßig mein Fall waren; irgendwann waren auch die mit ihrem Kram durch, und es gab eine weitere längliche Umbaupause. Für mich wurd's erst spannend, als Camel die Bühne betraten.

Camel, nicht mehr bekannt? Und mir waren sie, seltsam zu sagen, noch nicht bekannt. Gefällig-ätherische Musik, leicht elegisch, mit harmonisch-melancholischem Gesang: also nicht gerade der typische Open Air-Fetzer. Art Rock, der leider bald zum artigen Schlabber-Rock degenerierte. Saxophon und Flöten gehörten zum Instrumentarium der Band, zur ewigen Gaudi meines Sohnemanns Michael, der sich gar nicht wieder einkriegen kann beim Gedanken, bei Rockmusik könnten Flöten dabei sein, und mich gehörig veräppelt: »Ey, Hippie, wa? Peace, Alter!« Ich zerschmolz seinerzeit dennoch, wühlte mich sogar durch die Menschenmassen ganz nach vorne vor die Bühne, glotzte den Camel-Musikern auf die Fußspitzen und schoß eines dieser üblichen Konzertfotos, auf denen im Vordergrund viele verwackelte Hinterköpfe und im Hintergrund ein paar unterbelichtete (phototechnisch, mein ich!) Darbietende zu sehen sind.

Und da vorne vor der Bühne besah ich mir nicht nur die Musikschaffenden, sondern auch das Publikum. Logischerweise sammeln sich vor der Bühne bei Freiluftkonzerten immer die Hardcore-Fans: Leute mit kräftigen Ellenbogen und grellen Transparenten. Irgendein Doors-Fanclub grüßte da per Spruchband Ray Manzarek, der mit seiner neuen Band angesagt war. Und ein lederbekleideter Typ, der wohl eher nur ein Dosenbier-Fan war, hing mit halbem Körper in den Natodrahtwindungen, die die Kabel zwischen Bühne und Soundkontrollturm schützen sollten. Wer Natodraht kennt, weiß: je heftiger man rumwühlt, desto schlimmer bohren sich die Widerhaken in einen rein; das einzige, was hilft, ist umsichtige Handhabung. Mit Umsicht und Bedachtsamkeit hatte es besagter Dosenbiertrinker aber nicht; er rumorte auf ostentativ gewalttätige Weise rum und versuchte vergeblich, sich aus dem Natodraht zu befreien.

Das Scheeßeler Festival war kein Teenybopper-Treff; als Durchdrängler zur Bühne erntete ich böse Blicke, und ich war halbwegs froh, als ich nach beendetem Camel-Auftritt wohlbehalten wieder bei unserm Zelt anlangte. Was folgte, war ein weiterer ewigwährender Umbau; und dann, schon einigermaßen spät am Abend, kamen die Abräumer: Golden Earring. Deren »Radar Love« hatte ich immer eher für stumpfsinniges Gedudel gehalten, für das sich Leute mit dem musikalischen Intelligenzquotienten einer Kinderrassel begeistern konnten. Aber hier, auf der Bühne, wirkten sie doch ganz gewaltig. Das war vielleicht die Lektion dieses Festivals für mich, jedenfalls auf musikalischem Gebiet: es gibt doch einen Unterschied zwischen Musikfreuden am Plattenspieler und Musikfreuden im Open Air-Stadion. »Radar Love« knallte ordentlich; die 15.000 Leutchen im Eichenring taten ihr bestes, um auf ausgeflippt zu machen; und »Radar Love« war das letzte Stück Live-Musik, was es auf diesem Festival zu hören gab.

Nach dem Auftritt von Golden Earring begann nämlich die Pleite. Nach vergeblichen Zugaberufen wurde rieselnde Tonbandmusik angedreht, die gar nicht wieder aufhören wollte. Von einer weiteren Gruppe keine Spur; aber irgendwann gab's Anzeichen dafür, daß die Bühne still und heimlich abgebaut werden sollte. Was nicht vor und nicht auf, sondern hinter der Bühne inzwischen passiert war, war der faktische Offenbarungseid des Veranstalters, der sich mit diesem Festival heillos übernommen hatte. Im Vorfeld waren diverse Topacts angekündigt worden, allen voran Nektar und vor allem (kurios genug) die Byrds, die eigentlich seit Jahren Geschichte waren. Nektar und die Byrds hatten allerdings auf Vorauszahlung ihrer Großgagen bestanden, was der Veranstalter nicht leisten konnte; kurz vor Festivalbeginn sagten beide Bands ab; das sickerte durch, woraufhin auch andere Gruppen der ganzen Klamotte fernblieben. Nur die fünf bereits genannten Bands reisten an und büßten einen mehr oder weniger großen Teil der Gage ein, denn was sie vor dem Auftritt nicht kriegten, kriegten sie nie im Leben mehr. Und die Heroen von Golden Earring wurden als Lohn für ihren Auftritt noch ihre Anlage los, die ein Opfer der Flammen wurde.

Denn es wurde gezündelt. Erst im übertragenen Sinne, hinter der Bühne, wo die als Ordner engagierten Hell's Angels dem Veranstalter auf den Pelz rückten und die Reste der Kassenbestände abnahmen; dann auf der Bühne, wo nach anderthalbstündigem Tonbandgedudel die Hardcore-Rockfans ihrem Ärger auf handgreifliche Weise Luft machten. Zunächst flogen Flaschen, dann kletterten frustrierte Festivalbesucher aufs Bühnengerüst, schlugen die Verstärker kaputt und setzten schließlich die ganze Bühne in Brand. So kam dann doch noch eine Art Stimmung auf. Mein Freund Hans-Otto wollte sich das mal aus der Nähe ansehen und wühlte sich Richtung Bühne durch. Von den Spruchbändern des Doors-Fanclubs war nichts mehr zu sehen; stattdessen sah er nichts als Vandalismus und Frustabbau. »Mann, was soll denn die Scheiße, alles kaputtmachen, wa? Die haben doch alle 'n Rad ab!« bölkte er ein paarmal durch die Gegend, dann merkte er plötzlich, daß er von den Umstehenden schon ganz komisch beäugt wurde. Bevor er Prügel beziehen konnte, verdrückte sich der Gute wieder zu uns nach hinten. Hans-Otto war Zehnkämpfer, muß man wissen: Mit ein paar Halbstarken hätte er es spielend aufgenommen. Aber das hier war Randale auf überkochender Flamme.

Irgendwie gab es die Bereitschaftspolizei auf, irgendwas oder irgendwen retten zu wollen; die Feuerwehr stellte fest, daß die Leute zwar ihren Durst, aber sonst gar nichts gelöscht haben wollten. Durch Flaschengeschosse wurden ein Polizist und ein Feuerwehrmann leicht verletzt; 54 Festivalbesucher wurden festgenommen, zwei Drittel davon allerdings bloß wegen Drogendelikten; und ein Scheeßeler Gastwirt, der ordentlich hatte verdienen wollen, konnte am nächsten Tag Konkurs anmelden, denn logischerweise wurden die Container mit den Bier- und Colavorräten noch in der Nacht geplündert, mal abgesehen davon, daß der Veranstalter nichts mehr zahlen konnte. Wer klug war, schnappte sich rechtzeitig irgendeine Lautsprecherbox oder anderes Equipment und schleppte das als Ausgleich für entgangene Festivalfreuden mit nach Haus; wer brav war wie unsereins, brach in stiller Enttäuschung die Zelte ab und tauchte noch vor dem Morgengrauen bei den Lieben daheim auf, um sich auszuschlafen, wenn nicht auszuheulen. Was für eine Enttäuschung aber auch!

Erst im nachhinein hat sich die Optik ein wenig verschoben, und die allgemeine Enttäuschung ist einem klammheimlichen Stolz gewichen: Wir waren dabei! und haben das brennende Festival von Scheeßel überlebt! Na klasse ... Nicht lange danach ging die ganze Klamotte in die nationale Rockmythologie ein. Zwar war's nicht, wie mir mal ein Durchgeknallter weismachen wollte, Frank Zappa, der in einem seiner Songs Scheeßel erwähnt – da hatte wohl einer ein paar Buchstaben verwechselt. Aber von Franz K. gibt's tatsächlich einen Kloppersong namens »Rock in Scheeßel«. Nur schade, daß man am Orte natürlich von derlei Mythenbildung gar nichts hielt: hatte man den Freakauflauf im ländlichen Raum schon vorher ziemlich mißtrauisch beäugt, so hatte es der Ausgang der Geschichte ja nun allen bewiesen, daß derlei bloß die gute Ordnung und den Anstand der dörflichen Jugend beeinträchtigt. Meine Hoffnungen auf ein drittes Scheeßeler Festival durfte ich getrost begraben. In seiner Amtszeit werde es ein solches Spektakel gewiß nicht mehr geben, meinte der gerade vorher auf zwölf Jahre gewählte Gemeindedirektor, »es sei denn, ein arabischer Ölscheich ist der Veranstalter«. Sowas galt damals als Ausgeburt weltlichen Reichtums; heute hätte er vielleicht Bill Gates erwähnt.

Und doch gab's irgendwann und -wie wieder Festivals in Scheeßel. Ein örtlicher Tonstudiobetreiber versuchte Anfang der neunziger Jahre, ein »Festival neuen Stils« zu etablieren, »ein Event für die ganze Familie«: Er glaubte allen Ernstes, Leute mit Plakaten locken zu können, auf denen Torfrock neben Doctor Alban und den Wildecker Herzbuam angepriesen wurden – nur gut, daß das gründlich in die Hose ging und das Publikum sich auf ein paar verirrte Hundertschaften beschränkte. Aber seit 1997 gibt's alljährlich im Frühsommer wieder ein zweitägiges Rockfestival in Scheeßel, stets mit ein paar ganz großen und vielen kleineren Namen; die Organisation läuft wie am Schnürchen; jährlich strömen 50.000 Leutchen herbei und benehmen sich wie bei Schwiegermutterns – aber unsereins ist jetzt halt nicht mehr zu jung, sondern zu alt. Ich gebe zu, als die erste dieser Festival-Neuauflagen stieg, radelte ich unter dem Vorwand der sportlichen Rehabilitation (ich hatte mir kurz zuvor einen Muskelfaserriß geleistet) um das Gelände herum, schnupperte nach Dope-Wolken und lauschte den gar nicht übermäßig neumod'schen Klängen – und kriegte doch unterschwellig so ein Gefühl, irgendwas könnte schiefgelaufen sein in meinem Leben. War ich nicht doch irgendeiner Verspießerung zum Opfer gefallen? Gefährliche Fragen! Seither seh ich zu, daß ich an den Festivalwochenenden nicht daheim, sondern irgendwo in der Ferne auf irgendwelchen Literaturtagungen bin. Praktischerweise finden im Juni, wenn in Scheeßel

Festivalzeit ist, immer die internationalen Joyce-Symposien statt, und da läßt sich die Rockmusik akadämisch (keine neue Rechtschreibung – Anm. d. Red.) verbraten. Rockmusikalische Bezugnahmen auf Texte von James Joyce findet man beispielsweise bei John Lennon, Syd Barret, Scullion, den Pogues, Kate Bush, Deacon Blue und Andy White; daraus zu explizieren sind hochrelevante hermeneutisch conspiritive Argumentationslinien, denen zufolge im Kontext transkultureller Karnevalisierung (Bachtin), Bricolage (Lacancan & Derridada) respektive Dekonstrukivität (Bo Drillard & Bo Diddley) die traditionelle metamediale Alterität blabla blubberblubber rhabarber rhabarber. Zurück zum Thema!

Die neu aufgenommene Scheeßeler Festivaltradition hat immerhin den Vorteil, daß ich bei meinen Reisen durch die Welt immer mal wieder auf zwanglose Weise mit Vertretern der knospenden Generation ins Gespräch kommen kann. Neulich im Zug nach Krakau saß ich neben einem jungen Mann, dem zu meinem Heimatort sofort dessen rockmusikalische Bedeutung einfiel, und in Nordirland lief mir ein schnuckeliges Mädelchen über den Weg, das sogar alljährlich zum Festival anreist und entsprechend schwärmte (neenee, nicht für mich – das denn doch nicht). Und meine Kinder treiben sich zu Festivalzeiten natürlich auf dem Eichenring rum. Geschickt, wie sie halt sind, fälschen sie sich irgendwelche Armbänder und kommen aufs Gelände, ohne Eintritt zu zahlen; meistens besorgen sie sich vorher auch noch eine Stange Zigaretten, die sie zu überhöhten Preisen an Nikotinsüchtige weiterverkaufen. Festivalbesuch mit kommerziellem Nebeneffekt eben. Daß die Leute im verrockten Eichenring heutzutage mit Handys und verspiegelten Sonnenbrillen rumlaufen statt in Parka und Ché Guevara-Shirt, ist natürlich dazu angetan, mir den Opaspruch auf die Lippen zu locken: Früher, ja früher, da war eben alles irgendwie ...

Wie, was: nostalgische Verklärung sei das? Bei mir doch nicht! Überhaupt war ich die Illusionen, mit denen ich auf mein erstes Festival gezogen bin, dann doch schnell los. Ein paar Wochen nach dem Scheeßeler Großbrand brach der sogenannte Teutsche Herbst an, und zu allem Überfluß wurde ich zum Bund eingezogen. Da war's dann vorbei mit dem Glauben an die Erneuerungskräfte der Jugendkultur. Schwuppdiwupp! – Aber trotzdem: »Radar Love« in Scheeßel, das war der Punkt, wo vieles möglich gewesen wäre.

Dachboden-Schamanismus und andere

Denkwürdigkeiten

Status Quo in Kiel (1977) –
Von Dirk Knipphals

Mein allerallerstes Konzert war Wishbone Ash. Das war damals, in Kiel, in der Ostseehalle, in der sonst der THW spielt. Ich muß etwa dreizehn oder vierzehn Jahre alt gewesen sein, natürlich war das alles noch nichts für mich, keine Ahnung, wer von meinen Verwandten mich mitgenommen hat. Daß die erste Erfahrung die tiefste ist, das also kann man von meinen Konzertbesuchen wahrlich nicht sagen. Ich kann mich an nichts mehr erinnern und habe mich auch später nie bemüht zu erfahren, was für eine Band ich damals gehört habe. Um ehrlich zu sein, kenne ich heute kein einziges Lied der Gruppe Wishbone Ash – und kann nicht sagen, daß ich das vermisse. Dann kam das nächste Ereignis.

Von meinem ersten wirklich erinnerlichen Konzert weiß ich zumindest noch zwei Dinge: Ich ging mit Ingrid hin; Ingrid war zwei Jahre älter als ich und paßte manchmal auf mich auf, wahrscheinlich hatte sie ihre Konzertkarte geschenkt bekommen, weil sie mich mitnahm. Und ausgerechnet bei dem großen Hit »Samba Pa Ti« verhaute sich Carlos Santana einmal in der Saite, es klang wie didididitzoingdidii, und ich meine mich noch genau daran zu erinnern, wie Santana für einen kurzen Augenblick das Gesicht verzog. Als sei er selbst überrascht, daß ihm, dem großen Gitaristen, so ein simpler Vergreifer unterlaufen konnte. Die Band Santana habe ich später noch häufiger gehört, es ist wohl gerade bei diesem Song zu einigen Engtänzen gekommen; aber auch in diesem Fall wäre es gelogen, wenn ich behaupten würde, dieses Konzertereignis hätte mich oder mein Leben in irgendeiner Weise beeinflußt oder gar geprägt. Auch Ingrid habe ich bald aus den Augen verloren.

So. Und nun wird es ernst. Oder peinlich. Oder beides. Denn die erste Band, von der ich, fürchte ich, behaupten muß, daß ich ihr mit Haut und Haaren verfallen war, war – Status Quo. Dieser Band galten meine Konzertbesuche drei, vier und fünf. Auch wenn mir das heute komisch vorkommt und ich es selbst ein wenig anzweifle, ist in meinem Gedächtnis doch gespeichert, daß ich dreimal hintereinander in der Ostseehalle war, um Status Quo zu sehen oder vielmehr zu hören oder vielmehr zu bestaunen. Ob diese Gruppe tatsächlich dreimal hintereinander in kurzen Abständen durch Deutschland tourte und dabei jedesmal in Kiel auftrat, vermag ich natürlich nicht mit absoluter Sicherheit zu sagen. Beschwören würde ich es wohl nicht. Aber eins weiß ich: Wenn sie tatsächlich, sagen wir: innerhalb eines Jahres dreimal in der Ostseehalle gewesen sind, dann bin ich mit Sicherheit bei allen drei Auftritten dabei gewesen. Denn Status Quo, das waren damals die Größten. Und ich war ihr größter Fan.

Heute ist das natürlich eine der vielen, vielen Seltsamkeiten, die man leicht bereit ist, in dem großen Ordner mit der Aufschrift »pubertäre Verirrungen« abzulegen. So wie Mädchen doof finden oder stundenlang im Gebüsch hocken und versuchen, mit zwei feuchten Holzstäben Feuer zu machen, wie man das bei »Winnetou« oder »Lederstrumpf« oder »Tarzan« oder was weiß ich wo gesehen hat.

Andere Bands, die man damals umschwärmt hat, hört man heute nur noch mit einem Achselzucken, Sweet beispielsweise oder die Bay City Rollers. Mit wieder anderen Gruppen wie Abba hat man sich inzwischen sogar ausgesöhnt. Meine damalige Liebe zu Status Quo ist mir heute, naja, nicht mehr richtig peinlich, aber so ein dezentes Peinlichkeitsgefühl gibt es eben immer noch. Damals aber, das weiß ich heute noch ganz gewiß, war ich mit dieser seltsamen Vorliebe nicht allein. Neben den etwa 5.000 Menschen, die in die Ostseehalle hineinpaßten, waren wir nämlich zu fünft.

Da ich keine Gelegenheit fand, die Erlaubnis der anderen einzuholen, verschweige ich die Namen lieber; jedenfalls trafen wir uns damals auf dem Dachboden im Haus der Eltern von O. und haben unserer Status Quo-Verehrung hemmungslos nachgegeben. Es war ein Spitzdach, also war der Raum schmal, hoch und hatte schräge Wände. Man kam hinauf, indem man im ersten Stock eine Luke in der Decke mit einer langen Holzstange aufhakte. Dann ließ sich eine Leiter bis zum Boden verlängern, und man konnte hinaufklettern. Auf diesem Wege hatten wir eine Anlage auf den Dachboden gebracht. Wir hatten Silberfolie hochgetragen und die nackten Seitenwände damit ausgeschlagen. Der Vater von einem von uns war Schreiner, er sägte uns aus Spanplatten Holzgitarren aus. Tja, und auf diesen ungefähr zentimeterdünnen Instrumenten haben wir dann das getan, was ganz ohne Instrumente Luftgitarre spielen heißt: Wir haben Status Quo aufgelegt und ordentlich losgerockt. Keine Ahnung mehr, was junge Menschen dazu treibt.

Aber lächerlich war das damals keineswegs. Im Gegenteil: Es war bitterer Ernst. Und zwar nicht nur in bezug auf die Band selber; wie hätten wir damals Gleichaltrige verachtet, die unserer Liebhaberei nichts abgewinnen konnten. Und auch nicht nur in bezug auf die Popmusik im allgemeinen; natürlich verwandelte sich jeder von uns für die Minuten, die so ein Status Quo-Stück dauerte, jedesmal selber in einen Rockstar, jeder Heranwachsende ist ja ein kleiner Schamane, der über magische Kräfte verfügt und dem Seelenwanderungen nicht fremd sind. Bitterer Ernst war das Ganze auch uns selbst betreffend: Mit dem etwas ausgefeilteren Vokabular, das man heute als Erwachsener besitzt, könnte man sagen, daß wir uns damals in symbolische Rangordnungskämpfe verstrickten. Es würde mich nicht sonderlich überraschen, wenn die Rangeleien um Zuneigung und Anerkennung, die in der leibhaftigen Band ausgetragen wurden (in jeder Band gibt es Kämpfe, das wußte man aus der »Bravo«), von den Binnenauseinandersetzungen in unserer Jungsband damals in dem Kieler Vorort auf dem Dachboden nicht sogar noch getoppt worden wären. Und das Problem war: Alle wollten Rick Parfitt sein.

Rick Parfitt, wenn ich mich an diesen Namen, und was er damals auslöste, zu erinnern suche, wird es wirklich seltsam. Denn allen anderen Helden meiner Kindheit gegenüber hege ich auch heute noch ein Gefühl der Rührung, manche wie Commander James T. Kirk habe ich sogar immer noch in mein Herz geschlossen. Aber Rick Parfitt scheine ich für vielleicht ein Jahr verehrt, sodann aber vollkommen verdrängt zu haben. Nachdem ich zwölf Monate lang alles gegeben hätte, um mit ihm zu tauschen, nachdem ich mich auf dem Dachboden ganz der Illusion hingegeben hatte, er zu sein, habe ich ihn daraufhin mit Stumpf und Stiel aus meinem Bewußtsein herausgeworfen. Vielleicht also war Rick Parfitt bei mir der Übergangsheld, den man wohl braucht, um die Verpuppung vom Kind zum Jugendlichen zu vollziehen. Wohl in keinem Lebensabschnitt ist man zunächst einfühlungsbereiter und sofort danach aber abstoßungswilliger als in dieser hochdramatischen Zeit der Individuation.

Kürzlich habe ich den Namen Rick Parfitt sogar in einer Tageszeitung gelesen. Zusammen mit Francis Rossi, dem anderen Gitarristen von Status Quo, war er wohl mal wieder auf Tour; die beiden, stand da, sind die einzig Übriggebliebenen der Originalbesetzung, man kennt das Muster ja von anderen Revivalbands. Es ist schon ein Problem zu verstehen, warum wir alle damals Rick Parfitt, um keinen Preis aber Francis Rossi sein wollten. Möglicherweise hat es etwas damit zu tun, daß wir irgendwie ahnten, daß Parfitt der größere Mädchenschwarm war – lange, lockige Haare, ein gewisses Sunny Boy-Lachen, das käme, haben wir uns vielleicht unbewußt überlegt, bei den Mädchen ganz gut an. Parfitt war der Typ Mann, der etwa auch bei »Winnetou« gut mitspielen konnte und dann etwa ein schönes Opfer oder aber einen warmherzigen Freund abgegeben hätte. Francis Rossi dagegen wäre bei »Winnetou« selbst ein Indianer gewesen, und zwar einer der bösen. Mit seinen langen, glatten Haaren und dieser gewissen Schärfe um die Nase rum konnte er einem zwar Respekt einflößen, aber die Arbeit der Phantasie in Richtung Symbiose zu lenken vermochte er eben nicht. Er war eher wie ein großer Bruder, adoptiert möglicherweise, aber man selbst wollte eben begehrter sein, unbeschwerter, cooler: so wie Rick Parfitt.

Wie dem auch sei, zusammen haben Rick Parfitt und Francis Rossi (die Namen der anderen Bandmitglieder habe ich bezeichnenderweise vergessen) bei Status Quo die Show gemacht. Sie haben sich gegenübergestellt und, während sie Gitarre spielten, ordentlich ihre langen Haare geschüttelt. Sie haben sich hintereinander aufgestellt und in einer gemeinsamen Bewegung ihre Oberkörper – und ihre Gitarren mit – vor und zurück gedreht. Sie haben nebeneinander gekniet und ihre Haare wie ein Vorhang über die von ihnen malträtierten Instrumente fallen lassen. Ein mit sich selbst, ihren Instrumenten und dem Sound, den sie ihnen entlockten, beschäftigtes Männerpaar, das waren Rick Parfitt und Francis Rossi.

Und wir, wir haben ihnen alles nachgemacht. Nur eben mit Playback und mit Gitarren, die aus Spanholzplatten ausgesägt waren. Als dann einer von uns mit einer echten Gitarre ankam, auf der er dann wirklich auch einige Töne spielen konnte, war damit eher die Endphase dieser Geschichte eingeläutet. Wirkliches Musikmachen war in unsere Auftritte auf dem Dachboden nicht mehr integrierbar. Mit Musik hatte das Ganze nichts zu tun, eher schon mit Schamanismus. Man muß seine Götter nachspielen, um an ihrer Kraft teilhaben zu können – eines der vielen Geheimisse des Heranwachsens, die man später als Erwachsener wieder vergißt.

Einmal sind wir wohl auch wirklich aufgetreten. Das heißt, wir haben ein paar Mädchen eingeladen, auf den Dachboden zu kommen, haben, als sie dann da in der Ecke saßen, die Anlage aufgedreht und uns mit den Holzgitarren nebeneinander gestellt und unsere Oberkörper im Takt vor und zurück gedreht. Haben uns auf die Knie geworfen und unsere Haare, naja, fast wie ein Vorhang über die Gitarren fallen lassen. Haben uns aufgestellt und ordentlich die Haare fliegen lassen, soweit sie denn flogen, richtig lange Haare durfte keiner von uns haben. Wie die Mädchen reagiert haben, weiß ich nicht mehr. Freundschaften fürs Leben sind nicht draus entstanden. Kann gut sein, daß die Mädchen gekichert und dann das Weite gesucht haben. Kann auch gut sein, daß das eigentlich der peinlichste Moment in meinem ganzen Leben war. Ich jedenfalls habe später nie wieder versucht, das andere Geschlecht mit Holzgitarren zu beeindrucken. Und daß Status Quo ein Jungssache war, das war uns danach wirklich von Grund auf klar.

Ob mich nun die wirklichen Auftritte von Status Quo in der Kieler Ostseehalle wirklich begeistert haben, das weiß ich nicht mehr. Ich könnte mir eher vorstellen, daß mir die ganzen Begleiterscheinungen eines solchen Rockkonzerts damals auch ziemlich fremd vorkamen. Natürlich war man irgendwie stolz, dabei zu sein, natürlich merkte man, daß das jetzt ein wichtiger Moment war, natürlich sagte man sich: Mensch, toll, da vorne steht der richtige Rick Parfitt auf der Bühne. Aber es war auch voll und dunkel, und dann war man noch zu jung, um Bier zu trinken. Möglich, daß ich das eigentliche, das wahre Status Quo-Konzert erst Jahre später bei den Pogues erlebt habe, das Tanz-und-Freude-und-Pogofest, für das ich damals in der Ostseehalle aber noch zu jung war. Ich werde wohl irgendwo in Sicherheit gestanden und mir das Ganze auch ein wenig befremdet angesehen haben. Und vielleicht war es auch so, daß ich dagewesen sein mußte, um dann auf dem Dachboden noch mitreden zu können. Jedenfalls glaube ich, daß mir unsere psychodynamischen Abenteuernachmittage mit Holzgitarren und Status Quo-Playback sehr viel wichtiger waren als die realen Auftritte der Gruppe selbst. Ich glaube, wenn die Stars wüßten, wie wenig es bei der jugendlichen Verehrung um sie selbst geht und statt dessen um die Prozesse innerhalb der Jugendgruppen untereinander, sie würden glatt von einer Depression in die nächste stolpern. Wobei: Vorstellbar ist auch, daß zumindest Rick Parfitt und Francis Rossi mittlerweile so abgebrüht sind, daß sie das sogar wissen.

Aus welchem Grund die Status Quo-Verehrung dann aufhörte, auch das weiß ich nicht mehr. Irgendetwas mit der mangelnden Mädchen-Kompatibilität dieser Gruppe wird es zu tun haben. Außerdem habe ich wohl irgendwann wirklich die Musik entdeckt. Da paßte Status Quo dann nicht mehr recht. Die beiden ersten Konzerte, die mich als Jugendlicher dann wirklich beeindruckt haben, waren dann auch ganz anders. Zum ersten der Auftritt von Nina Hagen im Ball Pompös – so hieß das damals –, sie hatte gerade ihre erste Platte veröffentlicht (mit Spliff damals): »TV-Glotzer«, »Ich will ein Fisch im Wasser sein«, das paßte ganz wunderbar zu der aufkeimenden Berlinsehnsucht, die damals en vogue war. Zum zweiten der Auftritt einer unbekannten Punkband in einem besetzten Haus in Kiel: Beim Break fiel der Schlagzeuger immer betrunken von seinem Hocker. Dann hörte das Konzert kurz auf, seine Kumpels setzten den Schlagzeuger wieder hin, und weiter ging's. Bis zum nächsten Break.

Nina Hagen werde ich aufgrund des damaligen Konzerts nie nur für verrückt halten, und die Punkmusik habe ich auf einem Schlag verstanden und für gut befunden. Das können Konzerte bewirken, man hat sein ganzes weiteres Leben etwas davon. Die Sache mit Status Quo aber war ein ganz eigenes Ding. Schade, daß ihre Musik so langweilig ist – man kann das alles von daher nicht nur mit freundlichen Gefühlen im Gedächtnis behalten.

Till It Makes Me Scream

**Frank Zappa in der Eilenriedehalle, Hannover
(26. März 1979) –**

Von Matthias Wehrhahn

Ich war fünfzehn, und ich war ein Held. Ich hatte mich von Mama seit einem Jahr nicht mehr zum Friseur schicken lassen, und wer es nicht glaubt, dem kann ich die Tüte zeigen, in der sich die Haare noch heute befinden, die ich bei diesem letzten Friseurbesuch selbst aufgefegt hatte. Ich hatte genau die richtige Jacke, und ich hörte die richtige Musik. Ich war auf der richtigen Seite. Ich hörte Zappa, ich war damit erwachsen, ich hatte das Ich-sagen gelernt.

Zappa hatte ich zum ersten Mal im Sommer '78 gehört, auf einer Party in Bad Münder. In ritueller Strenge rauchten wir leckere Joints! Wir waren fünfzehn und wir waren Helden. Wir hatten alle sowas wie ungeschnittene Haare, die richtigen Klamotten und durch die Lautsprecher erklang fast zehn Minuten lang eine unerhörte Musik: »The Torture Never Stops« von der LP »Zoot Allures« von Frank Zappa, diesem Mann in der Mitte des Cover, der seinen Sack links trug und wirklich dicke Eier hatte. Das war cool. Und diese langen schwarzen fettigen Haare, der Bart, der Bart, dieser Bart – ich hatte noch ein Gar-Nichts im Gesicht.

Kann man nichts machen, aber Platten kaufen kann man. Da ich an jenem Abend auch noch was von der Scheibe »Overnite Sensation« gehört hatte und irgendwie auch nicht genug kriegen konnte, erstand ich in Hildesheim gleich drei Alben. »Zoot Allures« gabs nicht, dafür »Overnite Sensation«, aufklappbar, dann »One Size Fits All«, weil das auch aufklappbar und da dieses schöne Sofa drauf war, das mich freundlich ansah. Schließlich legte ich noch »200 Motels« dazu, denn das war nicht nur eine Doppel-LP, sondern da war auch ein booklet drin.

Gerade hatte ich noch Status Quo und Deep Purple gehört, und plötzlich empfing ich die höheren Weihen der Musik. Sehr abwechslungsreich, sehr seltsam, sehr schwierig, also bedeutend, also mehr hören, mehr kaufen, sammeln. Gerade hatte ich noch Briefmarken und Münzen gesammelt, und plötzlich sammelte ich Schallplatten von Frank Zappa und den Mothers of Invention. So hieß seine glorreiche Band. Die war aber schon vor einigen Jahren aufgelöst worden. Gerade hatte ich also die Musik schlechthin gefunden, da mußte ich erfahren, daß es die Band nicht mehr gab. Die großen Zeiten schienen vorbei, und ich sollte nicht dabei gewesen sein? – Das Schicksal des inzwischen Sechzehnjährigen.

Dann kam, dann sah ich die Nachricht des Jahres: Von einem großen Plakat schaute Frank Zappa höchstselbst grimmig herunter, und da stand: »Fritz Rau + Michael Scheller present ZAPPA '79 in concert.« Der Meister kommt! Am Montag, dem 26. März im Jahre des Herrn 1979 um 20:00 Uhr, in die Eilenriedehalle, Hannover. ER wird kommen, und ich werde Ihn sehen und ich werde Ihn hören, denn der Eintrittspreis ist gering, und ich habe Freunde, die schon ein Auto führen dürfen.

Nachdem die Qual der gefrorenen Zeit vorbei war, machten wir uns auf den Weg, kamen gut an, stiegen locker aus dem Auto und drängten uns cool in die Menge. Die bestand aus vielen Typen, die ganz offensichtlich älter waren als wir und längere Haare hatten. Und sie rauchten Joints, kleine Sticks, fette Joints. Diese einfältigen Idioten, wußte ich mir zu sagen, da ich ja inzwischen durch die Beschäftigung mit FZ gelernt hatte, daß der Meister sowas nicht ausstehen kann. Diese Idioten! Aber irgendwie fühlte ich mich nicht so ganz wohl in meiner Haut, da ich zu offensichtlich so jung, so milchig war.

Endlich war die Band auf der Bühne, und ich stand nur wenige Meter von ihr entfernt: Denny Walley, Ike Willis (beide Gesang und Gitarre), Peter Wolf und Tommy Mars (beide an den Keyboards), Ed Mann (Percus-

sion), Vinnie Colaiuta (Schlagzeug), Arthur Barrow (Bass) und Warren Cucurullo (Gitarre) – und ganz zuletzt kam ER. Zappa stellte sich hin und machte den Dirigenten, der der Band die Rhythmuswechsel angab, und ließ ein musikalisches Programm herunterspielen, von dem ich ein ganz klein wenig enttäuscht war.

Schon wie diese Typen der Band aussahen, blasse Rotznasen zumeist – und was für Klamotten sie trugen. Völlig nichtssagend. Das sollte nun die Band vom Meister sein, eine Rockband?! Sie mußten gute Musiker sein, das war sicher. Doch sie mußten wohl auch blöd aussehen, ganz nebenbei und praktischerweise wirkte Zappa so noch eindrucksvoller.

Der Sound war eine Katastrophe. Vermutlich gibt es deshalb keine Raubpressung von diesem Konzert, sondern nur ein siebenminütiges »Instrumental« auf dem Bootleg »Muffin Research From The Utility Kitchen« (1985). Außerdem war gerade »Sheik Yerbouti« erschienen, eine Doppel-LP, deren Cover mir schon nicht gefiel. Immerhin hatte man die Platten mit einer roten Kartonhülle eingepackt, auf der alle Texte abgedruckt waren. Die Musik schien aber vergleichsweise mäßig. Vorbei die alten Mothers-Zeiten.

Ich verstand nichts von den Texten, Sound und Englischkenntnisse reichten einfach nicht hin. Hätte ich sie verstanden, wäre ich enttäuscht gewesen, da ich sie mir doch partout politisch vorgestellt hatte, im Nachhall auf die sechziger Jahre und voller Stolz auf mein Engagement in der Freien Jugendinitiative. Immerhin politisch ist – mit beherzter Interpretation – so etwas wie »Bobby Brown«, der große »Sheik Yerbouti«-Hit von 1979 über die Doppelmoral der US-Amerikaner, Zappas Dauerthema: »Oh God I am The American Dream, / (With a spindle up my butt till it makes me scream), / And I'll do anything to get ahead – – / (I lay awake nights sayin', ›Thank you, Fred!‹)« Klischierter Schweinkram.

Es gibt auch religionsproblematische Texte wie jener von der »nasty little Jewish princess«, so eine einfallsreiche mit titanischen Titten, wie es darin heißt. Dieses 79er Stück war in den USA ein Politikum und wurde zeitweilig wegen seiner antisemitischen Tendenz und seines einigermaßen verdorbenen Inhalts verboten. Dieses Liedchen hatte den Effekt, daß Zappa bald darauf »Catholic Girls« besang, »with a tongue like a cow«. Musikpädagoge Zappa wollte etwas beweisen ... Religionsstifter wurde er später auch noch ... und ein wenig Präsidentschaftskandidat ...

Nein, ich verstand die Texte nicht, und sie waren mir auch egal. In der Hannoverschen Eilenriedehalle blieb mir auch nichts anderes übrig. Leider wurde aber auf den folgenden Alben immer mehr gesungen, oft von

Fritz Rau + Michael Scheller present

ZAPPA
'79
in concert

Neue LP:
SHEIK
YERBOUTI
Bestellnummer: CBS 88339

Montag 20 Uhr
26. März '79
Hannover
Eilenriedehalle

26. März
'79

118

Zappa selbst, wovon niemand etwas haben konnte, auch er selbst nicht. Da kaufe ich mir später die LP-Box »Thing-Fish« und kriege fast endlos allereinfältigsten Sprechgesang zu hören. Ja, damals, als noch Flo und Eddie sangen, da war das was anderes. Das waren auch etwas bessere Texte. Hör doch auf mit diesen Typen, für Nostalgie ist keine Zeit, würde Zappa sagen. Er hat übrigens in seiner Autobiographie ein verblüffendes Statement zu seinem Songschrifttum gegeben: »Einige Songs sind absolut bescheuert, einige sind etwas weniger bescheuert und ein paar sind sogar komisch. Von den abfälligen politischen Bemerkungen abgesehen, die mir verdammt viel Spaß machen, würde es die Texte überhaupt nicht geben, wenn wir nicht in einer Gesellschaft lebten, die nichts für Instrumentalmusik übrig hat.«

Ja genau, die instrumentalen Stücke, das sind die besten. Die Musik als Totalphantasma, das ist es. Zappas Musik, hätte ich (wenn ich nicht zu jung gewesen wäre) nach dem Konzert dozieren sollen können, ist nämlich abwechslungsreich, schwierig, nicht für den Feld-Wald-und-Wiesen-Disko-Konsumenten. Dauernd wechseln die Rhythmen, thematische Breaks können ebenso schnell aufeinander folgen, harmonisch und unauffällig werden in ein Stück musikalische Zitate eingeflochten, musikalische Richtungen werden zitiert und persifliert, E- und U-Musik miteinander verwoben – die Musik gehorcht eben Zappas konzeptioneller Kontinuität, man kann sie nicht schnell konsumieren und verdauen. Einfach ausgedrückt: Man beschäftigt sich mit ihr – oder man kennt sie nicht. Amen.

Die Höhepunkte bei jenem – bei jedem! – Konzert waren natürlich Zappas Gitarren-Soli. Hart zumeist, finster, sehr lang, nie gymnastische Übung, immer durch eine Vielzahl von Effektgeräten gejagt. Dafür hatte er dunnemals zu seinen Füßen eine irgendwie selbstgezimmerte Effektkonsole, auf der er immer wieder herumtrat und damit unsere Haare ganz ordentlich in Bewegung brachte. In der Eilenriedehalle, das ist gewiß, war die Gitarre richtig richtig richtig gut. Ich hörte sie mit dem Bauch, jawohl. 1989 gab Zappa allerdings zu: »Ich bin kein virtuoser Gitarrist. Ein Virtuose kann alles spielen, und das kann ich nicht. Ich kann nur das spielen, was ich kenne und zwar in dem Ausmaß, wie mein manuelles Geschick es mir erlaubt – aber das hat im Laufe der Zeit nachgelassen.«

Seine Gunst beim Publikum hat auch nachgelassen. Nur noch eine kleine Gemeinde lauscht der Musik des FZ. Vereinzelt treten Bands mit Stücken aus des Meisters Repertoire auf. Es erscheinen keine CDs mehr mit der xten Best of-Collection etwa, schon gar nicht mit unbekanntem Material. Ein paar Bücher, etwas im Fernsehen, einige Homepages – es wird still und stiller. Oder wird es mal so wie Charlie Watts 1996 in einem Interview mit

Alan Bangs meinte: »Zappas Musik wird klassische amerikanische Musik werden. Zappa steht außerhalb jeder musikalischen Norm.«

Angespornt durch diesen Segen eines Rolling Stone will ich mehr als zwei Jahrzehnte nach jenem Konzert in der Eilenriedehalle zu Hannover verkünden: ER war wirklich gut. Und nicht nur auf der Gitarre, sondern insgesamt. Hol mich doch der Teufel. Und weil es nur angemessen ist und mir dieser Spruch gefällt, soll Zappa selbst das Schlußwort sprechen: »Ich will es zum besseren Verständnis zusammenfassen: Information ist nicht Wissen. Wissen ist nicht Weisheit. Weisheit ist nicht Wahrheit. Wahrheit ist nicht Schönheit. Schönheit ist nicht Liebe. Liebe ist nicht Musik. Musik ist das Beste.«

Flutkatastrophe im Kessel der Enthusiasten

Die Teens in der Braunschweiger Stadthalle (1979)
Von Jan Off

Ich war gerade in die sechste Klasse gewechselt, als meine Mutter urplötzlich verkündete, daß ich mein Zimmer in Zukunft allein aufzuräumen hätte.

»Bei aller Liebe, aber diese Monstren sind wirklich mehr, als ein Mensch ertragen kann«, stöhnte sie, während ich versuchte, mir die Erleichterung ob der zukünftigen Sicherheit meiner Privatsphäre nicht anmerken zu lassen.

»Diese Monstren«, das waren die Mitglieder der Hardrockformation Kiss – meine neuesten Vorbilder im Kampf gegen die Sehnsucht, auf ewig in der Welt der Playmobil-Benutzer zu verharren.

Für die damals horrende Summe von zehn DM hatte ich mir ein sogenanntes Posterbook gekauft, und nun zierten die brutal geschminkten Gesichter von Gene Simmons und Co. die Wände meiner ansonsten eher kindlich eingerichteten Schlafstatt. (Wobei es besonders die ellenlange Zunge des Bandleaders war, die meiner Mutter zu schaffen machte.)

Die unsägliche Musik, mit der die Bestandteile der Gruppe den Unterhalt ihrer zahllosen unehelichen Kinder erwirtschafteten, störte mich dabei wenig. Denn diese Musik kannte ich noch gar nicht. Trotz meiner Begeisterung hatte ich es bisher versäumt, mir von meiner aktuellen Lieblingskapelle einen Tonträger zu besorgen.

Meine Plattensammlung befand sich gewissermaßen noch im Aufbau; um genau zu sein, konnte ich erst ganze zwei Singles mein eigen nennen. Die eine war von den Gebrüdern Blattschuß, einem filzbärtigen, alkoholabhängigen Trio aus der ehemaligen Reichshauptstadt, das seine Herkunft mit dem Smashhit »Kreuzberger Nächte sind lang« abfeierte. Die andere trug den Titel »Gimme Gimme Gimme Gimme Gimme Your Love« – dargeboten von den Teens (Deutschlands erster Boygroup nach den Lords).

In Ermangelung einer Alternative ließ ich diese beiden Songs und die dazugehörigen B-Seiten abwechselnd auf meinem Plattenspieler rotieren – einem Billigprodukt aus dem Hause Dual, das besonders durch seinen im Deckel eingebauten Lautsprecher zu bestechen wußte.

Ob mich die gehörten Klänge dabei wirklich zu begeistern vermochten, kann ich heute nicht mehr sagen. Was die Teens anging, war das ohnehin nicht wichtig. Die fünf smarten Senkrechtstarter mit den eng sitzenden

Röhrenjeans (die im übrigen ebenfalls aus Berlin kamen) »gut zu finden«, war weniger eine Frage des Geschmacks als eine der gesellschaftlichen Notwendigkeit. Wer vor den unbestechlichen Augen von Ilka Ranneberg, Cordula Tollkühn und Judith Moritz Gnade finden wollte (und das wollten alle Jungs aus meiner Klasse), der mußte nicht nur Olivia Newton-John und John Travolta, sondern eben auch die Teens zu seinen Favoriten zählen. Mit Kiss konntest Du bei diesen ebenso frühreifen wie gutaussehenden Geschöpfen keine Punkte sammeln. Nein, da war es schon wesentlich geschickter, das eigene Ich hinten anzustellen und bei Schulpartys wie ein Besessener den eingängigen Refrain von »1-2-3-4 Redlight« mitzugrölen.

Als mich Cordula eines Tages fragte, ob ich nicht Lust hätte, mir die Band einmal live anzusehen, sie würde am nächsten Wochenende in der Stadthalle spielen, konnte es für mich daher nur eine Antwort geben.

»Ja, klar. Auf jeden Fall.«

Auf meiner inneren Leinwand sah ich mich bereits mit dieser blonden Göttin Küsse austauschen, während sie oben auf der Bühne eine Ballade »nur für uns« spielten. Da galt es vorher nur noch die Erlaubnis meiner Eltern einzuholen. Ich schnitt das brisante Thema beim Abendessen an.

»Kommt nicht in Frage«, sagte mein Alter und gab sich Salz aufs Radieschen.

»Nee, find ich auch nicht so gut«, sagte meine Mutter. »Du könntest da in irgendwas hineingeraten.«

Was auch immer meine Mom damit meinen mochte: Die Sache wäre normalerweise erledigt gewesen. Aber zum Glück war auch Cordula nicht frei von elterlichen Zwängen. Als ich ihr die unerfreuliche Nachricht am nächsten Morgen übermitteln wollte, stellte sich heraus, daß sie das Konzert in Begleitung ihrer Frau Mama besuchen würde.

Diese Information war nun durchaus in der Lage, meine Eltern umzustimmen. In Anwesenheit von Cordulas Mutter war die Gefahr von Drogenexzessen und Sexorgien sicherlich auf ein Minimum reduziert. Ich durfte also mit, erhielt allerdings die Auflage, spätestens um halb elf zu Hause zu sein.

Euphorisch föhnte ich mir zwei Stunden lang den mittelgescheitelten Stufenschnitt. Dann polierte ich meinen Grease-Badge auf Hochglanz (von den Teens besaß ich leider keinen) und zwängte mich in meine Lieblingsjeans. Nachdem ich das Ergebnis meiner Bemühungen im Spiegel kontrolliert und noch schnell ein wenig Abdeckstift auf einen keimenden Pickel geschmiert hatte, ging ich mich von meinen Erziehungsberechtigten verabschieden.

»Sieh zu, daß du pünktlich bist«, sagte mein Alter, während er einen Stoß Akten durchging.

»Paß auf dich auf, Junge«, sagte meine Mom und drückte mir einen Apfel sowie zwei Tüten Sunkist in die Hand, damit ich bei der zu erwartenden schlechten Luft etwas für meinen Vitaminhaushalt tun konnte.

Den Apfel schmiß ich ins Gebüsch. Dann klingelte ich an dem viergeschossigen Wohnblock, in dem Cordula und ihre geschiedene Mutter ein kleines Appartement bewohnten.

Es war die Herbergsbesitzerin selbst, die mir öffnete. Sie trug einen hautengen, weißen Hosenanzug ohne Ärmel und sah nachgerade bombastisch aus. Lange, dauergewellte Locken, ein wunderschönes Gesicht, perfekt geschminkt, 1a Figur. Ein Traum von Mutter. Genau die Sorte Frau, die in den Phantasien Heranwachsender – ihre Entjungferung betreffend – eine tragende Rolle spielt.

Ich kannte sie bereits, war schon des öfteren hier gewesen. Dennoch klang mein hingeworfenes »Guten Abend« heute einen Hauch verlegen. Cordulas Mutter schien das nicht zu bemerken; und wenn doch, so überging sie es elegant.

»Geh einfach durch«, sagte sie. »Die anderen sind schon da.«

Die anderen, das waren (neben Cordula natürlich) Astrid Möllering, eine aknegeplagte Hackfresse, die in unserer »Clique« nur deshalb gelitten war, weil sie vier oder fünf komplette Jahrgänge der Fachzeitschrift »Bravo« ihr eigen nennen konnte, sowie Stefan Wendt, ein ätzender Typ aus der Parallelklasse. Augenscheinlich hatten sich auch andere Eltern großzügig gezeigt.

Was alllerdings Stefan Wendt hier wollte, war mir schleierhaft. Der Typ interessierte sich ausschließlich für Fußball. Ich beschloß, ihn im Auge zu behalten.

Erst einmal galt es die Aufmerksamkeit aber auf das neue Schlafsofa zu lenken, das Cordula zum letzten Geburtstag bekommen hatte. Eine Scheußlichkeit in rosa Pastelltönen.

»Das ist doch phantastisch, oder?!« fragte sie in meine Richtung, während sie sich vergeblich bemühte, ihren Gästen den »besonders einfachen« Mechanismus vorzuführen.

»Ja, echt super«, gab ich zur Antwort, wobei ich ihren knappen Rollkragenpullover bewunderte, der die ersten Ansätze von Brüsten verriet. Herrgott, die Mutter mochte meine Lenden beherrschen, der Tochter gehörte meine ganze Liebe, mein gesamtes aufrichtiges Sehnen.

Stefan Wendt, dem meine Faszination nicht verborgen geblieben war, warf mir einen überheblichen Blick zu. Ein Manöver, das durchaus genügte, meinen Plan, Cordula hilfreich zur Hand zu gehen, umgehend zu verwerfen. Statt dessen schmiß ich mir ein paar Erdnußflips in den Rachen. Zum Glück gab das Ziel meiner Sehnsucht ihr Unterfangen bald auf.

»Ach, ich zeig's euch ein anderes mal. Laßt uns lieber noch ein bißchen Musik hören.« Klar, daß sie die Teens auf den Plattenteller schmiß. Klar, daß wir (natürlich bei abgeschwächter Beleuchtung) zu tanzen begannen. Denn wir tanzten immer – zumindest wenn Cordula oder Ilka Ranneberg oder Judith Moritz uns unter sanftem Druck dazu anhielten. Das gab mir die Gelegenheit, meinen Konkurrenten genauer zu betrachten. Daß er sich wie ein korsischer Totengräber bewegte, wunderte mich wenig. Viel überraschender war seine Erscheinung. Stefan Wendt, der sonst eher rustikal gekleidet war, trug ein top modisches Lacoste-Shirt. Mein kariertes Hemd nahm sich dagegen eher bescheiden aus. Ich beschloß, mich davon aber erst gar nicht beeindrucken zu lassen. Wichtiger als jeder äußerliche Schnickschnack waren ja doch die inneren Werte. Das hatte mir nicht zuletzt Dr. Sommer immer wieder versichert.

Meine Wachsamkeit überzeugte das wenig. Wegen Astrid Möllering hatte sich der Schwachmat garantiert nicht in Schale geworfen.

Ich versuchte dagegen zu halten, indem ich mir im Badezimmer noch einmal den Mittelscheitel nachzog. Wie alle, die in jenen Tagen etwas auf sich hielten, ließ ich stets einen Kamm aus meiner hinteren linken Hosentasche herausschauen. Als ich zurückkehrte, trug Cordulas Mutter gerade ein Tablett Sinalco ins Zimmer. Und dann nahte auch schon der Aufbruch. Wir hatten gerade noch Zeit, eine letzte Sichtung unseres Äußeren vorzunehmen.

In der Straßenbahn wurde deutlich, wie sehr uns das Ereignis bereits in seinen Bann geschlagen hatte. Es war für uns alle das erste Konzert, und obwohl jeder möglichst unbeteiligt und abgeklärt zu wirken versuchte, ließ sich natürlich genau dieser Umstand nicht verbergen. Stefan Wendt beackerte mit erhöhter Geschwindigkeit sein Wrigley's, Cordula berichtete unaufgefordert von dem Typen, den sich Judith Moritz im Ferienlager geangelt hatte (normalerweise ein Tabuthema), während Astrid Möllering hektisch an einem Stoffbären herumzupfte, den sie speziell für diesen Abend gekauft hatte.

»Der ist für Robbie. Da hab ich extra diese Schleife dran befestigt. Hoffentlich kann ich ihm den nachher geben«, lamentierte sie, wobei sie mich nötigte, das gräßliche Tier in Augenschein zu nehmen. Unter normalen

Umständen hätte ich sie mit einem lässigen Spruch abgefertigt, jetzt war ich geradezu dankbar für die Ablenkung, hielt sie mich doch davon ab, weiterhin wie ein Blöder an meiner Frisur herumzufummeln.

Nachdem wir ausgestiegen waren, steigerte sich die Unruhe noch. Vor der Halle standen hunderte von Jugendlichen, zum größten Teil weiblichen Geschlechts. Sie waren im Durchschnitt zwei, drei Jahre älter als wir und sie waren cool. Sie standen in kleinen Gruppen zusammen, trugen Jeansjacken mit selbstgestickten Aufschriften und rauchten mit einer Selbstverständlichkeit, als ob sie ihr Leben lang nichts anderes getan hatten.

Ich war schon mal hier gewesen, hatte mir mit meinen Eltern eine Vorstellung der Wiener Sängerknaben gegeben. Damals hatte ich den grauen Betonkoloß gehaßt. Heute strahlte er etwas Magisches aus. Was hätte ich in diesem Moment dafür gegeben, zwei, drei Jahre früher auf die Welt gekommen zu sein.

Als die Türen endlich aufgingen, entwich der Masse ein gewaltiger Schrei. Dann stürmte alles den Eingängen entgegen. Auch wir fühlten den Sog, den Zwang der Stampede, aber Cordulas Mutter hielt uns zurück.

»Warten wir den größten Schwung erstmal ab«, sagte sie, und gut erzogen, wie wir waren, fügten wir uns.

So dauerte es etwas länger, bis die Enttäuschung über uns hereinbrach. Und eine Enttäuschung war unsere Platzwahl allemal. Unsere Karten zwangen uns auf einen Balkon, die sogenannte Empore, kilometerweit von der Bühne entfernt. Zu allem Überfluß mußten wir uns dort hinsetzen. Zwar war die gesamte Halle bestuhlt, aber unter uns hatten sie sich einfach auf die Polster gestellt. Hier oben war das anders. Hier oben saß man züchtig wie bei einer Ballettvorführung im Staatstheater. So hatte ich mir diesen Abend weiß Gott nicht vorgestellt. Meine Begeisterung erhielt einen ersten Dämpfer. Und dann gelang es Stefan Wendt auch noch, sich den Platz neben Cordula zu sichern. Ich konnte mich gerade noch neben ihn drängen, um wenigstens in Reichweite zu bleiben. Astrid Möllering quetschte sich auf den Sitz zu meiner Linken.

Kaum daß wir uns eingerichtet und die unter uns vibrierende Menge einer ersten Musterung unterzogen hatten, versuchte mein großmäuliger Nachbar mit einem angeberischen Statement so etwas wie Abgeklärtheit zu vermitteln.

»Irgendwie is' dieser Bau zu bieder für so'n Großereignis.«

In der Hoffnung, daß Cordula mich hören konnte, erlaubte ich mir, ihm brüsk zu widersprechen.

»Eine Superband wie die Teens kann jede Halle rocken.«

Wie zum Beweis meiner These wurde die Bühne urplötzlich in gleißendes Licht getaucht, und sofort begannen Hunderte entfesselter Kehlen a capella die verheißungsvollen Silben »tie-ie-ie-en-es« zu skandieren. Astrid Möllering ergriff spontan meine Hand und drückte sie heftig, die Finger schweißnaß vor Wollust und Erregung. »Ich glaube, das überleb ich nich'«, schrie sie mir ins Ohr.

»Du schaffst das schon.« Nur mit Mühe gelang es mir, mich von ihrem Griff zu befreien. Ich verachtete sie mehr denn je in diesem Moment. Aber noch mehr bedauerte ich mich selbst, ganz einfach deshalb, weil es mir nicht vergönnt war, meinerseits die Hand von Cordula Tollkühn zu halten.

Und dann kamen sie auch schon, die fünf »rockenden Gören«, die ich bisher nur von Postern und Plattenhüllen kannte; allen voran Robbie, der Bandleader, und weiteres Selbstmitleid erübrigte sich. Ein einziges Toben und Kreischen setzte ein. Unter uns brach vollkommene Hysterie aus, und in den vorderen Reihen sahen sich die ersten Backfische genötigt zu kollabieren.

Die wenigen, die so pflichtbewußt gewesen waren sich hinzusetzen, erhoben sich wieder. Und auch wir sprangen auf und rissen, angesteckt von dem allgemeinen Taumel, die Arme nach oben.

»Yeah!« brüllte ich vollkommen entseelt.

»Zugabe!« brüllte Stefan Wendt, der eben ein rechter Sitzpisser und Walnußhirnbesitzer war.

Astrid und Cordula begnügten sich mit einfachem Kreischen. Selbst Cordulas Mutter ließ sich anstecken und kramte nervös eine Schachtel Lord aus ihrer Handtasche.

Robbie trat mit federndem Schritt ans Mikrophon, fuhr sich durchs gutfrisierte Haar und schickte ein sattes Begrüßungslächeln ins entfesselte Rund. Eine Aktion, die umgehend mit weiteren Ohnmachtsanfällen honoriert wurde. Die sechs oder sieben Angehörigen der Johanniter, die die undankbare Aufgabe hatten, die Opfer aus dem Getümmel herauszuschleifen, machten bereits jetzt den Eindruck, als ob sie selber ein paar Kreislauftropfen nötig hätten.

Und dann spielten die »Spree-City-Rollers« ihren ersten Song. Zumindest sah es so aus, denn bei dem Höllenlärm um uns herum war alles zu hören, nur keine Musik. Zum Glück ging das Publikum recht bald dazu über, den Text mitzusingen. Gekreischt wurde nur noch vereinzelt, jedenfalls bis das Stück – ich glaube es war »We'll Have A Party Tonite-nite« – zu Ende ging. Dann setzte das Getöse erneut ein.

Nun war auch klar, warum der Veranstalter auf eine Vorband verzichtet hatte. Eine Vorband hätte es schwer gehabt. Selbst die Stones hätten an diesem Abend nichts gerissen. Von den Gebrüdern Blattschuß ganz zu schweigen.

Uwe, Robbie, Alex, Jörg und Micha – die Idole einer ganzen Generation von Zahnspangenträgern – schafften sich richtig rein, spielten Hit um Hit und lieferten eine Bühnenshow, die selbst Status Quo zu einer sofortigen Überdosis gezwungen hätte. Mit durchgebogenen Knien peitschten sie sich gegenseitig die schweißnassen Mähnen ins Gesicht, wobei sie ihre Gitarren malträtierten, als ob es sich dabei um Zombies handelte, die unbesiegbar waren, aber dennoch unentwegt gegeißelt werden mußten.

Währenddessen flogen ununterbrochen Wurfgeschosse auf die Bühne. Blumen, Stofftiere und liebevoll gefaltete Briefchen prasselten auf die Musiker ein, wie Pflastersteine auf eine Hundertschaft Bereitschaftspolizisten beim Versuch, das Jahrestreffen einer skandinavischen Bikervereinigung aufzulösen.

In der Pause kamen dann ein paar Roadies und stopften den ganzen Kram in ein Dutzend blaue Müllsäcke. Das örtliche Waisenhaus wird sich gefreut haben.

Wir nutzten die Gelegenheit, um unsere Position zu verändern. Auf Cordulas Geheiß verließen wir die Empore und drängten uns in die Menge, was Stefan Wendt die Gelegenheit gab, die Mädchen zu beeindrucken, indem er uns mit seinen Fleischmassen den Weg bahnte. Cordulas Mutter war vernünftigerweise zurückgeblieben.

Die hinteren Sitzreihen waren mittlerweile komplett verlassen. Dafür herrschte auf den Gängen ein aberwitziges Gedränge. Selbst ein Mutant wie Stefan Wendt konnte da irgendwann nichts mehr ausrichten. Knapp sechs Meter vor der Bühne blieben wir stecken.

Dennoch hatten wir eine Bombensicht. Als der zweite Teil der Show begann, konnte ich sogar das Amalgam in Robbies Freßluke erkennen.

Der Sänger war ohnehin das wichtigste Element des Geschehens. Eine einzige kreisende Bewegung seines Beckens vermochte spontane Wunderheilungen und plötzliche Selbsttötungen auszulösen, und auch ich ließ mich mitreißen von dieser Welle der Begeisterung, der Selbstaufgabe und der Opferbereitschaft, brüllte jede Zeile mit, an die ich mich erinnern konnte, und wenn mich die Erinnerung im Stich ließ, so brüllte ich irgendetwas. Um ein Haar hätte ich dabei sogar meine eigentlichen Pläne, ja beinahe hätte ich Cordula Tollkühn vergessen. Astrid Möllering holte mich in die Wirklichkeit zurück.

»Jetzt! Jetzt tu ich's!« krakeelte sie, gerade als Robbie sein charismatisches Lächeln in unsere Richtung schickte. Und dann schleuderte sie ihren Teddy der Bühne entgegen. Er krachte mit voller Wucht gegen den Hinterkopf einer Blondine, die auf den Schultern ihres Begleiters ekstatisch hin- und herzuckte, und trudelte keine drei Meter von uns entfernt zwischen die stampfenden Füße der Fans. Astrid stöhnte entsetzt auf und schlug die Hände vors teigige Gesicht. Dann brach sie zusammen.

Ich winkte einen der rotgesichtigen Johanniter herbei, während Stefan Wendt sich in der ihm eigenen Idiotie daran machte, den völlig wertlosen und mittlerweile sicher schon vollkommen zerfetzten Liebesbeweis aus dem Meer der wogenden Beine zu befreien. Das war meine Chance. Inmitten der Massen war ich endlich allein mit meiner Teenagegöttin. Ich sah mich um. Sie tanzte völlig in sich versunken, keine drei Armeslängen von mir entfernt, wobei ihr makelloses Gesicht, von einem roten Scheinwerfer bestrahlt, ein gottgleiches Leuchten verbreitete.

Ich pirschte mich an, kämpfte mich unter Einsatz meiner Ellenbogen durch die Umstehenden, bis ich direkt hinter ihr stand. Ich betrachtete die zarten, goldenen Härchen in ihrem Nacken, ich betrachtete ihren wunderbaren Hintern. Dann spielte die Band die ersten Klänge von »Here I Stand«, und während um uns herum hunderte von Feuerzeugen entflammten, nahm ich all meinen Mut zusammen und legte langsam, ganz vorsichtig meine Hände auf ihre sich wiegenden Hüften.

Eine Sekunde lang, eine unendliche Sekunde lang tat sich gar nichts, und ich war schon versucht, meine Handflächen ein paar Zentimeter nach oben gleiten zu lassen. Da hielt Cordula schlagartig in ihren Bewegungen inne und drehte sich zu mir um.

Und dann sagte sie etwas, das ich nicht verstehen konnte.

»Was?« schrie ich, angsterfüllt ob der drohenden Zurückweisung.

»Na endlich!«

Noch bevor ich die ganze Tragweite dieser Aussage erfassen konnte, hatte sie mich schon mit einer Hand im Nacken gepackt und mir ihre Zunge zwischen die Zähne geschoben. Ich geriet ein wenig aus der Fassung. Denn obwohl ich mir nichts sehnlicher gewünscht hatte, so hatte ich ehrlich gesagt doch nie damit gerechnet, daß der einsame Star der gesamten 6c meine Zuneigung teilen würde. Aber meine Konfusion sollte sich noch steigern. Kaum daß ich Cordulas Küsse nämlich zaghaft zu erwidern begann, griff sie mir kurzerhand an die Stelle, anhand der uns Herr Horak, unser Englischlehrer, die Bedeutung des Begriffs Zip erläutert hatte.

Jesus, das war nun wirklich die Übererfüllung meiner Phantasien. Vollkommen überwältigt schloß ich die Augen. Nur zwei Sekunden später zwang mich ein brennender Schmerz in der linken Wange, sie wieder zu öffnen. Offensichtlich hatte mir Cordula eine Ohrfeige verpaßt. Überrascht sah ich meiner großen Liebe ins Gesicht. Sie starrte haßerfüllt zurück.

»Du Schwein!« zischte sie.

Was hatte das nun zu bedeuten? Hatte ich etwa, ohne es zu bemerken, eine Erektion bekommen? Und wenn ja, wäre das unschicklich gewesen? Schnell unterzog ich die entsprechende Stelle einer Überprüfung. Sie war klatschnaß. Aber auch die unteren Teile meines Hemdes und meiner Jeansjacke waren durchtränkt. Eine Erklärung für dieses Mysterium fand sich nur einen Augenblick später. In der Innentasche meiner Jacke steckten zwei ausgelaufene Sunkisttüten. Heiland! Die mußten auf dem Weg durch das Getümmel zerplatzt sein.

Klar, daß ich Cordula dieses Mißgeschick sofort erklären, klar, daß ich umgehend Abbitte leisten wollte. Aber sie hatte sich demonstrativ von mir entfernt, hatte sich wieder der Band zugewandt. Mein Versuch, noch einmal mit ihr Kontakt aufzunehmen, wurde umgehend abgeschmettert.

»Hau bloß ab«, lauteten die Worte, die ich von ihren Lippen ablesen konnte. Was blieb mir anderes übrig, als das Feld zu räumen. Ich war noch zu jung, um mich weiblicher Allmacht zu widersetzen.

Gerade als ich geschlagen auf die Empore zurückschleichen wollte, tauchte Stefan Wendt vor mir auf. Seine Gesichtsruine wurde von einem akkurat debilen Grinsen aufgewertet.

»Ich hab es«, grölte er und schwenkte einen vollkommen verschmutzten Stoffbären durch die Luft, an dem eine zerrissene Schleife herunterhing. Die Teens spielten unterdessen die ersten Takte von »It's Good To Have A Friend«. Der Song hatte für mich plötzlich mächtig an Bedeutung gewonnen.

Behascht unter Ferkeln

Die Gebrüder Engel in Meppen (1980)
Von Gerhard Henschel

Mein erstes Rockkonzert konsumierte ich leider am selben Abend wie meinen ersten Haschkeks. Infolgedessen ist die Erinnerung an den Keks intensiver als die an das Konzert, falls man die Darbietungen der Gebrüder Engel überhaupt als konzertant bezeichnen kann. Die Veranstaltung fand unter freiem Himmel statt, vermutlich im Spätsommer 1980, in einer leeren Zeit in einer leeren Stadt namens Meppen.

Eine Autostunde südlich von Meppen gibt es die Stadt Münster, und in Münster waren die Gebrüder Engel ansässig. Sie genossen den Ruf, ein wenig rauhbeinig, trinkfest und irgendwie links zu sein. In die Erinnerung, wie gesagt, hat der Keks große Löcher gefressen, aber wenn ich mich recht erinnere, begehrten die Gebrüder Engel in ihren Songs gegen alles auf, was man damals als normaler emsländischer Gymnasiast ebenfalls nicht ausstehen konnte – Bourgeoisie, Landadel, Umgehungsstraßen, Katholizismus, Ödnis, Bigotterie und Eltern. Auch das Schmidt-Regime bekam sein Fett weg. Und das Spießertum im allgemeinen. »Magengesicht ist Ehemann«, hieß es in einem Song, und wer nach dem Abitur vielleicht Kunstgeschichte studieren oder mit der Ente durch Amerika fahren, aber niemals ein magengesichtiger Ehemann werden oder mit einem solchen Exemplar verheiratet sein wollte, applaudierte den Gebrüdern, verspeiste Haschkekse und spülte sie mit Bier hinunter. Es war nicht gerade wie in Woodstock, aber als Landei durfte man nicht wählerisch sein, was Rockkonzerte anging. Man nahm, was kam, und was kam, fand man gut.

Heute, als schmutziger alter Mann, habe ich keine hohe Meinung mehr von jenem Abend. Jedenfalls würde ich Zweifel anmelden, wenn jemand behauptete, daß die doch etwas grobschlächtig herumrockenden Rebellen aus dem Münsterland mit ihrem Konzert vor dem bedröhnten Pöbel in Meppen Rockgeschichte geschrieben hätten. Zugutehalten möchte ich den Gebrüdern Engel aber, daß sie selbst in meinem haschzerfressenen Gedächtnis auch heute noch besser dastehen als die Pappenheimer, die 1999 unter dem Gruppennamen Boyzone firmierten. Ich hatte meiner Patentochter etwas bieten wollen, und sie hatte sich für Boyzone entschieden. Als ich als aufsichtspflichtige Person diese mausetoten, aber wie aufgezogen durch die Kegel der Scheinwerfer schnellenden und steppenden Kommerzmarionetten sah und hörte, sehnte ich mich doch ein bißchen nach den stachligen Gebrüdern Engel zurück. Und ich dachte an eine melancholische Bemerkung, die der Musikkritiker Teddy Hecht alias Richard Kähler schon 1986 fallengelassen hatte:»Geh mir weg mit Rock & Pop: Herrje, ich bin kein alter Mann – aber glasklaren Auges mit der Fernbedienung von einer Popnacht in die nächste Rocknacht zu tigern, aus schierem Gedüdel-Überdruß den Ton gleich ausgeschaltet zu lassen und auf dem Bildschirm nichts anderes zu entdecken als strengste Verrückte-Klamotten-Reglementierung, gußeisern abgezirkeltes Tanzbären-Zwangsgehüpfe und menschenunwürdige Happy-Grimassen-Pflicht die Bühnen landauf, landab – ein trauriges, abgekatertes, blutleeres Software-Business ist aus dem geworden, was wir einst dem Neger weggenommen haben.«

Am Ende ihres Auftritts in Meppen zündeten die Gebrüder Engel eine »Bild«-Zeitung an, was ich affig fand, während es von der kritischen Landjugend um mich herum mit frohem Grölen begrüßt wurde. Ich dachte aber auch nicht sehr lange darüber nach. Ich befand mich im Würgegriff des Kekses, eingeklemmt in den Pforten der Wahrnehmung, bestaunte meinen Schädel von innen, sah die Sterne, fühlte den Wind, kriegte im Schneidersitz irgendwann einen Krampf im Bein und ärgerte mich beim Heimtorkeln über die Müllkippe, in die das Open Air-Publikum die schöne grüne Wiese verwandelt hatte. Noch mehr Müll auf einem oder besser einer Milliarde Haufen erblickte ich persönlich erst bei der großen, in den Geschichtsbüchern kompostierten Demonstration der sogenannten Friedensbewegung in Bonn.»Pazifisten und Rockkonzertbesucher sind Schweineferkel«, sagte ich mir schließlich und verwandelte mich über Nacht in einen Menschen, der um Demonstrationen, Popnächte und Rockkonzerte einen großen Bogen macht und dem englischen Renaissance-Komponisten Thomas Tallis (1505-1585) den Vorzug vor allen Rockern gibt, wenn sie nicht gerade Marianne Faithfull, Bob Dylan oder Ernst Kahl heißen. Oder PJ Harvey, wenn die als Rockerin gilt. Oder ist die auch schon tot?

Wie verträgt sich die Handweberei mit Punkrock?

Aheads, Out of Order, Neurotic Arseholes, Notdurft in Bielefeld (Anfang der 80er)

Von Luka Skywalker

Endlich war ich wieder in der großen Stadt. Drei Jahre zuvor mußte ich mit meinen Eltern aufs Land ziehen, und seitdem hatte ich nichts anderes im Kopf, als dorthin zurückzukehren. Jetzt wohnte ich in einer kleinen Junggesellinnenwohnung hinter der Bielefelder Uni, hörte nachts John Peel auf BFBS und tapete mir alles mit, was ich von dieser neuen, fiesen Musik kriegen konnte.

Zwei Jahre hatte ich in einer Hippiekommune gewohnt, mit meinen Eltern im Gemeinschaftsschlafraum gelebt, in der Gemeinschaftsküche gegessen, in der Kneipe oder draußen vor der Waldbühne Partys gefeiert bis spät in die Nacht. Es war immer jemand für mich dagewesen und das war auch der Grund, warum ich mich dort so wohl gefühlt hatte. Dann wollten meine Eltern ein ruhigeres Leben führen. Außerdem hatten sie große Angst um mich, dachten, ich wäre verzogen, könnte mich nicht mehr in die Gesellschaft einfügen, so wie sie es zu tun beschlossen hatten.

So saß ich da und hätte schreien mögen, aber da niemand mich gehört hätte, ließ ich es bleiben und entwickelte langsam, aber sicher einen immensen Haß gegen alles, was angepaßt war und kein Aufsehen erregte. Ich wollte selbst rebellieren – und nicht dann und vor allem so, wann und wie es meinen Eltern in den Sinn kam. Ich verabscheute alles, was mit Ökoanbau, Grillfesten, Plumpsklos, Abbeizen von Kiefernmöbeln und Tierhaltung zu tun hatte.

Trotzdem trat ich nach Beendigung der Schule eine Handweberlehre an. Und das war gut so, denn die Werkstatt war in der großen Stadt, und so fuhr ich jeden Tag in meinem fliederfarbenen Kleid und mit Blümchen im Haar – ich liebe Blumen über alles – auf einem Hollandfahrrad zwanzig Kilometer zur Arbeit.

Nach einem kurzen, aber heftigen Streit mit meinen Eltern war klar, daß ich ausziehen wollte, schließlich hatte ich einen Arbeitsweg von mehr als drei Stunden, und so lag es nahe, daß ich eine Wohnung in der Stadt bezog. War das aufregend! Endlich aus der weiten Enge des Landlebens entflohen, schrecklich jung und doch ziemlich erfahren für mein Alter, schließlich hatte ich schon einiges hinter mir mit meinen sechzehn Jahren, konnte ich mich plötzlich völlig frei bewegen und unkommentiert Dinge tun, die mir wichtig erschienen.

So streunte ich in der Stadt herum, untersuchte alles und sog den Geruch und die Atmosphäre in mich auf. Auf dem Dachboden eines alten Abrißhauses fand ich Stapelweise alte »Sounds«, eine Musikzeitschrift, die genau über diese Bands berichtete, die ich bei John Peel hörte. Froh über diesen unerwarteten Informationsschub, schleppte ich meine Beute nach Hause. Super! Endlich gab es Bilder zu der Musik und auch Bilder von der Mode. Kurze stachelige Haare hatten sie, ihre Lederjacken waren mit Buttons gepflastert, sie trugen zerrissene Hosen und Netzhemden.

Da ich nicht wußte, wie man Buttons macht, schnitt ich Fotos aus der »Sounds« aus und klebte sie auf runde Päppchen, kaufte mir im Bastelladen Sicherheitsnadeln und Sekundenkleber und stellte so meine ersten Anstecker her. Eine Lederjacke hatte ich schon, nur die Haare wollte ich mir noch nicht schneiden, das war ein zu großer Schritt, fand ich, band die lange Mähne zu einem Zopf zusammen und steckte sie vorerst hinten in den Kragen.

So ausgerüstet, traute ich mich das erste Mal auf ein Punkrock-Konzert. Es hingen handgemalte Plakate an strategisch günstigen Plätzen in der Stadt: »AHEADS, OUT OF ORDER, NEUROTIC ARSEHOLES, NOTDURFT – KONZERT IN DER WALDE« stand darauf zu lesen, da wollte ich hin!

Man mag ja über das Bielefeld in den frühen Achtzigern denken, was man will, aber zumindest hatte es zwei besetzte Häuser, das Jugendzentrum AJZ und eine alte Fabrik in der Waldemarstraße, wo Leute wohnten, arbeiteten, sich trafen, Aktionen planten und halt eben Konzerte veranstalteten. Es war ein bißchen so wie in der Kommune und deshalb doppelt spannend für mich, dorthin zu gehen.

Einen von damals sollte ich da sogar wiedertreffen. Wilhelm, ein alter Berber, der immer für alle gekocht und die Idee hatte, in dem großen Garten der Kommune zwei Badewannen aufzubauen. Darunter war ein länglicher Ofen, der angefeuert werden mußte, um das Wasser zu erhitzen. Das war Wilhelms Job, und manchmal tat er tagelang nichts anderes. Man konnte sich also im Haus ausziehen und im Bademantel den langen Weg an den Kaninchenställen, dem Frühstücksplatz, wuchernden Büschen und einer kleinen Hütte vorbeilaufen, um dann komplett durchgefroren in die Wanne zu springen. Während einem die Schneeflocken aufs Gesicht fielen und man den Mond und die wehenden Wipfel der Bäume über sich betrachten konnte, lag man im warmen Wasser, entweder zu zweit, um sich ein wenig zu unterhalten, oder alleine. Jeder liebte diesen alten Mann, und man machte sich hinter vorgehaltener Hand Gedanken über seinen Gesundheitszustand, denn er war Alkoholiker, und wenn er nicht genug zu trinken bekam, sah er weiße Mäuse.

Es dauerte eine Weile, bis ich den Eingang gefunden hatte, er war auf der hinteren Seite der Fabrik. Draußen lungerten ein paar Punks rum und beäugten mich etwas zu interessiert für meinen Geschmack. »Egal, da mußt du jetzt durch!« dachte ich mir, und bezahlte mit zitternden Händen das Geld, welches man am Eingang von mir verlangte. Es sind sicherlich nicht mehr als 8 DM gewesen, aber natürlich hatte ich das Gefühl, mächtig über den Tisch gezogen zu werden. Dafür war das Bier billig. Und das war auch gut so, denn es gab ja nichts anderes zu tun, als mit einer Bierflasche irgendwo in der Ecke zu stehen, möglichst cool auszusehen und vor allem nicht aufzufallen, jedenfalls vorerst nicht, bis die Lage gecheckt war.

So stand ich da, an einen Pfeiler gelehnt, mit einer Bierflasche in der Hand und beobachtete die Szenerie. Die Post ging eher draußen ab, drinnen waren nur wenige, die sich ein Bier holen wollten, ein bißchen rumpöbelten und dabei Kotz- und Furzgeräusche von sich gaben. Einer war sehr lang und dünn, hatte fast keine Zähne im Mund und ein knielanges, langärmeliges Netzhemd aus topflappengroßen, gehäkelten, neonfarbenen Quadraten an. Er skandierte so etwas ähnliches wie: »Schneidet allen Hippies die Haare ab!« Oh, mein Gott, und da stand ich mit meinen arschlangen Haaren, die hinten in der Lederjacke versteckt waren. Aber solange ich mich nicht von meinem Platz an der Wand gegenüber der Tür wegbewegen mußte, war ja alles in Ordnung.

Der Raum war nichts weiter als eine Betonhalle mit Pfeilern. Der einzige Schmuck waren politische Parolen, die von rechts nach links immer kleiner werdend in den Farben Rot und Schwarz an die Wände gesprüht waren. Links von mir war die Bar, ein Tapeziertisch, mit einigen Kisten Herforder Pils dahinter, rechts die Bühne, bestehend aus ein paar Paletten, über die man ungleiche Bretter gelegt hatte, darüber eine nackte Neonröhre. Das Schlagzeug war schon aufgebaut, und ein Baßverstärker stand links auf der Bühne, sonst nichts. Soviel wußte ich damals schon, daß das nicht reichen würde. Ich harrte also der Dinge, die da hoffentlich noch kommen sollten. Wenig später nahm ich ein großes Gerumpel und Gekreische an der Tür wahr, das restliche Equipment und die Hauptband kamen endlich. Jetzt sollte es losgehen. Die Punks stellten sich vor der Bühne auf.

Es waren übrigens wenige Frauen da, nur bei Notdurft spielte eine mit, wie ich dann später erfuhr. Dieses Kraftbündel von Frau war die einzige außer mir, machte dafür aber Krach für mich und zehn weitere zusammen. Endlich war es soweit, nach endlosem Gefeedbacke der Gitarre und Testen, ob der Baß überhaupt Töne von sich gab, ging's los. »Hey, we are Out of Order!!! Onetwothreefourbummkrachscheppperklirrkreischzetermordiobaratzzong!!!!« Das war der erste Song, und der Mob war begeistert und kreischte: »Schneller, härter!« Ich stand noch immer an der Wand und war geschockt und begeistert zugleich, völlig verwirrt von diesem mörderischen Krach, den die drei da produzierten. Als die Band fertig war, hatte ich mich an den Sound gewöhnt, mein Herz schlug nicht mehr unkontrolliert und heftig. Es pumpte mich eher voll Energie, ließ mich stärker und neugieriger werden ...

In der Umbaupause standen alle rum und tranken noch mehr Bier und unterhielten sich. Mittlerweile hatte ich mich etwas weiter vorgewagt, sozusagen in die zweite Reihe vor dem Bühnenrand, um mir nichts entgehen zu lassen, als sich plötzlich ein seltsamer Typ vor mir aufbaute. Er hatte einen unverhältnismäßig großen Kopf, seine Lederjacke war zugeknöpft, und er stierte mich und meine selbstgebastelten Buttons an. Studierte mich geradezu. Klar wurde ich unsicher und trat von einem Bein aufs andere, als er mich fragte, ob ich tauschen wolle. »Wie bitte?« – »Naja, willst du Buttons mit mir tauschen? Ich finde deinen Sid Vicious-Sticker super und würde dir dafür diesen Crassbutton bieten!!!« Ich war so verdattert, als wenn er mir gerade Sex angeboten hätte, und da ich noch ein braves Mädchen war, verneinte ich. Trotzdem blieb der Typ vor mir stehen und fing plötzlich an über das ganze Gesicht zu grinsen. Ich runzelte die Stirn und erschrak mich zu Tode, als er völlig unvermittelt mit einer derart exhibitionistischen Geste die Jacke aufriß, daß ich natürlich auf seinen Hosenschlitz starrte, in den er bestimmt drei Paar Socken gesteckt hatte. Mein Kopf wurde tomatenrot, und ich wußte nicht mehr, wo ich hingucken sollte, als er sich laut lachend von mir abwandte. So stand ich da wie ein begossener Pudel und wollte mir natürlich auch nicht die Blöße geben, auf der Stelle zu verschwinden, am besten gleich sofort dort in den Boden. Nein, ich blieb wie versteinert stehen und dachte nur, »das ziehst du jetzt durch!!«

Zum Glück stand schon die nächste Band, die Aheads, auf der Bühne und schickten sich an loszulegen. Die Aufmerksamkeit, so dachte ich, würde sich jetzt also wieder von mir abwenden, und so geschah es auch. Der Sänger der Aheads war gut zwei Meter groß und hatte kurzgeschorene blonde Haare. Gleich als erstes schmiß er sich in die Menge, unterlegt von unverständlichem Gebrüll auf Englisch. Die Menge tobte und fing an zu pogen, und ich konnte mich gerade noch an die sichere Wand retten. Beim zweiten Stück sprang der Sänger nicht nach vorne, sondern in die Höhe und riß dabei die Arme hoch und erreichte damit eine Höhe von mehr als drei Metern. Ob gewollt oder ungewollt, das vermochte ich nun wirklich nicht mehr zu beurteilen, zerschmetterte er bei der Aktion die einzige Beleuchtung des Raumes. Die Neonröhre explodierte, Splitter fielen auf die Punks, und der Raum war dunkel. Irgendwie war bei der Aktion die Sicherung rausgeflogen, so daß es gleichzeitig auch still wurde, nur der Schlagzeuger spielte noch ein paar Takte weiter, bis auch er merkte, daß da was nicht stimmte. Das Gepöbel der Punks war groß, aber niemand wußte, wo der Sicherungskasten war.

Während der ganzen Zeit stand ich an der Wand und wartete darauf, daß sich meine Augen an das Dunkel gewöhnten. Als man den Ausgang auf der anderen Seite der Halle ausmachen und einigermaßen unbeschadet hindurchgehen konnte, verließ ich die Szenerie.

Daß Out of Order und die Aheads aus in Westfalen stationierten, englischen Soldaten bestanden, erfuhr ich erst später. Die Tommys waren halt diejenigen, die den Punk aus England mitbrachten, von ihren Heimaturlauben, und Bands gründeten, um dann aufzutreten und jede Menge Bier in sich reinzuschütten, wenn sie ein paar Tage frei hatten. Die Neurotic Arseholes kamen aus Minden, der komische Kerl mit dem großen Kopf und den dicken Eiern spielte dort mit. Notdurft kamen aus Bielefeld, und Carola spielte Gitarre in der Band. All diese Leute sollten wenig später bei mir in der Küche sitzen, Musik hören und saufen, bis nix mehr reinging, während ich mit dem Netzhemd, welches ich dem langen Dünnen ohne Zähne inzwischen abgeschnackt hatte, zur Arbeit ging. Dort saß ich, in ebendiesem Netzhemd, in Pyjamahosen, die an den Seiten mit Sicherheitsnadeln zusammengehalten wurden, und mit regenbogenfarbenen, kurzen Haaren am Webstuhl und verwebte handgesponnene, handgefärbte Wolle.

Lange nachdem ich beschlossen hatte, nicht mehr länger Punk zu sein, und mich anderen Musikrichtungen widmete, sah ich noch das einstmals bunte Netzhemd an verschiedenen alten Freunden grau werden.

ein riesiger arsch am himmel

drahdiwaberl in villach (1982)
von christina nemec

villach ist eine kleinstadt in kärnten – nicht weit von der italienischen grenze. und in solchen 50.000-einwohner-städten ist bekanntlich nichts los, schon gar nicht, wenn man vierzehn ist, punk sein will, dabei ganz »unmodern« ausschaut, weil die coolen klamotten (bondagehosen) – stichwort: modepunk – woanders verkauft wurden – und mit musik sah es ebenso trist aus. wenn mal irgendwer zufällig über eine uk subs- oder black flag-platte stolperte, waren wir schon glücklich – die sex pistols fand ich ja damals nicht so aufregend. beliebt waren tapes, die uns leute aufnahmen, die wir in größeren städten kannten, aber da war zuviel tote hosenmitgröle drauf. und dann waren da im weit entfernten wien einige punkbands – die nannten sich schund, dead nittels, pöbel (es lebe hoch die perversion) usw. –, aber die hätten natürlich nie in villach live gespielt. in villach war den staatspolizisten so langweilig, daß sie uns 4 punks gerne kontrollierten. und immer wieder. die zeit der ersten kirschrumräusche und stechapfelexperimente. mit endlosen halluzinationsloops. nicht punk und doch cool war falco's single »Ganz Wien«. »Der Kommissar« schaffte es sogar in die Ö3-hitparade, die damals noch von udo huber, selbstdeklarierter berufsteenager, moderiert wurde. das fernsehmagazin »Ohne Maulkorb«, das in meine kindheit platzte mit einer dokumentation über die sex pistols und ihre spuckereien, die mir sehr rätselhaft erschienen, wurde eingestellt und durch das harmlosere jugendmagazin »Okay« ersetzt. hier startete vera, österreichs böseste moderatorin, ihre karriere, gemeinsam mit ihrem mann, dem faden peter hofbauer. irgendwann auf dem schulweg, ich besuchte damals die erste klasse der handelsakademie, sah ich das plakat. drahdiwaberl kommen nach villach, herbst 1982. und zwar ins kongreßhaus, die ödeste location, die ich sonst nur von kindermodenschauen mit zauberer und chorsingwettbewerben kannte. drahdiwaberl, bei denen falco alias hans hölzel mit »Ganz Wien« seine karriere begann, hatten nach dem album »Psychoterror« »MC Ronalds Massaker« rausgebracht. stefan weber, der »boß«, war zeichenlehrer an einem wiener gymnasium. natürlich wollten alle kinder von stefan weber unterrichtet werden. die exzessive bühnenshow von drahdiwaberl mit blut, kotze, geschlechtsverkehr, frauen in strapsen war bekannt und wurde sicherlich von einigen elternvereinen heiß diskutiert. die songs hießen:»Supersheriff«,»Terrorprofi aus der BRD«,»Big Mac Massacre«,»Berserker und Spinaterer« (= polizist). räudige rockmusik mit ebenso räudigem gesang. texte zum mitgrölen, für leute, die schon zuviel gesoffen haben. eine der live-sensationen war die stimm- und auch so gewaltige jazz-gitti, die in mieder und strapsen auftrat. stefan weber mit seinen langen schwarzen haaren, seinem hohen haaransatz und grauslichen schnauzer sah in seiner lederkluft auch nicht gerade harmlos aus. und die anderen vielen leute, die zu so einem konzert dazugehören, die sahen auch schlimm aus. irgendwie gelang es mir, meine eltern zu überreden. sie kauften mir die eintrittskarte, gaben mir geld für ein paar colas (ha) und versprachen, mich nicht nach dem konzert abzuholen. ich traf mich also mit meiner freundin – ich glaube es war lisi –, wir stylten uns, ich hatte damals blond gefärbte, auftoupierte haare – eine kompromißlösung – und gingen zum kongreßhaus. in villach ist der öffentliche verkehr so lahm, daß man überall mit dem fahrrad hin mußte oder zu fuß gehen. da waren schon viele leute. einige kannten wir vom sehen oder aus unserem stammlokal color, wo sich die rocker trafen und wo wir jede zweite woche lokalverbot hatten. die ganze rockerpartie war natürlich auch da. sie hießen zwar nicht hell's angels, aber so ähnlich. die waren natürlich schon älter. bummvoll wurde es. wir standen trotzdem relativ weit vorne. die show war wie erwartet. viel gegröle, metallriffs, leder, mieder, strapse, kotze, dreck, angedeutete fickszenen, die dicke jazz-gitti, die sich durchs publikum drängte, schweiß und alkohol. alle hits wurden gespielt. die meisten im publikum konnten die texte auswendig mitgrölen. wir tranken bier, nicht cola. an der bar – oder auf dem weg – trafen wir ein paar punks aus klagenfurt – der ödesten hauptstadt der welt, mit dem schlechtesten bier. villach und klagenfurt liegen nur ca. 30 km voneinander entfernt, eine strecke, die für uns schon weit war und abenteuer versprach. wir sahen uns den fortgang der beidlrockshow gemeinsam an, schrien nach zugaben. danach wollten wir natürlich nicht nach hause gehen. nach so einem konzert geht man nicht nach hause. so beschlossen wir einen ausflug nach klagenfurt zu unternehmen. ohne erlaubnis der eltern. hätten sie ja nicht erlaubt. die wahrscheinlichkeit, zukünftiges konzertverbot zu bekommen, schreckte uns nicht, weil die nächsten 10 jahre dort kein konzert mehr stattfinden würde, das annähernd so einen spaß versprach. über die toiletten kann ich leider nichts mehr erzählen – ich erinnere mich nicht mehr –, aber im gegensatz zu punkkneipen verfügte das villacher kongreßhaus sicher über genug funktionierende häusln. wie ja eigentlich fast die ganze stadt voll von häusln ist. als kinder hatten wir dafür den geeigneten spruch:

138

»irgendwann wird einmal ein riesiger arsch am himmel auftauchen und das ganze kaff zuscheißen. randvoll.« ja und drahdiwaberl spielen regelmäßig, fast jährlich, ihr endgültiges abschiedskonzert. zuletzt im mai 2000 anläßlich einer veranstaltung gegen die unsägliche aktuelle österreichische regierung.

Chaos in Bayreuth

Tiefschlag im Bürgerhaus, Heilbronn (1982)
Von Oliver Maria Schmitt

Wie das alles anfing, kann man heute ja in jedem schlechteren Rock-Reiseführer nachlesen: An einem Freitagnachmittag des Jahres 1975 betrat der arbeitslose Fernfahrer John Lydon – besser bekannt unter seinem nom de guerre Johnny Rotten – das in der Liverpooler Abbey Road gelegene Möbelgeschäft des arbeitslosen Kunststudenten Malcolm McLaren, um dort ein Lied für seine Mutter aufzunehmen, wobei er zufällig auf drei andere Kunststudenten traf, von denen einer später durch Sid Vicious ersetzt wurde – die Gründungsgeschichte der Sex Pistols muß man nicht mehr erzählen.

Wohl aber die der nur unwesentlich unbekannteren Punkband Tiefschlag. Ihr verdanke ich mein erstes Konzert, denn ich mußte es zusammen mit drei anderen Kunststudenten selbst geben. Genaugenommen waren wir keine richtigen Kunststudenten, wir wollten auch niemals welche werden, wir hatten nicht den geringsten Plan, wer oder was wir überhaupt jemals werden wollten, dafür waren wir ja noch viel zu jung. Damals, 1982, in dem Jahr, in dem Kohl sich an die Macht geputscht hatte.

Davon bekamen wir in Heilbronn aber nur wenig mit. Die Metropole des schwäbischen Unterlandes lag wie eh und je dumpf am Kreuzungspunkt vielbefahrener Ferienautobahnen herum und ließ sich von amerikanischen Besatzungssoldaten in aller Ruhe mit Atomraketen vollstopfen. Da waren wir natürlich dagegen. Gegen Kohl waren wir aber auch, genauso wie gegen neue Autobahnen und gegen Kleist. Wir wären selbstverständlich auch gegen die Einführung der Dezimalrechnung oder gegen das Verkaufen und Verspeisen von Selleriesalat gewesen, wenn das nur irgendwie gegangen wäre, denn wir befanden uns am Anfang des Protestalters und waren prinzipiell gegen alles.

Wir hatten alle den gleichen Job, wurden im Morgengrauen von Bernd Giesingers Vater mit seinem übelriechenden Peugeot abgeholt und mußten uns dann stundenlang von einem Typen mit Schnauzbart und Breitcordhosen vollabern lassen. Sie nannten es »Schule« und bezahlten uns mit Noten, die auf dem freien Markt nichts wert waren. Obwohl man am Robert-Mayer-Gymnasium überhaupt nicht Kunst studieren konnte, sind vor, nach und neben Tiefschlag auch noch zahlreiche andere lärmerzeugende Formationen aus der sog. »Heilbronner Schule« hervorgegangen, u.a. Cream Jeans, Bodycheck, Six Pack Blues Band, UVW – Die UnVreien Wähler, Lothar and the Landesfathers, Faust III und der Oberstufenchor des RMG; nicht alle von ihnen schafften es bis zum ersten Auftritt.

Auch wir hatten ihn noch vor uns. Wir suchten Zuflucht am Busen der Muse Polyhymnia, weil wir uns davon Ruhm, eigene Autogrammpostkarten und vor allem Weiber versprachen, die uns dann die Verstärker tragen sollten. Am Beginn unserer Karriere, mit dreizehn Jahren, hatten wir natürlich noch keine Weiber. Nicht mal Instrumente. Geschweige denn Verstärker. Nur den unbedingten Willen, auf einer Bühne herumzustehen und zu voll aufgedrehter Musik groteske und wichtigtuerische Verrenkungen zu machen. Also bastelten wir uns aus Pappe, Styropor und Bindfäden längliche, an Tennisschläger oder Baseballkeulen gemahnende Objekte, die so ähnlich aussahen, wie wir uns echte Stromgitarren vorstellten: irgendwie komisch geformt und am Ende dick, mit einem Kabel dran.

Tiefschlag – v.l.n.r.: Schmitt, Czerner, Jäger, Käß   (Foto: Lothar Heinle)

Wie die Beatles bzw. die Beastie Boys begannen auch wir als Zweierge-
spann, Martin Jäger und ich. Das erschien uns erst mal genug, und falls es
nicht hinhaute und wir uns wieder hätten auflösen müssen, dann wäre das
zu zweit ja auch viel einfacher gegangen als z. B. mit einer sechzehnköpfi-
gen Big Band. Wir hielten es auch nicht für nötig, unsere Musik selbst zu
machen – wozu hatte ich denn einen Plattenspieler! Darauf legte ich die
einzige Single, die ich besaß, und das auch nur, weil Andreas Haferkamp
sie mal bei mir hatte liegen lassen, nämlich »Logical Song« von Supertramp.
Zu dieser unglaublich behämmerten Musik machten wir dann mit unseren
Pappgitarren spastische Bewegungen und hofften, so ins Fernsehen zu kommen. Zwar hatte ich auch einige »Langrillen« von den Beatles, aber zu deren Musik wollten wir lieber keine Rockmusikerbewegungen machen, die
schätzten wir als zu bekannt ein, das würde bestimmt sofort jemandem auf-
fallen, daß die Musik gar nicht von uns war. Schon nach einer halben Stunde Probezeit konnten wir uns zu diesem eigentlich gar nicht logischen Lied
viel besser und viel grotesker bewegen als Supertramp, was aber wahrscheinlich keine Kunst war. Später konnte noch ein befreundeter Trompeter dazu überredet werden, als Drummer-Ersatz mit chinesischen Eß-
stäbchen auf zwei Persil-Waschtrommeln herumzuhämmern. Leider brachte es dieses Second Hand Band genannte Gefüge nie zu einem richtigen
Auftritt, obwohl wir uns vorausschauend schon auf die im Fernsehen verbreitete Playback-Technik spezialisiert hatten. Aber der Trompeter schmiß
hin und hat uns die Tournee vermasselt.

Um noch erfolgreicher zu werden, mußten wir die Musik wohl oder übel
selbst herstellen. Die dafür benötigte E-Gitarre konnte ich mir irgendwann
gebraucht kaufen. Gerne wäre ich natürlich auch wie der Sex Pistols-
Gitarrist Steve Jones nachts in die Villa von Keith Richards eingestiegen
und hätte mir dort eine »Klampfe« gezogen, aber ich hatte keine Ahnung,
wo Richards genau wohnte. Weil es ohne komisch klang, bekam ich an
Weihnachten den dazu notwendigen Verstärker, eine fabrikneue 30-Watt-
Gurke aus volkseigener DDR-Fertigung, der eher die Bezeichnung Ver-
schwächer verdient gehabt hätte. Er hieß »Echolette«, und mit ihm klang
es immer noch komisch.

Mein Mitspieler Martin wußte auch nicht, wo Richards wohnte, deshalb
stahl er ersatzhalber seinem Vater die Höfner-Jazzgitarre vom Speicher und
versuchte, den Kontakt zum Publikum mit einem vollfurnierten Philips-
Röhrenradio herzustellen, über das er sich zusammen mit einigen auslän-
dischen Störsendern vernehmen ließ.

Die Ansprüche an die weiteren, noch zu findenden Bandmitglieder waren hoch: Sie mußten sich durch ein Sparbuch qualifizieren, über das sie selbst frei verfügen konnten. Mitschüler Rainer Scheuermann hatte zwar noch nie ein Instrument in der Hand gehabt, aber er war klug genug, sich auf unseren Rat hin eine Baßgitarre samt Verstärker zu kaufen. Baß, so versicherten wir ihm, sei einfach zu spielen, außerdem könne Gitarrist Martin ebenfalls über seinen Verstärker spielen, da würde man den Baß sowieso kaum hören. Scheuermann konnte ja auch nicht ahnen, daß man ihn schon bei nächster Gelegenheit feuern und durch einen Typen mit einem wesentlich lauteren Verstärker ersetzen würde.

Dann entschieden wir, daß Ulrich Käß, der eine Bankreihe hinter uns saß, Schlagzeuger werden sollte. Bislang hatte er zwar nur als Altflötist von sich reden gemacht, aber er war wenigstens ohne zu Zögern bereit, seine gesamten Ersparnisse für ein Schlagzeug auszugeben. Nach dem Kauf telefonierte seine Mutter aufgeregt herum, ob wir ihren Sohn dazu angestiftet hätten, sein Konto zu plündern. Das sei doch Wahnsinn, schimpfte sie, der Flötenlehrer, den sie auch schon angerufen hatte, habe ihr versichert, daß ihr Sohn zwar nicht völlig unmusikalisch sei, er aber große Probleme damit habe, halbwegs den Takt zu halten.

Dies stellte sich nach den ersten Proben als völlig zutreffend heraus. Eigentlich wollten wir eine Art Crossover aus bluesigem Rock 'n' Roll mit Jazz-Elementen und Latin-Einsprengseln spielen, aber was wir auch machten, es kam immer nur Punkrock dabei heraus, wobei die Betonung nicht auf Rock lag. Wir nannten uns der Ehrlichkeit halber Tiefschlag und gaben mit 16 Jahren unser erstes Konzert beim jährlichen »Newcomer-Festival« im Keller des Bürgerhauses im Heilbronner Stadtteil Böckingen.

Wir hatten zwei selbstkomponierte Lieder dabei, die wir immer abwechselnd spielten. Da wir aber des Zusammenspiels in keiner Weise mächtig waren, hörten sie sich jedesmal völlig neu und anders an. Daß Rainer Scheuermann nicht Baß spielen konnte, fiel nicht weiter auf, da sein selbstgelötetes Kabel schon nach der ersten Nummer nurmehr ohrenbetäubende Knackgeräusche produzierte. Schlagzeuger Ulrich wußte nicht, daß man ein Schlagzeug auf der Bühne verkleben oder zumindest auf einen Teppich stellen muß, damit es nicht wegrutscht. Schon dreißig Sekunden nach Auftrittsbeginn setzte er sich langsam in Bewegung, rutschte zunächst in Richtung linken Bühnenrand, verschwand dort nach einiger Zeit und machte sich, weil er aus Nervosität über seinen ungeplanten Positionswechsel immer schneller spielte, zügig auf den Weg durchs Publikum.

Gitarrist Martin nahm die Verfolgung auf, versuchte ihn zu stellen und während des Spielens wieder auf die Bühne zurückzutreten und zu -schieben. Er hatte aber nur ein sehr kurzes Kabel an seiner Höfner und konnte deshalb nur im Umkreis von zwei Metern etwas ausrichten. Ich selbst hatte vor lauter Aufregung meinen selbstgelöteten hochwirksamen Verzerrer statt auf 1,5 auf 10 gestellt, was mit Original-»Echolette«-Verstärkung wie eine sehr gut funktionierende Kreissäge klang. Um das Publikum auch noch mit einem Spezialeffekt zu überraschen, hatten wir einen Assistenten dabei, der immer wieder im Frack zum Mikrofon schritt und mit gellender Stimme »Chaos in Bayreuth« hineinbrüllte. Nach einer endlosen halben Stunde forderten die noch im Saal verbliebenen dreißig Zuschauer, die wir alle selbst mitgebracht und mit Anwesenheitslisten überprüft hatten, eine Zugabe, die der Veranstalter aber wegen der hundert anderen Leute, die das Foyer draußen blockierten, nicht gestattete.

Die »Heilbronner Stimme« vom 25.6.1982 berichtete wie folgt: »Nun, wie dem auch sei, die erste Gruppe konnte mit gutem Gewissen als echter Newcomer bezeichnet werden, denn für Tiefschlag war es der erste Auftritt überhaupt. Der Name dieser Gruppe kann denn auch ruhig wörtlich genommen werden: Tiefschlag holte zum Tiefschlag gegen alle Leute aus, die glaubten, daß die Punk-Welle spurlos an Heilbronn vorübergegangen sei. Die meisten Zuschauer standen dem, was die vier Nachwuchs-Punker aus den Verstärkern scheppern ließen, eher hilflos gegenüber; die Meinungen reichten von ›So was hab' ich noch nie gehört!‹ bis zu ›Irgendwie isch's doch lustig!‹ Und so war es dann auch: Nicht gut, aber lustig, nicht schön, aber etwas Besonderes. Die vier Musiker können zwar – noch? – kaum mit ihren Instrumenten umgehen, sie können keinen geraden Takt halten und haben kein vernünftiges Ende für ihre Lieder, aber der Mut, mit dem sie sich auf der Bühne dem Publikum stellen, ist bewundernswert.«

Dem Auftritt folgten weitere, wir wurden im Stadtgebiet Heilbronn zur berühmtesten Punkband, vor allem deswegen, weil es keine zweite gab, schon gar keine, die noch schlechter war als wir. Um das Publikum davon abzuhalten, uns während der Konzerte mit Gegenständen oder Nahrungsmitteln zu bewerfen, kamen wir ihm zuvor und warfen von der Bühne aus Nahrungsmittel ins Publikum, kartonweise Mohrenköpfe, Haferflocken und mehrere Kilo Tomaten. Ein Mann mit einem Sprühtank auf dem Rücken ging durchs Publikum und machte alle mit H-Milch naß, wertlose Preise wurden verlost und Fernseher mit großen Hämmern in kleine Stücke geschlagen.

Den Rest muß man nicht mehr erzählen, er ist langweilig wie alle großen Erfolgsgeschichten. Es ging eben immer weiter aufwärts. Der Höhepunkt unserer Karriere war erreicht, als in einem Stadtbus der Linie 12 ein mit Edding geschmierter Schriftzug namens »Tiefschlag« auf einem Holzsitz entdeckt wurde. Keiner von uns hatte es da hingeschrieben.

Das ist echter Ruhm, dachten wir, und lösten uns auf.

„Tiefschlag", einzige Heilbronner Punk-Gruppe, hört auf

Aus:
»Heilbronner
Stimme«
vom 31.1.1984

Heilbronns einzige Punk-Gruppe wirft das Handtuch. Die Rede ist von „Tiefschlag", einer Gruppe, die sich Ende 1980 zusammengeschlossen hatte, musikalisch zwar nicht das Nonplusultra auf die Bühne brachte, dafür aber eine ganze Menge Abwechslung. Und wie es sich für „Tiefschlag" gehört, geht die Gruppe nicht sang- und klanglos aus ein-

am kommenden Dienstag, 31. Januar, um 20 Uhr im Jugendhaus in der Schillerstraße (Heilbronn). Und damit auch ja niemand diesen Termin vergißt, hat „Tiefschlag" sich in der Nähe des Stadttheaters eine Plakatwand gemietet und in riesigen Lettern zu Konzert und „Tiefschlag"-Film eingeladen. Auf dem

Manni kam

Manfred Mann's Earth Band in der Sporthalle, Köln (12. März 1983) –

Von Jürgen Roth

Sag mal, wie war das – in deinem ersten Konzert? Das willst du wissen? Das willst du wirklich wissen? Wo ich's doch vielleicht selbst nicht mehr weiß oder lieber nicht mehr genau wissen möchte. Ich meine, man darf da nicht zu redselig sein. Man sollte vielleicht doch das eine oder andere für sich behalten. Wer weiß denn überhaupt, was da war. Und warum da was war. Wie's dazu kam.

Und es war aufregend. Aufregend.

Ich hab, das kann ich dir verraten, ohne zu erröten, obwohl: Es ist ja auch schon wieder zuviel gesagt, aber sei's drum, ich hab so überschlagen und rund geschätzt an die zwanzig Purple-Konzerte gesehen und mir einen lebenslänglichen Hörschaden geholt, abgeholt, eingepunktet. Wann, kann ich dir nicht mehr genau sagen. Es muß die 1993er Tournee gewesen sein, die letzte mit Blackmore, die letzte im klassischen Mark II-Lineup, und ob's in Frankfurt, Oldenburg, in Essen (eine grandiose Show! Der Meister brachte Gillan schier zur Verzweiflung, daß er, hätte ihn John Lord nicht zurückgehalten, die Bühne verlassen hätte, also Gillan, nicht Blackmore – wie beim gewissermaßen legendären November-Gig in Birmingham), wer weiß in Mannheim geschah, man stand ja, nachdem man die pubertäre Furcht vor dem Gedränge endlich abgelegt hatte, weit, weit vorne und zur Not, des Blickes wegen, frontal vor den Boxen – ich kann's beim besten Willen nicht mehr sagen.

Purple sah ich erstmals 1986 oder 1987, nein: genau 1987 im Brüsseler Forest National, sie spielten ihre zweite Tour nach der mich wie ein göttliches Ereignis treffenden Reunion 1984, Blackmore stand da in grünem Sakko und mit weißer Strat, und es war aufregend.

Ich müßte noch heute jene Zettel besitzen, auf denen mein jüngerer Bruder Thomas inflammiert und überwältigt und doch scheinbar noch halbwegs gefaßt die Setlist notierte, während wir, weit hinten und droben auf den Rängen, dem Ungeheuerlichen beiwohnten, ich mein', wozu Poesie hier, was das bedeutet, die Heroen der Jugend live und leibhaftig zu sehen, weiß doch jeder, darüber kann man vielleicht sprechen, aber schreiben?

Keine Ahnung, wo die stecken, die Zettel. Aber Blackmores »Blues«, der war dabei, ich weiß es.

Ich hab einiges gesehen, ich war ein nicht fanatischer, aber konzentrierter und beharrlicher Plattensammler und -sucher, der Brüssels und Heerlens und anderer Städte Läden abklapperte nach Pressungen von Bands, die den Olymp meines Privatmythos besiedelten. Borniertheit ist was Wunderbares. Seit Jahren hört man ja auch sehr viel Jazz und orgelt sich beinahe täglich durchs angeschaffte und draufgeschaffte Opernrepertoire usf. Scheiße, da wäre ein romantisches Zurück manchmal nicht das Schlechteste, ich müßte mal runter in den Keller – zu den Vinyls.

Wenn du willst, wirf einen Blick in diese alberne Klarsichthülle, die mir neulich beim Umzug in die Hände fiel und die für manchen unter uns einen Schatz erster Schliemann-Güte darstellen würde, in diese Tasche der Tickets, die jetzt zu dir wandert und dann im Müll bitte verschwindet, du machst damit einfach, was du willst.

Mein erstes Konzert war – ein Schulkonzert? Das ich selber, an der Hopf-Gitarre, zu bestreiten hatte? Kann sein. Zu Hause, wenn die Freunde der Eltern und deren Bekannte und wer weiß wer noch und wieviele Leut' kamen, da mußte ich, vor dem Bad Godesberger Harmonium hockend, linkes Stützbein hochgestellt, irgendein Bach-Präludium zupfen und picken, das war mein erstes mehrmaliges Konzert, ein Streß wie nie mehr wieder.

Ich glaub, da konnte mich die Musikschule nicht mehr sonderlich versauen, versaut war ich schon. Konzerte waren Leistungsnachweise, entsprangen dem Willen der Alten zum Renommieren mit den »Fähigkeiten« des Sohnes, achgott, aber sie meinten es wahrscheinlich gar nicht so. Heute versteht man, oder: ich – das alles eh viel besser und ganz anders und sowieso.

Es ist so langweilig.

02834

NOVALIS
TOURNEE '81
Stadthalle   17. März 81
Bonn-Bad Godesberg
(20 Uhr/Einlaß ab ca. 19.30 Uhr)
Vvk.: 11,– + Geb./Ak.: 13,– DM
– incl. 6,5 % MWSt –
Keine Haftung für Körper- + Sachschäden.

02834

Und unbegreiflich. Die Pseudorockerei der Tage der belgisch-deutschen Karolyi-Roth-Bluffbude z. B.

Nein, 1987, ich riskiere, sagt man so, ich riskiere mal einen und deinen Blick in diese Tüte oder Tasche, am 11. Juli 1987 war ich in Dinkelsbühl (Inselwiese) bei »Out In The Green«, 40 Mark für Emerson, Lake & Palmer und, die mochte ich nie, und den René Martens verstehe, wer will, Status Quo und, ich erinnere mich »genau«, Nils (oder Niels?) Lofgren (ohne Trampolin) und, Schauder peinlicher Feten, Barclay James Harvest; Festivals waren damals noch was wert. Denn Steve Walsh und Steve Morse ansichtig zu werden und die ever lasting Hymne »Power« dargeboten zu sehen und zu hören, nachdem meine Freundin, Anja, und ich auf dem Matschbreiacker einen sengensonnenden Platz auf der sündhaften Plastikplanenbahn erobert hatten –

– das, Quatschmitsoße, hieß nicht Sperma, Schweiß, Tränen, nicht Ekstase, Exaltation, Enttäuschung, Haß, das hieß: ruhige und geheim rege Freude und ein Beisammensein mit Hippiekennern und Experten in der Reihe.

Es geht nicht um alles, es geht um gar nichts außer um das Vorstellungsgewusel und die Traumbildertänzerei im eigenen Schädel, und das ist das Schöne an jedem Konzert, das ich besuchte und mir immer ein erstes sein sollte. War es das nicht, war's keins. Oft war's keins. Ich sah, während »Night Of Guitars«, Robbie Krieger und Randy California, ich sah, hurra, Phil Manzanera (Heidelberger Stadthalle), später Ian Crichton, Jack Bruce, Frank Marino, Jan Akkerman, Ronnie Montrose (Bonn, Biskuithalle) und all diejenigen, die alle sahen; ich weiß noch, genau weiß ich es noch,

wie mir im Schwimmverein ein Kerl erzählte, er habe Uriah Heep (damals, Mitte der Siebziger, ein Topact) gesehen, und ich war neidisch.

Es war aufregend.

Selbst, gebremster bereits, ab 1991 bei mehrmals Fishbone, bei Primus, die zur Vorgruppe von Rush erniedrigt und von zehntausend Frankfurter Festhallen-Gästen nicht verstanden wurden.

Das war am 24. April 1992. Ich war vierundzwanzig. Es ist egal.

Sag, sagst du, wie war das – in meinem ersten Konzert?

Da waren diese Lichter. Da war eine Halle, eine Halle so groß, wie ich sie nie gesehen hatte. Nie zuvor.

Ich dachte immer, ich hab's dir erzählt, mein erstes Konzert sei eins von Manfred Mann's Earth Band gewesen. Ich war mir sicher, bis ich in diese bescheuerte Klarsichthülle schaute und eine Karte fand, die mich daran erinnerte: am, sagt die Karte, 17. März 1981, mit gerade dreizehn Jahren, bei Novalis in der Godesberger Stadthalle gewesen zu sein, dort, wo das gleichnamige Programm ...

Zwei Katzen, eine schwarz, die andre weiß, umschwänzeln einander da, auf dem eingerissenen Altpapier, und ich könnte bloß über Martina –: Was interessiert dich das eigentlich?

Novalis hörte man. Frank, ein Kumpel und der Freund meiner Schwester, hörte das. Ich hörte das, weil ich von einem Freund meines fünf Jahre älteren Bruders, der seine Plattensammlung aufgelöst hatte (bis heute habe ich das nicht verstanden), eine Novalis-Platte stibitzt oder gekauft hatte oder sogar mehrere »Scheiben«, mein Gott, aber die Nebel und Scheinwerfer und das weiche und wabrige Ambiente – ich weiß nicht, ich streiche dich, Novalis.

Mein erstes Konzert, zu dem kam ich, weil mein Bruder, Wolfgang, mir ein Geburtstagsgeschenk machte. Das werde ich ihm nie vergessen. Er war »beim Bund«, in Budel/Niederlande, wir lebten in Brunssum, ebenda. Und er schenkte mir eine Karte für ein Konzert mit einer richtigen Band, die englisch sang und deren neuere Platten – wie »Chance« – wir sogar, obwohl uns wenig verband, gemeinsam hörten. Zu Carpenters »The Fog« beispielsweise.

Komisch.

Spielt das denn eine Rolle?

Vielleicht war es »Davy's On The Road Again«, währenddessen ich den ersten Kuß »setzte« bei einem dieser Klassen- oder Vereinsfeste, was weiß ich, Jahre vorher, mir kommt es so vor, aber damals, am 12. März 1983, war dergleichen nicht im Spiel, und es sollte sich das Unerhörte ereignen.

Da waren diese Lichter.

»Sunrise Concerts GmbH By Arrangement With Mick Cater Present: Manfred Mann's Earth Band plus Special Guests«.

Wer konnten diese »Special Guests« sein?

Hinter der Grenze schimmerten die Kühltürme. Heerlen, Vaals, Aachen waren passiert, Düren, Kerpen zitterten vorbei, ich saß auf dem Beifahrersitz des grünmetalliclackierten Kadett meines wachhabenden Bruders. Nach einer Dreiviertelstunde tauchte am Horizont der Kölner Dom auf, ein Emblem des Außergewöhnlichen odersoähnlich, ich wurde immer nervöser, und wenn ich die Anfahrt nicht kennen würde, über Deutz herein zum Messegelände, rauf auf die Parkhausrampe und dann runter zu den Einlässen der Sporthalle: Es stünde mir der ganze zauberische Zauber nach wie vor wie schleierhaft vor Augen, übertüncht jede Minute vom Erwartungszauder und angereichert, nein: durchzappelt von Spannung, namenloser.

Mein Gott, kannstes nicht mehr erwarten?

Wolfgang hat das wahrscheinlich nie gesagt. Diesmal war er mein cooler Bruder, er gehörte definitiv zu meinem »Verein der coolen Leute« (»From Dusk Til Dawn«).

Und dann waren da diese Lichter.

Manfred Mann's Earth Band absolvierten, einstmals und zu jener Zeit ein Hallenfüller, ihre Tour zum Album »Somewhere In Afrika«, das ich ziemlich korrekt und zugleich musikalisch interessant fand. Clevere Synthielines, präzise Riffs und Chris Thompson, dessen Vocals irgendwie paßten, na ja, »Tribal Statistics« und »Brothers And Sisters Of Azania« und selbst Stings »Redemption Song« strahlten etwas Würdevolles ab und eine Energie, die ich –

– spürte; bei meinem ersten Konzert.

Und sie rockten und rockten, und Mann quälte seine unsinnig unsäglichen Moog-Partien aus dem Holzkasten heraus, und Steve Waller sang jede zweite Strophe zu vier Fünfteln falsch, und es war mir so was von scheißegal, daß ich meinem Bruder Wolfgang um den Hals hätte fallen können;

und als das Unbegreifliche – tausende Menschen und eine unglaublich, eine unfaßbare laute Musik – mit dem letzten Rumms von »Gimme Some Lovin'« und nach dem Mörderkracher »Mighty Quinn« verklungen und abgeklungen war, setzte ein, was, du weißt es sicher besser, Schopenhauer die Melodie der Welt nannte. Die fortsummte abends, daheim, beim Versuch einzuschlafen.

Mehr war nicht.

Zehn, fünfzehn Jahre danach ertappte ich mich dabei, die mittlerweile zur Bierzeltkapelle degradierte »Combo« wiedersehen zu wollen; im Kölner Tanzbrunnen beispielsweise. Ich bin nie hingegangen, und das war wohl auch besser so.

Vielleicht gehe ich diesen Sommer zum Tanzbrunnen und gucke mir den südafrikanischen Eisbart an.

Aber das geht dieses Buch gar nichts an.

Lüneburg Getaway

Loudon Wainwright III im Dominion Theatre, London (20. März 1983) –

Von Ulrich Blumenbach

Rüdiger hatte Kekse mit was drin gebacken, als wir von der Ostsee nach Hamburg zurückkamen. Ich merkte zum ersten Mal, daß man sich mit Dope eine Überdosis einpfeifen kann. Von Hamburg fuhren wir im alten Kadett nach Lüneburg weiter. Vor der roten Ampel an der BGS-Kaserne (heute das Medienzentrum Lünepark; auf den deutschen Militarismus ist auch kein Verlaß mehr) schlurften die Sekunden vorbei wie ein Altersheim beim Betriebsausflug.

Ich schaffte es gerade noch auf meinen Dachboden, rief Daddy in der Praxis an und meinte, ich wäre so stoned, daß ich den Zug nach London nicht schaffen würde. Mein ansonsten liberaler Vater war stocksauer. Nach vierzehn Stunden Koma konnte ich wieder geradeaus denken und brach mit einem Tag Verspätung auf.

Anfang 1983 lag mein erstes Semester hinter mir. Meinen postpubertären Weltschmerz bekämpfte ich mit Jack Kerouac und den Grateful Dead, und halbwegs ausgeglichen war ich nur on the road. Vom letzten Schülerjob bei Lünebest war noch Geld übrig, und ich wollte nach London, um Traumata Hari, meine unerfüllte große Liebe, nicht vergessen zu können. Das hinderte mich allerdings nicht daran, den Open Air-Beauties nachzugaffen, die aus dem Winterschlaf auftauchten und »Mieder, zur Sonne, zur Freizeit« vor sich hin pfiffen.

In London angekommen, schnallte ich das englische Telephonsystem nicht und verpaßte Christine, bei der ich hatte übernachten wollen. Die beiden Jugendherbergen fand ich zwar, aber die waren ausgebucht, also legte ich mich im Nieselregen an der Themse in einen Hauseingang. Überfallen wurde ich nicht, aber weil ich unwissentlich ganz in der Nähe der Downing Street kampiert hatte, filzte mich am nächsten Morgen ein Bobby und inspizierte sogar meinen sperrigen feldgrauen Rucksack, mit dem Daddy schon in den Fünfzigern seine Radtouren gemacht hatte.

Das Frühstück in einem authentischen greasy spoon war eklig: Nach fünf Minuten war man vom Frittierfett für Monate regenimprägniert, und Geschirr und Besteck waren so speckig, daß sie einem durch die Finger glitschten. Nach bacon and eggs, angebrannten Grilltomaten, fleischfreien Würstchen und baked beans, glücklicherweise aber Tee bis zum Abwinken setzte ich mich wieder an die Themse. Den klammen Schlafsack breitete ich zum Trocknen in der blassen, staubigen Märzsonne aus und las »Der Name der Rose« (der startete damals gerade zum Bestseller durch), ständig abgelenkt von hochbusigen Mädchen, bei deren Anblick ich sofort zu hyperventilieren anfing.

Nachmittags klapperte ich in der Tottenham Court Road die modernen Antiquariate ab. Vor einer Spielhölle lungerten ein paar Kids herum und warteten auf die Volljährigkeit. Plötzlich fragte mich eine Frau, ob ich Karten für ein Konzert von Loudon Wainwright III haben wollte. Ich konnte es kaum fassen, schließlich war »Natural Disaster« monatelang eine prima Salbe gegen die blauen Flecken gewesen, die die Angebetete meinem Seelchen verpaßt hatte. Das Glück wäre mir dann fast durch die Lappen gegangen, weil ich Angst hatte, die Frau wollte mich übers Ohr hauen. Ich bestand darauf, an der Konzertkasse die Preise zu kontrollieren. Das fand sie nicht gerade höflich, überließ mir das Ticket aber trotzdem.

Eine Stunde später wartete ich auf den größen Zyniker, den ich bis dahin kennengelernt hatte, von Randy Newman mal abgesehen. Das Dominion Theatre erinnerte mit seinen langen Gängen an ein Kirchenschiff. Die abgewetzten weinroten Plüschsitze waren nur zu einem Viertel besetzt, aber die unvermeidlichen Joints verbreiteten die genretypischen süßlichen Schwaden, und es herrschte eine ausgelassene Stimmung. Wainwright be-

154

grüßte sein Publikum zwar nicht mit »Shut up!!!« wie '76 in Birmingham, verarschte uns aber nach Strich und Faden und tobte sich am Klavier und auf der Gitarre aus. Kaltschnäuzig brachte er all seine traditionellen Themen aufs Tapet: die einsamen Abende in versifften Motelzimmern, die Midlifecrisis mit 29 und den üblichen Fallout nach dem falling in love. Einmal stand er mitten im Song auf und steckte sich eine Zigarette an, während das Klavier weiterklimperte und seine Stimme weiterätzte.

Nach der letzten Zugabe beömmelte ich mich noch über seine besten Pointen, als mich eine Blondine ansprach: türkis schillernder Rock in Stirnbandbreite, decolletiert bis zum Bauchnabel, Haare bis zum Hintern und Beine bis zum Arsch. Irgendwie hatte sie mitgekriegt, daß ich ebenfalls Deutscher war, und während ich noch ihre Augenweiden abgraste, sagte sie:

»Ach Mensch, ich würde am liebsten in'n Skiurlaub zurückfahren.«

Das war wohl eine Kritik an Wainwright, denn wie sie später erzählte, hörte sie sonst nur Phil Collins und ähnliches Lenor fürs Ohr und war von wohlmeinenden Bekannten mitgeschleppt worden, die was für ihre Bildung tun wollten. Mühsam erinnerte ich mich an meine gute Kinderstube und fragte, ob sie was trinken wollte. Sie wollte und übernahm die Führung:

»Ich kenn' hier um die Ecke 'n Pub, da brauen die ihre eigenen Biere. Die heißen ›Conqueror‹ und ›Rigor Mortis‹ und so; kannste auch Möbel mit abbeizen.«

Autsch, dachte ich, das konnte ja heiter werden. Um weibliche Kampftrinker hatte ich bis dahin einen großen Bogen gemacht.

Sie meldete sich bei ihren Leuten ab. Es hatte aufgehört zu regnen, wir spazierten durch die dunstige Nacht zum Pub und kamen ins Reden. Sie studierte ebenfalls Germanistik, wollte Graphologin werden und schrieb Gutachten für die Hamburger Kripo. Außerdem tanzte sie.

»Nee, nicht was du jetzt denkst. Klassisches Ballett.«

Der Pub war knallvoll wie alle englischen Pubs kurz vor der Sperrstunde. Sie holte die erste Runde, ich besorgte uns Plätze an einem winzigen Tischchen und verstaute meinen Rucksack unter der Bank, die sich an der Wand langzog. Sie kam mit zwei Pints zurück, deren öliger Inhalt mit dem üblichen englischen Pißfix wirklich nichts zu tun hatte. Wir machten Smalltalk. Ich protzte mit meiner Kriegsdienstverweigerung, sie stöhnte über Rilke, den sie wegen einer Seminararbeit in der Mache hatte, und ich flocht mit Ernst Jandl bei: »rilke sagte er / dann sagte er gurke / leise dann wolke«.

Die Endorphine sprudelten, und der Verstand ging baden. Schließlich fragte sie, ob ich bei ihr schlafen wolle.

»Aber immer«, sagte ich etwas zu hastig und setzte hinzu: »Ich muß mal wieder duschen.«

»Das kannste laut sagen«, fand sie. »Hab mich schon gewundert, warum du ausgerechnet Eau de Pferdesattel trägst.«

Sie war für ein paar Tage bei Freunden in Brixton abgestiegen – mit den Londoner Telephonen kam sie anscheinend besser klar als ich –, und in der Northern Line mokierten wir uns wie alle deutschen Touristen über die Tonbandstimme mit ihrem »Mind« – lange Pause – »the Gap!« Ihre Freunde lebten in einer WG in einem alten Reihenhäuschen. Das Wohnzimmer, dessen Fenster mit Decken verhängt waren, wurde von einem Pärchen bewohnt. Oben lagen zwei Räume, von denen einer vorübergehend frei war. Sie ging in die Küche vor. Ich folgte ihr und sah vom Gasherd aus zu, wie sie das schmutzige Geschirr in die Spüle und eine Schüssel mit quellenden Kichererbsen in den Kühlschrank stellte.

»Typisch: Je später der Abend, desto weniger Reste«, meinte sie, schaltete den Wasserkessel ein und sagte dann: »Ich koch' mir immer 'n Tee, wenn ich aus'm Pub komm'. Wenn du abends genug trinkst, haste morgens nicht so'n dicken Kopp.«

Das Badezimmer entsprach englischem Studentenstandard, was ich später in Sheffield ein Semester lang nachprüfen konnte: Es war rund zehn Grad kälter als draußen, das Email war von Seife oder Zahnpasta verkrustet, der verkalkte Duschkopf gab nur lauwarmes Getröpfel von sich, und der Infrarot-Heizstab an der Decke war kaputt. Als ich bibbernd aus der Dusche stieg, lehnte sie mit verschränkten Armen in der Tür und musterte mich von Kopf bis Fuß:

»Gefällt mir, was du da anhast.«

Kurz darauf traten wir zum gemischten Doppel im Bodenturnen an. Durch ihre Ballettpraxis konnte sie Verrenkungen, bei denen mir vom bloßen Hinsehen schwindelig wurde und bei deren Nachahmung ich mir ein halbes Dutzend Muskelrisse geholt hätte. Statt dessen stellte ich mich so ungeschickt an, daß ich ihr fast ein Veilchen verpaßt hätte. Sie mußte mich bremsen:

»Hey hey hey, wer wird denn gleich in die Luft gehen? Ein gutes Pils braucht sieben Minuten, und ein Mann sollte nicht schneller sein.« Woraufhin ich mich sonstwo festlutschte und abwartete, bis sich ihr gesunder Instinkt für das Mannbare meldete.

Im Lauf der Nacht stellte sich ein gewisses Lendenlahmen ein, und so machten wir nach und nach eine Flasche Southern Comfort alle und bastelten performative Selbstwidersprüche: Sie bezeichnete mich als Kahlkopf mit Neigung zur Haarspalterei und ich sie als eingefleischte Vegetarierin. Wir einigten uns darauf, der Nationalismus sei eine Schande für Deutschland, und widmeten uns dann wieder der reibungslosen Abwicklung des Geschlechtsverkehrs.

Das Einschlafen fiel mir schwer, weil ich ganz versessen darauf war, neben ihr aufzuwachen. Ich konnte mich an der leise Schnarchenden nicht satt sehen: Ihr Bildnis war bezaubernd schön, ich redete mir mit Ernst Bloch ein, in der vollreifen weiblichen Nacktheit eine konkrete Utopie vor mir zu haben, und hoffte auf baldmögliche Einlösung der promesse du bonheur. Ach ja, so altklug wie mit neunzehn wird man das ganze Leben nicht mehr.

Am Tag darauf hatte sie eine Verabredung und setzte mich nach einem späten Frühstück aus Tee und Obstquark mit einem Hals-Nasen-Ohren-Kuß vor die Tür. An der nächsten Ecke taumelte ich bei Rot auf die Kreuzung und wäre fast unter die Räder gekommen. Ich ging noch in die Tate Gallery, konnte mich aber auf Turner und Blake irgendwie nicht konzentrieren.

In der Bar auf der Fähre von Harwich nach Hoek van Holland versuchte ich vergeblich, Schlaf nachzuholen. Ein paar Hooligans, die mit ihren Vereinsschals um die Stirnen wie Neandertaler aussahen, jagten sich palettenweise Heineken durch die Gurgeln, aber auch diese Tippfehler im Buch der Natur waren machtlos gegen meine frisch erworbenen Engramme: wie sie ging und lächelte, wie ihre rechte Hand am Schulterblatt lag, während sich die linke an die Hüfte schmiegte, wie sie die Augen schloß und wie ihre Haare im Gesicht kitzelten.

Here comes the thunder, here comes the rain,
I sure hope that lightning don't strike me again,
Cyclones and typhoons, and tornadoes, too,
Baby, they should name a hurricane after you ...

Wie FEE die Neue Deutsche Welle auf der Gitarrenspur überholte

FEE in Adenbüttel (Frühjahr 1983)
Von Rüdiger Wartusch

»Tausend Tage im Delirium!« Über etwas schreiben, das einer ohnehin spätgezündeten ruralen Jugend erst Leben eingehaucht hat? Das Lichtjahre zurück im Dunkeln liegt? Über die Initiation zum Rocker harten Grades, vulgo: die Inkubation musikalischen Gewissens? Das bedeutet, die metallische Ur-Szene nachzuzeichnen, die Feuerprobe, freigelegt von den Überschattungen und Verstrahlungen der Adoleszenz. Aber Gedächtnis und Wahrheit waren schon damals nicht Freund und Freundin, wie sollten sie sich heute treu sein?

Anfang der Achtziger – viel genauer läßt sich kaum rekonstruieren, wann's stattgefunden hat, das ohrale Eräugnis. Ich muß, na, schneidige sechzehn gewesen sein, als ich auch auf konzertante Weise mit FEE konfrontiert wurde, die aus Braunschweig kamen, der Stadt, die noch größer war als Gifhorn. Kein Scherz, immerhin hat mich die unheimelige Begegnung mit dem, was man damals Rockmusik nannte, sensibilisiert für das, was man heute Rockmusik nennt. Aber langsam – und immer schön chronologisch. Nehmen wir also mal für fest an, daß es sich im Lenze des Jahres 1983 zugetragen hat, während der letzten Zuckungen sozialdemokratischer Angestrengtheit. Tatort war, soweit vertraue ich dem Schlund, der sich Gedächtnis nennt, in Adenbüttel. Besagtes Dorf liegt gute zwanzig Minuten mit dem 26er Fahrrad südlich von Muttern. Durch Moor und Heide (oder Haide, wie wir Kulturbeflissenen wissen) ging die Reise nach, eben, Adenbüttel. Wo es keineswegs nur um Musik ging.

Wie war das damals? Nachweisbar ist einzig und allein, daß FEE Aufkleber ins Publikum geworfen haben; und sicher ist immerhin, daß wir die Texte mitzugrölen wußten, Texte vom Kaliber eines: »Rauch lieber, sauf lieber, mach dich lieber anders tot«. Nun ja, wir waren jung, und die Band brauchte das Geld. Was waren wir aber auch für ein ehrliches Musikpublikum. Nicht wie heute, im Sakko zum Gig von Testament! Turnschuhe waren Pflicht, Tennissocken, hellblaue Jeans und weißes T-Shirt – mehr brauchte der werdende Jungrocker nicht zum jovialen Joyride. Außer, aber das wußte ich da noch nicht, einer hohen Dosis dieser musikalischsten aller Drogen. »Schweine im Weltraum« zum Beispiel haben wir noch auf dem

158

Rückweg gesungen; doch wenn Sie jetzt eine Playlist des Konzerts erwarten, muß ich passen. Die Erinnerung kann sich da nur auf den Plattenschrank verlassen. Jedenfalls zeigten die Aufkleber den Schriftzug des seinerzeit neuen Albums Schizofeenie; und die beiden lungenschonend geleerten Marlboro-Schachteln waren hinterher voll davon. Einige existieren noch heute.

Immerhin mag es den durchschnittlichen Halbeingeweihten überraschen, daß das Bekanntwerden mit den Rosinen und Ritualen der Rockmusik der Begegnung mit einer heimischen Combo zu verdanken sein soll, die eigentlich eher der Neuen Deutschen Welle zugerechnet wird. Zu meiner Schande sei's gestanden, daß wir uns seinerzeit um Schubladen und Street Credibility nicht die Bohne kümmerten, vielmehr Dinge hörten, für die wir uns heute eingraben würden; und zwar ganz tief (Status Quo, Udo Lindenberg und Rodgau Monotones in etwa dieser Reihenfolge). FEE gehören da sicher noch zu den läßlichen Sünden; was einerseits dem Humor zu danken ist, der den Songs der Band stets beiwohnte, andererseits, und hier besonders zu illuminieren, dem anschwellenden Rockgesang der Stakkato-Riff- und Flitze-Fiep-Fender Andreas Beckers, die allemal Garant dafür war, daß die ansonsten eher harmlose Band besagte Minimalistenmucke auf der Gitarrenspur zu überholen wußte. Daß man nahezu jede Note dieser härteren Gangart schon einmal auf der anderen Seite des Globus hatte erklingen hören, war uns dabei aber so was von egal und tat dem Genuß des Abends nicht den Hauch eines Abbruchs.

Es war also die Schizo-Tour, und so fühlte ich mich auch, als ich den nächsten Morgen erwachte. Heiserkeit inclusive. Was war geschehen? Ich halluzinierte doch nicht allein aufgrund alkoholischer Lebensmittel! Die eigentlichen Experimente mit handelsüblichen Narkotika kamen ja erst später. Es waren diese Riffs, die eigentlich zu simpel waren, um dauerhaft begeistern zu können; aber sie wurmten sich ins Ohr, egelten im Blut und schlängelten sich in sämtlichen Rhythmuskeln des Körpers – »und sie f-f-

ficken dich.« Um Verzeihung! Aber die Texte haben uns natürlich auch beeindruckt, was nicht zuletzt dem quotentreuen Wechselgesang geschuldet sein dürfte. FEE schafften es allemal, aus der gelebten vokalen Gleichberechtigung von Sänger und Sängerin dynamisches, humoristisches und auch erotisches Kapital zu schlagen. Aber wir wollen bei der Beschreibung der Band von vorne anfangen, also von hinten. Bass & Drums, namentlich Gerd Reulecke und Ralli Lewitzki, spielten wie stets und immerdar etwas hausbacken, aber doch schon wegen der verschiedenen Einflüsse und Rhythmen nicht wirklich eintönig, vielmehr durchaus immer auf der Höhe der Songs. Lewitzki sorgte dabei für den Grundtakt und die Tempowechsel. Man wird ihm nicht viel mehr als Zuverlässigkeit vorwerfen können, immerhin nicht nur eine Adenbütteler Tugend. Reulecke jedenfalls unterstützte diese Schwäche nach Kräften. Den eigentlichen Sound jedes Songs prägte Keyboarder Fips Brandes. Auch er ein Arbeiter im Dienste der Band, glänzte aber durch wechselnde An-, Ab- und überhaupt Wesenheit, orgelte an den Tasten, trillerte Effekte aus dem Effeff und spielte ein ums andere Mal die Soundkarte überraschend aus dem Glimmerärmel. Man muß diese technischen Firlefanzereien nicht lieben; selten konnte man sie bekanntlich auf so vielfältige Weise kennen- und geringschätzen lernen wie in den Achtzigern. Hier aber stimmten Ton und Maß zumeist; so viel zum Thema Neue Deutsche Welle.

Live wurde ein ziemliches Stück weggespalten von der gut gefetteten Axt Andi Beckers, der günstigsten AC/DC-Kopie mindestens Südostniedersachsens. Wer sich allzusehr auf den Tastsinn konzentrierte, dem fuhr schon mal die sechssaitige Elektropeitsche über die vorschnell ausgestreckten Finger und verteilte großzügig Kinnhaken. Ja, er hatte etwas Göttliches an sich an diesem Abend, der Guitarrero, und manchmal glaubte man, Eddie Van Halen aus Angus Youngs kurzer Hose lugen zu sehen (spätere Observationen machten freilich schnell mit diesem Trug Schluß). Nichts mehr von NDW. Wirkten aber die Texte und Kompositionen der einst als »Holde Fee« angedachten Band gelegentlich auch sparsam psychedelisch und indienweise, so überzeugte uns Andi Becker, daß die Siebziger endgültig vorbei waren. Wes Geistes Musik das war, zeigte die immer wieder gern creszendierende Bratpfanne, die – und darum geht es hier ja insonderheit – den Hartmann in uns weckte. Dazu brauchte es übrigens nur der Andeutung dessen, was der Experimentierkasten der Gitarrenzauberer so alles verbirgt. Klar überhörten wir den gelegentlichen Einsatz von Tapping, Picking, Flageoletting und Baguetting nicht, aber gemach, gemach – uns reichte ein Verhau von erhitzten Tonfolgen und dampfenden Rhythmen. Den gab uns die Klampfe ungeniert und reichlich; wie ein Dieb in der Nacht bediente sie sich aller vorhandenen Phrasen.

Daß über allem der nahezu perfekt dargebotene Doppelgesang thronte, krönte die Vorstellung. »Wenn du 'ne Nummer willst, sag's doch, Mann«, ließen wir uns jedenfalls nicht zweimal sagen. Zumal nicht von der zuckersüßen Marlies Borcherding, die mit jungfernweißem Nachtschwesterndress und vorhautverkürzendem Augenaufschlag angetreten war, uns zu betüdeln. Das waren wir allerdings im Alkoholnebel von Tom Ruhstorfers Ausatmungsbemühungen ohnehin schon. Der stimmungsvolle, aber ungestalte Sänger, Typ Promenadenmischung, hatte optisch immer etwas von Phil Collins als Bankräuber. Trotz der granatenharten Butterschnute war die Ansicht der Band denn auch fatal, ein ästhetisches Desaster wie Günther

Schweine im Weltraum

Netzer oder Polo Variant. Positiv ausgedrückt: Hier ging es noch um Musik. Zum Beispiel um »Amerika«, ein Lied, das auch heute noch richtig gut ist, wie auch manches von FEEs drittem Album, das wir erst an jenem bemerkenswerten Abend kennenlernten: nicht zuletzt »Karneval« und »118«. Soloeinlagen blieben ebenfalls nicht aus, das gehörte ja zum guten Stargehabe dazu, auch auf Gifhorner Dörfern. Und Bier. Aber wirklich nur dann und wann. Man mußte ja damals noch haushalten mit Taschengeld und Magenkapazität. Hat man natürlich dann doch nicht – hat sich eigentlich irgendwas geändert?

Warum von FEE noch diese Erinnerung blieb, liegt wohl nicht zuletzt daran, daß ihre Musik die der in jenen Jahren ebenfalls live erlebten Bands wie BAP und Cats TV um Längen übertrifft. Bei aller Unterschiedlichkeit der Songs ist sie zwar keineswegs besonders spektakulär oder wenigstens anspruchsvoll im kompositorischen oder rhythmischen Sinne. Im Gegenteil: Wer überzeugt ist, ein Barreégriff und drei Akkorde reichten für gute Rockmusik, der höre sich »Das macht mich krank« an – es stimmt! Und dazu die besagte Zweistimmigkeit und keineswegs nur Texte, die unserer pubertären Phase wie aus dem Gemächt geschnitten schienen, sondern durchaus auch brauchbar Politisches: »Amerika« und »Doswidanja«, das sind Klassenkampf und Fahnenflucht in ihrer melodiösesten Form. Sicher, damals – es gab noch diese kleinen Plattenläden wie Govy's – lagen uns die Doktorspiele mit Marlies näher. Auch wenn jetzt Neunmalkluge einwenden, Tina Knorr, die erste Sängerin, sei noch 'ne Idee geiler gewesen. Wir waren bedient, und zwar bestens.

Ein Jahr später nannte jeder von uns eine Gitarre sein eigen, doch nur die wenigsten sind dann auch groß rausgekommen. Bald mußte mindestens der Tennisschläger als ruiniert gelten, aber da war der Club eh schon wieder gecancelt. Fußball ist auch ehrlicher. So ehrlich eben wie guter alter Schweinerock. Und den zelebrierte seinerzeit keiner im Zonenrandgebiet so effektiv wie FEE. Das Niemandsland zwischen Harz und Heide sah in dieser Nacht noch eine Reihe von Schnapsleichen, irgendwo zwischen embryonaler Haltung und stabiler Seitenlage auf das geharnte Grün gebettet. Der Rasen ähnelte einem Schlachtfeld, welches man doch eher anläßlich eines Konzertes von Manowar oder Cannibal »Ihr Hund kann ja gar nicht singen« Corpse erwartet hätte. Aber wir befinden uns ja in einem Dorf in Niedersachsen, das bekanntlich die Kornkammer des Nordens ist. Visuell sind Rockkonzerte ohnehin eher ein messinghartes Brot, insofern es die geschlechtsreifen Weibchen doch eher zu den gefälligeren Pop-Acts zieht. Aber man kann ja nicht alles haben. Auch soll von einem Gegenbeispiel noch die Rede sein. Passend jedenfalls erscheinen mir an dieser Stelle die masochistisch-hypochondrischen LP-Titel von FEE:»Notaufnahme«,»Rezeptfrei« und eben»Schizofeenie«. Danach erschien noch»Große Taten – krumme Dinger«; mehr Abgesang als Abgang.

Das Konzert als solches bot neben der elektronisch verstärkten Musik kaum Nennenswertes – etwa eine multimediale Lightshow (hieß damals noch Lichtorgel, dreikanalig) oder brimboriantes Synthie-Geflunker wie späterhin: ein Schlag auf die Snare, drei Schlag aufs Gehör. Das Gesamtkunstwerk bestand aus Sex, Drugs und Rock 'n' Roll, respektive Marlboro und Augenfick, Dosenbier und Bratwurst und eben FEE. Eigentlich hätten auch Zeltinger spielen können oder die Crackers – kennt die noch einer? Haben auch zwei gute Platten hingelegt. Es waren aber nun einmal FEE, die mir den Weg wiesen, da gibt es Zeugen: Ich glaube Kui, Jacko, Snake und Nölke waren dabei. Aber die kennen Sie ja nicht.

Mir schwant schwach, daß es eigentlich auch ein Open Air mit mehreren Bands gewesen sein könnte; aber wenn eben die prägende Erinnerung an die zwei feenhaften Stunden überwiegt, ist das Wort Signifikanz durchaus angebracht. Sicher ließe sich z. B. Härteres markieren von Overkill im Vorprogramm von Helloween oder Queensryche als Opener für Metallica, aber irgendwie reizte es doch mehr, von einer Zeit zu berichten, als man in Braunschweig noch Fußball spielte. Auch wenn Nostalgie die Historie gelegentlich zuklebt: Hier haben wir – die eigentliche Katalyse der akustischen Charakterbildung war dann freilich den anderen Bands vorbehalten – den Keim späterer Musikverständnisses in einer Note. Und das gehörige Drumherum. Rock braucht bekanntlich auch befruchtende Zirkumstanzen.

Da war beispielsweise die Kleine in der dritten Reihe, der ich ein Bäckerdutzend selbstgeschnorrter Glimmstengel überlassen habe. Wenn sie die Zigaretten an die samtenen Lippen führte, dann – – fast wäre ich in meine orale Phase zurückgefallen. Eine von den vielen, die man nie wieder gesehen, aber nie vergessen hat. Sie machte das Ganze, Sängerin in Ehren, auch zu einem gewissen Ereignis. Und dann kam da einer daher, wie Jungsiegfried zum Götterdämmerschoppen; mit dem»ging« sie offensichtlich und mit dem ging sie dann auch. Wie wünschte ich ihm die eigene Akne an den Hals! Gut, daß gerade»zieh lieber, wichs lieber« verlangt wurde ... Nach gehöriger Triebabfuhr war der Durst auch wieder da.»Kauf mir lieber schwarrrrze Lederstrapse« – ja, manchmal kommt es einem vor wie im feuchten Traum. Da war es fast nebensächlich, daß wir manche Verse nicht verstanden: So grölten wir»die Gitarre klar« statt»digitaler Klang«. Eigentlich gleichermaßen rockhistorisch wie psychoanalytisch interessant; aber egal, die Zeit war einfach reif für den ledernen Overdrive: »'ne Gummipuppe, Gummipuppe, Gummipuppe« hallte es ad infinitum im Dunkeln, als es zurückging durch Viehmoor und Hundeholz ... Das ist der Stoff, aus dem die Erinnerung ist. Irgendwie wird mir noch immer ganz warm um die Hypophyse, wenn ich dran denke. Und ist es nicht genau das, was Rockmusik zuvörderst bezweckt – der emotionale Ständer? Aus dem plastenen Korpus der Neuen Deutschen Welle jedenfalls erwuchs ein prachtvoller stählerner Gitarrenhals. Der metallene Takt der rauhen Rockwelt wurde unser Herzschlag, und einen Helden zierten fortan sechs Saiten und ein mindestens mannshoher Verstärkerturm. Bald kamen die größeren Acts hinzu, denn längst wirbelte die New Wave Of British Heavy Metal alles durcheinander, und deutsche Texte hörte bald niemand mehr.

Retrospektiv betrachtet, ist die Linie von FEE in Adenbüttel zu, sagen wir, Anthrax und Testament in den Docks bruch-, aber sicher nicht nahtlos. Auch das Hamburger Konzert wäre einen Artikel wert gewesen, zumal da musikalisch sicherlich größere Haufen geschissen wurden. Aber mein Pseudonym ist leider aufgeflogen. Lesen Sie einstweilen über das Bochumer Monsters '88. Das trifft den Kern dessen, was die Achtziger wirklich bewegt hat und haben, ebensogut. Und zumindest Testament spielten dort erneut auf. Auch FEE haben wir dann noch öfter gesehen. BAP nicht.

Liebe & Revolution

Rio Reiser im PC 69, Bielefeld (1986)
Von Bernadette Hengst

Wenn ich heute an meiner ehemaligen Schule vorbeifahre, muß ich immer noch fast kotzen. Nichts war schlimmer als in der Raucherecke zu stehen und die Gespräche meiner Mitschüler ertragen zu müssen. Die Mädchen tratschten über ihre neuesten Dauerwellen-Frisuren oder ihre Leidenschaft, nach dem Abi als Aupair-Mädchen nach Paris zu gehen und danach endlich Modedesignerin zu werden. Die Jungs unterhielten sich über die Wehrsportübungen der Jungen Union, die von Wilhelm Tielker und seinen Untertanen geführt wurden. Doch mit der Entdeckung des Walkmans veränderte sich meine Welt grundlegend. Ich konnte in der Raucherecke stehen, ohne mich mit diesen Idioten unterhalten zu müssen. Die Welt um mich herum existierte nicht mehr, es gab nur noch den Walkman und mich. Er hielt mich sicher und warm, und mir konnte nichts passieren. Auch nicht, wenn ich alleine morgens um vier im Dauerregen an der Autobahnauffahrt stand und nach Hause trampen wollte. Natürlich war es nicht nur der Walkman alleine, sondern die Musik, die sich darauf abspielte, angefangen mit Supertramp über The Cure bis hin zu Prince und Daliah Lavi.

Mein Dorf war ein Badestädtchen, das geschaffen wurde, damit man es bald wieder verließ. Die Fußgängerzone war zu 70 Prozent von gebeugten Omas und Opas geprägt, die bei dem leisesten Geräusch zusammenbrachen, und es gab nur ein paar Lokalitäten, in die man abends seinen Fuß hineinsetzen konnte, ohne von Poppern oder greisen Kurgästen belästigt zu werden. Einer davon war das Jugendzentrum, das allerdings eher uncool war, weil dort nur die Verrückten und langweiligen Kiffer, die mein Dorf offensichtlich anzog, herumhingen. Außerdem hatte die Nazi-Fraktion um diesen Wichser Wilhelm Tielker (ich erwähne seinen Namen nun zum zweiten Mal, weil ich immer noch glaube, daß er eines Tages Politiker wird, und dann sollen die Leute wenigstens wissen, was für ein Arschloch er in Wirklichkeit ist) dort auch einen Raum, in dem sie ein wöchentliches Treffen abhielten und uns ständig den Strom abstellten.

Der andere Ort war ein Laden, der 15 km weit weg mitten auf dem Lande lag, wo die beste Musik gespielt wurde, die es gab, und die coolsten Typen den Staubsauger-Tanz zelebrierten. Das Forum Enger.

Es war 1984, ich war 16 und wollte nichts lieber als die Stadt verlassen. Die einzigen Lichtblicke waren Sonntag und Mittwoch, an denen ich ins Forum fuhr. Komme was da wolle, ich mußte dorthin. Sonst würde ich irgendetwas Lebensnotwendiges verpassen. Meistens fuhr ich mit älteren Freunden oder Freundinnen, die schon einen Führerschein hatten, oft trampte ich aber auch alleine. Dann hatte ich in meinem Walkman eine neue Cassette von The The oder den Buzzcocks, und nichts konnte mich aufhalten.

Das Forum war umwerfend. Es hatte alles, was meine verhaßten Mitschüler nicht ausstehen konnten. Ein dunkles verrauchtes Kellergewölbe mit niedriger Decke und lauter Menschen, die ich nicht kannte, aber bald kennenlernen würde.

Alle kamen in Schwarz, nur ich kam in Weiß.

Ich hatte noch nicht verstanden, daß man sich äußerlich so gibt, wie man sich innerlich fühlt. Ich hatte Haß in mir, aber noch mehr Begeisterung. Ich hatte Arroganz in mir, aber noch mehr Unsicherheit.

Mein Vater, eine Art Aushilfs-Jugendlicher, unterstellte mir, ich wäre ja noch spießiger als all die Erwachsenen, die jeden Tag das gleiche tun, sonst würde ich ja nicht jeden Mittwoch und jeden Sonntag in diese Disco rennen. Um zu verstehen, was mich daran so reizte, kam er eines Tages mit, stolzierte durch den dunklen Keller und ging lachend wieder raus.

Und dann entdeckte ich Ton Steine Scherben. Irgend jemand hatte sie mir vorgespielt, aber ich hatte trotzdem das Gefühl, ich hätte sie selber erfunden. Das war meine Musik, und sie versprach Aufregung, Rebellion, etwas Neues, Einzigartiges. Ich hörte nur noch die Scherben auf meinem Walkman, wenn ich morgens um halb acht meine verhaßten Mitschüler, die auf Mofas die Straße entlangtuckerten, auf meinem Fahrrad überholte. »Ich will nicht werden, was mein Alter ist«, »wir sind zwei von Millionen, wir sind nicht allein«. Nur leider spielte die Band nicht in unserer Umgebung und löste sich schließlich auf. Ich hatte das komische 80er-Jahre-Gefühl, zu allem zu spät zu kommen.

Dann fuhr ich nach Berlin, sah mir das Rauchhaus an, über das sie dieses wunderbare Lied geschrieben hatten und fing an, mich für die RAF zu interessieren. Ich schrieb enthusiastische Pamphlete gegen die Neonazis in unserem Dorf, steckte sie nachts in die Briefkästen und malte die ganze Schule mit revolutionären Parolen an.

Aber eigentlich wollte ich mehr über diesen Sänger erfahren, der mich so umgehauen hatte. Rio Reiser. Ich fing an, seine Lieder auf der Straße zu spielen. »Der Traum ist aus, aber ich werde alles geben, bis er Wirklichkeit wird«. Was für ein Phantast. Die Idioten in meiner Schule verstanden nichts davon, und das war genau das, was ich wollte. Auch meine älteren Freunde hielten nicht allzu viel von ihm, schließlich war seine große Zeit vorbei. Aber das war mir scheißegal, jetzt war meine große Zeit. Ich wurde so sehr Fan, daß ich dachte, es bringt mich um, als mir mein schwuler Freund Patrick erzählte, Rio sei auf der anderen Seite.

Und dann kam »König von Deutschland« raus. Michael, einer meiner besten Freunde und der einzige Punk auf der Schule, war schockiert. Jemand, der mal gefordert hat »Keine Macht für Niemand«, kann doch nicht singen, daß er der König von Deutschland sein will! Zu dem Zeitpunkt war Michael aber auch nicht mehr auf meiner Seite, er fing an Strommasten zu zersägen. Das war seine Entscheidung, aber meine war es, zu dem nächsten Rio Reiser-Konzert zu gehen.

Am großen Tag war ich sehr aufgeregt und überlegte mir fünfmal, was ich anziehen sollte. Schließlich entschied ich mich für meine zerrissensten Jeans mit weißem T-Shirt, worauf ich mit Edding »Keine Macht für Niemand« geschrieben hatte. Das Konzert war in der nächstgrößeren Stadt, und Patrick und ich hatten das Auto von seinem Vater ausgeliehen.

Das Publikum war enttäuschend. Da war keine Revolution im Raum, es waren zur Hälfte dieselben Typen, die ich immer im Forum Enger sah, mittlerweile kannte und die genauso wenig wußten, was sie vom Leben erwarteten, wie meine Mitschüler, dafür aber in Schwarz gingen. Zur anderen Hälfte Wolf Maahn- und Heinz Rudolf Kunze-Fans, die die Scherben gar nicht kannten und »König von Deutschland« im Radio gehört hatten.

Rio kam auch in Schwarz, sah dafür aber umwerfend aus. Er war eine Mischung aus Strichjunge und Existentialist und sang um sein Leben. Als er dann »Der Traum ist aus« am Klavier spielte, war ich in Tränen aufgelöst. Nein, wollte ich brüllen, der Traum ist doch gar nicht aus, er hat doch gerade erst angefangen! Und »Halt Dich an Deiner Liebe fest« und »Junimond« brachten mich fast um den Verstand. In meinem Traum war ich jetzt in Berlin bei der Räumung des Rauchhauses und brüllte aus vollster Kehle: »Das ist unser Haus! Schmeißt doch endlich ... und ... und ... aus Kreuzberg raus!« Doch das Lied kam leider nicht.

Als das Konzert viel zu früh zu Ende war, warteten Patrick und ich an der Theke darauf, daß die Band noch mal rauskommen würde. Mein Herz schlug wie eine tickende Atombombe. Als er dann endlich nach draußen kam, war ich wie gelähmt. Das war also das Idol meiner Jugend? Er sah viel älter aus, als ich dachte, kein Wunder, er war ja auch schon über 30. Ich wollte ihm unbedingt etwas von mir geben oder erzählen, also nahm ich all meinen Mut zusammen und sprach ihn an: »Rio, ich mache auch Musik, und ich spiele deine Lieder überall auf der Welt. Ich war zwar erst in Frankreich und in der Schweiz, aber du wirst sehen, ich mache dich berühmt.«

Er sah mich an, wie man einen jugendlichen weiblichen Fan halt ansieht, wenn man gerade von der Bühne kommt und in Ruhe sein Bier trinken will, und lachte: »Das ist ja nett von dir. Du solltest aber lieber deine eigenen Lieder schreiben, dann hast du mehr davon.«

Bevor ich sagen konnte, daß ich das auch vorhätte, war er schon in ein Gespräch vertieft mit einem gutaussehenden jungen Mann, der neben mir stand, und ich dachte mir, scheiße, du wirst schon sehen.

Ein Jahr später zog ich nach Berlin, habe ihn aber nie dort getroffen. Vier Jahre später habe ich mit meiner Band in Hamburg unsere erste Single herausgebracht, wo wir unter anderem »Jenseits von Eden« von Ton Steine Scherben aufgenommen hatten.

Zehn Jahre später stieg ich nach einem Kurzurlaub in Spanien ins Flugzeug und las 10.000 Meter über den Wolken in der Zeitung, daß er gestorben sei. Ich bestellte mir einen Wodka und trank auf meine Jugend und auf die von Rio Reiser.

Der vergipste Urlaub

Simple Minds in Fréjus (1986)
Von Gerald Fricke

Die Simple Minds waren bekanntlich die samtene Fassung des schottischen Terrors, die orgelnde Lichterkette des Neo-Romantizismus, Diplomaten in Nachthemden, die Erzengel der verratzten Achtziger und die gute Fratze des Thatcherismus. Und sie sind es möglicherweise noch. Im Frühjahr 1998 erschien das derzeit aktuelle Werk »Neapolis«. Und so spielten sie 1998 auch wieder, mit Grönemeyer, Maffay, Bob Geldorf, den Pogues und der Kelly Family für einen guten Zweck, für 350 Jahre Westfälischer Friede. Das Motto wurde von »Rock for peace« in »Power of non-violence« geändert. Sicherlich ist hier die Randale des Dalai-Lamas schuld, der obskurerweise auch mitrockte. Veranstaltet wurde das »Mega-Event« von der Halle Münsterland in Zusammenarbeit mit dem Konzertbüro Schoneberg. Beide Seiten wiesen damals energisch darauf hin, daß es sinnvoll gewesen sei, sich »am besten schon gestern« Karten gekauft zu haben. Sänger und Bandgründer Jim Kerr und seine »Mannen«, so wurde weiter in der Lokalpresse betont, werden es uns »hoffentlich« so »richtig« gegeben haben. Und wenn es tatsächlich geregnet haben sollte, hey, was soll's, egal, schließlich war man ja »im Freibad«, haha. Ja richtig, im Freibad. Da kannste gut abrocken. Keine Anwohner. Sanitäre Anlagen voll ok. Bratwurst 5,50 DM, nunja, da haste Recht, das ist eine Frechheit. Also, auch wennde lachst, ich mach mir ein »Hasenbrot«.

*

Rückblende. Die Geschichte der legendären Simple Minds begann schon Mitte der 70er, als sich Jim Kerr und die anderen zur Punk Band »Johnny And The Self-Abusers« formierten. Daraus wurden später die Simple Minds, nach einer Textzeile des Bowie-Songs »Jean Genie« (»He's so simple minded ...«). Schon recht bald wurden die kleinen Simple Minds zu einer richtig großen schottischen Live-Attraktion. In dem extrem stilvollen, eleganten, romantischen 82er Album »New Gold Dream« – für viele Sachbearbeiter in der Bezirksregierung heute noch das beste, was die Simple Minds je produzierten – ist noch Platz für große Gefühle, jawohl, und glamouröse Gesten. Jim Kerr beschreibt eine malerische Welt, in der nicht nur das, was glänzt, aus purem Gold besteht, sondern in der man auch vom Boden essen kann. »New Gold Dream« war kommerziell sehr erfolgreich, es erreichte europaweit Top Ten-Positionen und »warf« zahlreiche Hitsingles »ab«: »Promised You A Miracle«, »Someone Somewhere In Summertime« und »Glittering Prize«. 1984 »landeten« die Simple Minds ihren bislang größten Hit, der aber weder von ihnen geschrieben wurde noch auf einem ihrer offiziellen Alben zu finden ist: »Don't You Forget About Me« – die Filmmusik zu der Teenie-Komödie »The Breakfast Club«. Die Legende besagt, daß die Simple Minds diesen Song erst gar nicht aufnehmen wollten. So aber gelang ihnen ein weltweiter Kracher und der endgültige Durchbruch in Amerika. Doch weigerten sie sich, »Don't You ...« auf ihren nächsten »Silberling« (»Once Upon A Time«) zu »schaffen«, wie man unter uns Rockjournalisten sagt. Ja, leck mich doch, wir Rockjournalisten sind schon 'ne verdammt coole Scheiße.

*

Und so kommen wir zur Sache, zur »Once Upon A Time«-Tour und meiner persönlichen Simple-Minds-Gewahrwerdung in Fréjus (Südfrankreich). Es war 1986, ich war stolze siebzehn, trug – falls es jemanden interessiert – eine schwarz-weiß gestreifte »Röhrenjeans«, ein Hemd mit Stehkragen, eine schwarze Lederkrawatte, eine Second-hand-Baseball-Jacke, Schuhwerk, so spitz wie ein Dönerspieß, eine ehrliche New Wave-Frisur, sah aus wie ein »Teddy«, auch ein bißchen wie der Sänger von Duran Duran oder Billy Idol – und nervte mich zu allem Überfluß mit einem Gipsarm rum, weil ich mir beim Fußballspiel Schüler gegen Lehrer (4:1) – ausgetragen aus Anlaß des 100jährigen Bestehens des ehrwürdigen Gymnasiums – bereits in »Halbzeit eins«, wie man heute sagt, einen Handwurzelknochen gebrochen hatte; dasselbe Malheur ereilte im selben Jahr bekanntlich auch Thomas Berthold vom VfB Stuttgart. Zwei Tage später begannen die Sommerferien, und ich fuhr im Zug und mit meinem Gips nach Südfrankreich zu meinem Cousin, frühstückte meinen Joghurt mit dem Strohhalm, las »Spiegel«, »Kicker« und »Tempo«, versteckte meinen uncoolen »Brustbeutel« und überlegte, wie ich einarmig Haare föhnen, schwimmen und tanzen würde und dabei trotz allem möglichst gut aussehen könnte.

Mein Cousin war »new romantic«, und die Musik, die er hörte, hieß »Industrie-Musik«. Die Bands waren mir alle nicht geläufig. Dafür besaß mein Cousin Bootlegs von David Bowie, Police und Depeche Mode, die er alle schon kannte, als sie noch keiner kannte, als sie also noch innovativ, experimentell und kompromißlos waren. Er ist mit ihnen allen schon in der Schule vom Zehner gesprungen. Mein besagter Blutscousin holte mich in Nizza mit seinem Mini ab. Die Sonne schepperte erbarmungslos. Der Gips schwamm. Die Haare waren nicht o.k. Die Grillen zirpten. Der unmenschliche Beton kochte in der Mittagsglut. Keine Frage: Wir waren in Südfrankreich, wo es nicht »das Auto«, sondern »die Auto« heißt und wo es Bier in Literflaschen mit Schraubverschluß gibt (z. B. 33 Export). Mein Cousin hatte eine kleine Überraschung mitgebracht: Da er mich – völlig zu Recht – für jemanden hielt, der keine Ahnung hat (bzw. nur absurden 60er-Garagenrock mochte) und auf »Kommerzkacke« steht, wedelte er mir Karten für das Simple Minds-Konzert in der alten römischen Arena in Fréjus zu, welches drei Tage später »steigen« sollte. Merci beaucoup! Wir fuhren in die Stadt. Und zwei süße Begleiterinnen, so gluckste mein Cousin beim gazellenartigen Aussteigen, hätte er auch schon akquiriert. Dann verlangsamten sich seine Bewegungen auffällig. »Wir werden beobachtet«, sprach mein Cousin. »Ich hab erzählt, daß ich dich abhole. Also stell dich jetzt bloß vernünftig an. Die sitzen da in dem Café.« Er zwinkerte in seiner unnachahmlichen Art irgendwohin. Ich hätte es auch gern versucht, wußte aber nicht, in welche Richtung genau. Und wie man das macht. Drei verschiedene Tempel des schwarzen Goldes buhlten um meine Aufmerksamkeit, bevölkert von überschlagsweise achtzig Personen. »Paß auf, du Versager: Das sind sie. Wir gehen da jetzt nicht hin. Das ist nicht cool. Ich habe alles im Griff. Und noch was: Einen Engländer müssen wir dummerweise auch noch mitnehmen nach Fréjus, das ist der Haken. Macht also drei gegen zwei. Ungerade Zahl. Das ist Mathematik, Alter. Pardon wird nicht gegeben! Also mach jetzt bloß keinen Scheiß!« Ich bemühte mich jetzt um Himmels Willen, alles, bloß keinen Scheiß zu machen. Der Erfolg des gesamten Urlaubs inkl. der deutsch-französischen Freundschaft, die knapp zwei Jahre zuvor erst durch das historische Kohl-Mitterrandsche-Händchenhalten über die Gräber von Verdun hinweg besiegelt worden war, hing am seidenen Faden. »Alles klar. Es läuft.« Mein Cousin versuchte die Situation etwas zu entspannen. Er machte in Richtung irgendwo die internationale Telefongeste: Lang ausgestreckter Daumen zweieinhalb Zentimeter vom rechten Ohr, kleiner Finger knapp unterhalb des Kinns. Mein Cousin übermittelte also die Botschaft »wir telefonieren noch mal« – und wie ich heute vermute, war die internationale Telefongeste meines Cousins begleitet von einer heimlichen Botschaft: »Ja, den hab ich jetzt am Hals. Der ist aber auch ganz o.k., interessiert sich für

Politik. Ihr könnt ja über le waldsterben mit ihm diskutieren.« Vielleicht hat er diese Botschaft auch ganz unbewußt übermittelt, aus Versehen. Er wollte mir sicher nicht schaden. Andererseits kannte er sich aus mit Mathematik. Ganz klar. Auch ich hatte die Sache blitzschnell durchschaut und durchgerechnet: Der Engländer, mein Cousin, ich. Macht drei. Gegen zwei Süße. Und es würde kein Pardon gegeben werden. Aber wo stand der Feind? Die Frontverläufe waren erschreckend unklar. Ich stellte um auf Rasterfahndung. Mehrere Cafés, zwei Ladies. Wo? Welche? Keine Chance. Mein eingegipster Arm juckte. Ich mußte die Stricknadel hervorkramen und mich umständlich kratzen. In diesem Moment spürte ich eine heranschleichende Niederlage. Das Kratzen war ein Fehler. Mein Cousin hatte mich gewarnt. Das Kratzen war ganz sicher nicht cool. Das ganze Drama war nach zwei sehr langen Sekunden beendet. Wir zogen weiter unseres Weges, und ich erzählte von dem Klasse-Spiel Schüler gegen Lehrer. Mein Cousin befleißigte sich eines federnden Ganges, fast ins Feixende hineinspielend. Er strahlte die Jovialität eines echten Siegertypen aus.

*

Drei Tage später. 15.7.1986. Die guten Jungs von Simple Minds werden heute abend nach Fréjus, Südfrankreich, orgeln. Gegen den Terror in Nordirland und für mehr soziale Wärme im Thatcherismus. Zwölf Jahre später wird Jim Kerr, der »charismatische Frontmann« in einem »Gespräch« mit der »Frankfurter Rundschau« (9.3.1998) ausführen: »Rock ist heute nur noch ein zahnloses Monster. Es ist eine völlig institutionalisierte Musikszene, die sich nur noch um die eigene Achse dreht.« Und noch eines wird er uns ins Poesiealbum stempeln: »Lieder sind wie Nahrung für das Gehirn«. Ganz recht.

Mein Cousin klopft an mein Zimmerchen und sagt: »Es geht los.« Er wirkt ernüchtert. Er trägt eine schwarze Lederhose, o.k. soweit, aber das Lachen des Siegers fehlt. Ich fühle mich schuldig. Etwas Unwirsches, Ungeklärtes, Unzufriedenes hängt bleiern in der Luft. »Haste die Karte?« ringt er sich ab, aber es klingt wie »Deutschland, bleiche Mutter«. – »Ja, logo«, sag ich, krame im Brustbeutel ... »Ich hol die Karre. Mach hin!« Ich mache hin. Ich ahne, was passiert ist. Die Mathematik ist vermutlich ganz im Arsch. Wir fahren los. Wir schweigen. Wir halten. Ich warte, mein Cousin klingelt. Ich schlucke. Ich habe es geahnt, drei lange Tage lang. Sie stampfen heran. Mein Cousin stellt mir einen dicken Belgier vor, wie aus dem Bilderbuch, mit rotblonden Haaren, Bierwanne, roten Flecken. Das ist der

Belgier, sagt mein Cousin. Ich wage nicht, nach dem Engländer zu fragen, geschweige denn ... Wir fahren zu dritt los. So lapidar wie möglich versucht mein Cousin ein Gespräch zustandezubringen. Ich bin mühsam damit beschäftigt, meine Enttäuschung zu verbergen. Es gibt ja diesen einen Spruch von Bärbel Bohley oder so, bezogen auf die Ossis und die Wiedervereinigung: Sie träumten vom Paradies und wachten auf in Nordrhein-Westfalen. Genauso fühle ich mich nun auf dem Rücksitz des Minis, im Windschatten eines gewaltigen belgischen Stiernackens, anstelle von ... Lassen wir das. Jetzt war es auch egal, daß es wieder an mir hängenblieb, die 14 Franc Autobahngebühr zu bezahlen.

*

Die »Once Upon A Time«-Tour startete am 1.10.1985 in Poughkeepsie (Mid Houston Civic, USA), wie ich dank eines Irren aus dem Internet weiß, ging so hierhin und so dahin und führte die Jungs um Jim (Michael Mac-Neil – Synthie; Charles Burchill – Spielzeuggitarre; Mel Gaynor – an der »Bude«; John Giblin – angeblich Baß; Robin Clarke – additional backing singer) am 15.7.1986 nach Fréjus in die alte römische Arena (»Les Arènes«). Und da saßen nun ich, mein Cousin und der dicke Belgier, wie frisch aus Asterix und Obelix.

Es geht los. Orchestrale Synthie-Streicher »besorgen« das Intro. Gänsehautfeeling pur macht sich sofort breit. Erleuchtung allerorten. Ein, zwei verhuschte Moll-Akkorde klirren, zerbrechliche Sangesfetzen Jim Kerrs setzen ein. Aber es braut sich im Hintergrund schon was zusammen. Trommelwirbel, treibender Baß. Gospelchor. Freedom. Little Child. All alone. Belfast Child. Nanananana. Don't You ... See the light. Alive and kicking. Oh yeah! Jim Kerr in gutturaler Rage (typisch Stotterer!), die Stimme rollt und gurrt ins Bonoeske. Gospel. Give me some peace on earth. Ein bißchen Frieden. Joy. Happiness. People walking hand in hand. Love is all you need. Open up your eyes: Öffnet eure Äuglein, seht die Schönheit auch in der Dunkelheit. Faßt euch an die Hände, statt Aua in die Fresse. Die Feindseligkeit zwischen den Menschen ist von Übel. Gute Menschen einsperren, hey Mann, das ist nicht o.k. Aber am Horizont lauert schon der Regenbogen. Thank you for the pictures of living ... And the beautiful of black and the white ... I thank you for the shadows ... For the lightning and the rain. Danke für diesen schönen Morgen. Danke für all die guten Sachen. Give me some peace on earth. Dann folgt prompt eine gewisse musikalische Abrüstung. Decrescendo. Pianissimo. Das Publikum hält den Atem an. Die

Orgel flirrt. Und erstirbt. Kerr grunzt. Rhythmisches Klatschen. Der Takt wird gesucht, aber nicht so recht gefunden. Der Baß bringt wieder ein bißchen Ordnung rein. People walking hand in hand. Nananana. Don't You ... Von jeder Träne geht eine Mark an Amnesty. Soziale Kälte fröstelt. Ungerechtigkeit rules. Mandela Day! Sag Mandela »Guten Tag«. (»Es ist 25 arschlang her, da schnappten sie diesen Mann, nun aber heißt es ›Freiheit ick hör dir trapsen!‹ Wisch die Tränen aus dem Knopfloch, sie sagen Mandela ist so frei, die Biege zu machen! Oh, oh, oh Mandela, guten Tag! Oh, oh, oh Mandela hat heut frei!«). Das big Finale lauert. Die Synthies beginnen zu jubilieren, der Russe kommt, Kerr schmeißt sich voll rein, macht die Windmühle, das Nachthemd fliegt im zarten Juliwind, es dröhnt, und die Peinlichkeit all around ist mit Patschehändchen greifbar: Thank you for the joy and the happiness. Schluß, Tusch, Jubel, Feuerwerk.

Wie gesagt: Gänsehautfeeling pur. Aber jetzt ist es nach drei Zugaben vorbei. Alles leuchtet. Der sommerliche Kirchentag löst sich auf. Auch der Mini ist schnell gefunden. Der dicke Belgier sitzt wieder vorne, ich muß nach hinten. »Scheiß auf den Regenwald«, sagt mein Cousin, der als erster die Sprache wiederfindet, »laß uns jetzt zu McDoof fahren, ich hab Hunger.« »O.k.«, sagen wir und fahren zum Quick nach Cagnes sur mer. Was aber habe ich bloß falsch gemacht 1986?

*

SIMPLE MINDS, TRACK LIST # 5, 15. 7. 1986, FRÉJUS

Intro
Waterfront
Speed Your Love To Me
Come A Long Way
Book Of Brilliant Things
Ghost Dancing
Don't You (Forget About Me)
Promised You A Miracle
Once Upon A Time
Oh Jungleland

All The Things She Said
Alive And Kicking
The American
New Gold Dream
Big Sleep
Sanctify Yourself
Someone Somewhere In Summertime
East At Easter
Love Song / Sun City / Dance To The Music

174

Gottseidank nicht im Steinbruch

Nomeansno im Juhubuhaus, Nieder Olm (1988)

Von Martin Büsser

Ich werde den Teufel tun, von meinem ersten Konzert zu schreiben. Das nämlich muß gewesen sein, als ich gerade ins Gymnasium eingeschult wurde. Damals hatten »die Großen«, also die Oberstufler, noch lange, in der Mitte gescheitelte Haare, trugen Bärte und zum Teil sogar Stirnbänder. Für mich sahen sie furchterregend aus. Und ebenso furchterregend war ihre Musik, Coverversionen von Deep Purple. Dort unten in der rheinhessischen Provinz, wo ich aufgewachsen bin, kommt alles sehr spät an. Bis tief in die achtziger Jahre hinein bestanden die jährlichen Konzerthöhepunkte aus sommerlichen Open Airs im Steinbruch, wo Gruppen wie die Doors-Revival-Band, die Led-Zeppelin-Memorial-Band und die Manfred-Mann-Forever-Band spielten. Höhepunkt solcher Abende waren die Auftritte von aus irgendwelchen Landkommunen herausgekrochenen Mittvierzigern, die, so munkelte man, früher einmal in Deutschland Musikgeschichte geschrieben haben sollten. Die Älteren, die auch noch Mitte der Achtziger lange Haare, Bärte und Stirnbänder trugen, kifften, was das Zeug hielt, um entsprechend verzückt solchen abendlichen Highlights, Gruppen wie Guru Guru und Embryo, lauschen zu können. Wie gesagt, liebe Leserinnen und Leser, ich schreibe hier nicht über 1972, sondern über 1984. Und ich befürchte, daß dem auch heute noch so ist. Mitbekommen habe ich es nicht mehr, aber es ist mehr als nur wahrscheinlich, daß da draußen noch immer Embryo und Guru Guru auftreten. Und es ist sogar zu befürchten, daß sie nun wieder als hip gelten, daß sie da draußen von richtig jungen Leuten plötzlich als »Väter des Techno« gefeiert werden. Und die Alten werden auch noch da sein und unterm Stirnband hervor zu den Jungen sprechen: »Seht ihr, wir haben es schon immer gesagt!« Falls sie so lange Sätze überhaupt noch hinbekommen.

Als versprengte Gruppe von selbsternannten Punks hatten wir es in dieser an die Pfalz grenzenden Provinz in den frühen Achtzigern wirklich nicht leicht. Die »richtigen« Konzerte fanden hundert Kilometer entfernt in Frankfurt statt. Und Führerschein hatten wir noch keinen. Eine solche Umgebung freilich ließ einen zum Wissenschaftler werden. Man lernte schnell zu kompensieren. Mehr noch als die Leute in der Stadt, die das ganze Zeug ja täglich vorgesetzt bekamen, beschäftigten wir uns via Theorie mit diesem ganzen heißen Insider-Wissen, lernten Besetzungslisten auswendig, konnten die Titel sämtlicher Clash-Singles runterbeten und jeden Song der Dead Kennedys mitsingen. Eine Band nebenbei, die mir einst von einem Kumpel mit den Worten empfohlen wurde:»Klingt voll geil, die sind nämlich sauschnell! Aber wahrscheinlich Nazis.« Er hatte den Song»Nazi Punks Fuck Off!« nicht so richtig verstanden und dachte,»Fuck Off« wäre so etwas wie ein Schlachtruf zur Begrüßung. Okay, das spricht nicht gerade für unsere Englischlehrer, aber wir waren, das muß ich anmerken, auch noch verdammt jung. So jung, daß ich beispielsweise dachte, es wäre cool, sich eine Rasierklinge ans Ohr zu hängen. Weil man sich allerdings mit vierzehn noch in einem Alter befindet, in dem man ständig und überall an sich rumspielt, begann ich plötzlich mitten im Physikunterricht wie ein Schwein unterm Messer zu bluten. Das war das Ende meiner kurzen»Härter als Exploited«-Phase.

Mitte der Achtziger war dann alles vorbei. Da entstand wirklich so ein toter Punkt, von dem aus ich dachte, daß es niemals mehr eine widerspenstige, andersartige und also coole Musik wird geben können. Mit einem Schlag nämlich waren sie alle weg. Die Dead Kennedys hatten sich gerade aufgelöst, und auch in Deutschland sah es nicht gerade gut aus. Draußen im Steinbruch spielten derweil noch immer Guru Guru. In Alzey, dem Städtchen, wo ich zur Schule ging, lief die Blues Brothers-Coverband heiß. All die schrägen und provozierenden Sachen, die noch vor zwei bis drei Jahren unsere Gemüter erhitzt hatten (auch wenn wir sie nicht live zu sehen bekamen), Gruppen wie Fehlfarben, The Wirtschaftswunder und S.Y.P.H., waren von der Bildfläche verschwunden, abgelöst von Herbert Grönemeyer und Klaus Lage. Schlechte Zeiten für Rock 'n' Roll. Also begann ich Arno Schmidt zu lesen und mich auf mein Abitur vorzubereiten.

Ich schreibe diese Vorgeschichte so ausführlich, um den Kick zu erklären, den emotionalen Sprengstoff, den das Konzert, von dem ich gleich berichten werde, bei allen Beteiligten ausgelöst hatte. Dieser Kick kam nicht nur zustande, weil wir über Jahre und inzwischen sogar Jahrzehnte in toten Ortschaften gelebt hatten, sondern weil das Ereignis eben zugleich in eine der musikalisch totesten Perioden hineingebrochen ist, so unerwartet hineingebrochen wie das durch den Film jagende Raumschiff im»Leben des Brian«. Es gibt sie leider, diese Phasen innerhalb der Popgeschichte, Phasen, die auf ganz große, emotional aufgeladene, hoffnungsträchtige Jahre folgen. Die Dürre nach dem allzuheißen Sommer der Liebe. Phasen, in denen jegliche Aufbruchsstimmung und alle Revolutionsromantik in sich

Foto: Anne Ullrich

Linke und rechte Seite, Foto: Anne Ullrich

zusammenfallen. So stelle ich mir zum Beispiel die Jahre zwischen '73 und '76 vor, also die Zeit zwischen dem Ende von Psychedelic und dem Beginn von Punk. Wie ernüchternd mußte das gewesen sein, als nach Hendrix, nach den Doors und diesen ganz großen Gesten, mit denen da vom intensiven und befreiten Leben erzählt worden war, plötzlich nur noch Sachen wie Genesis und Fleetwood Mac übrig blieben? Okay, es gab Roxy Music, aber ich glaube, die hat damals hierzulande niemand so richtig verstanden.

Wie gesagt, die Zeit zwischen 1985 und 1988 war ebenfalls eine solch ausgestorbene Zeit, wenn man nicht gerade auf den glattgebügelten Mittachtziger-Pop stand, der selbstredend viel schlimmer war als der glattgebügelte Frühachtziger-Pop, der immerhin noch so Spitzen wie Soft Cell und Frankie Goes To Hollywood hervorbrachte.

Doch dann erreichte uns die Nachricht: Nomeansno kommen nach Nieder Olm. Nomeansno? Nieder Olm? Von der Band hatten wir gehört. Deren Platten sind auf dem Label von Ex-Dead Kennedy Jello Biafra erschienen, Kanadier sollten es sein. Hardcore nannten einige ihre Musik – wie Punk, aber doch ganz anders, neuer, intensiv und nicht so stumpf parolenhaft wie das, was von Punk übriggeblieben ist. Nieder Olm, das sagte uns auch was. Ehrlich gesagt, sagte uns das sogar mehr als Nomeansno, denn es handelte sich um ein Dorf in unserer Gegend, kurz vor Mainz gelegen, einen Ort also, an dem bislang noch keine Popgeschichte geschrieben wurde. Geschweige denn sonst irgendeine Geschichte.

Was als wundersames Gerücht begann und in Form von kursierenden Flyern eine Art materielle Wahrscheinlichkeit erhielt, wurde wahr! Fragt mich nicht nach dem genauen Datum. Da es draußen warm war und der Innenhof mit Scherben übersät, muß es im Frühjahr oder Sommer 1988 gewesen sein. Als wir ankamen, war die Stimmung schon bis zum Äußersten gesteigert. Fremde und fremdartige Autokennzeichen begrüßten uns, aus dem Raum Stuttgart waren welche angereist, andere aus Karlsruhe. Eine große Euphorie lag in der Luft, die wohl mit der Exklusivität zusammenhing, mit der Freude aller, Veranstalter und Publikum, es geschafft zu haben, eine Band, von der so viel geredet wurde, in ein so verschlafenes Nest wie Nieder Olm zu holen. In ein Jugendzentrum zudem, das höchstens hundert Leute faßte. Dies war die Exklusivität der ersten Stunde. Freude daran, nach all den Jahren an etwas teilhaben zu dürfen, das sich wieder nach intaktem Underground anfühlte, nach einem Neubeginn. Und daß es sich so anzufühlen hatte, dafür sorgten alle Beteiligten. Im Eingangsbereich wurden kistenweise Platten verkauft, die Antifa hatte ihren Stand aufgestellt. Ohne daß hier große Absprachen unter den Leuten getroffen wurden, war von Anfang an klar gewesen, daß Musik und Politik hier zusammengehörten. Alle Beteiligten wollten endlich den Punk wieder zurück und alle waren sich zugleich darüber einig, ihn anders zu wollen. Zeitgemäßer und auch reifer, insofern man aus den alten Fehlern lernte, zum Beispiel aus dem verheerenden Proll-Kult, der dazu geführt hatte, daß bei Punkkonzerten statistisch auf einen Punk fünf Hunde und also achtzig Flöhe kamen.

Nachdem ich Nomeansno an diesem Abend gesehen hatte, wurde mir klar, daß es das Recht einer jeden Generation ist, den Punk für sich neu zu erfinden, ihn für sich ganz alleine neu zu erschaffen. Nachdem die Vorband, deren Namen ich vergessen habe, sich wacker durch ihr Set gehämmert und der Schlagzeuger in der alle und alles beherrschenden Euphorie seine gesamten Trommeln zerfetzt hatte – in einem kurzen Ausbruch von Nüchternheit stiegen ihm beim Zusammenlesen der Trümmer die Tränen in die Augen –, traten Nomeansno auf und taten, was alle gehofft, es aber nicht wirklich erwartet hatten: Sie erfanden Punk neu.

Im Mittelpunkt standen die Brüder John und Rob Wright, der eine über dreißig, der andere über vierzig. Alles, was nun folgte, Nummern wie »Small Parts Isolated And Destroyed«, »Victory« und »Real Love«, der schwerste Metal-Dampfhammer seit »Highway To Hell«, allerdings ins düster Existenzialistische gewendet, drückte uns mit voller Kraft an die Wand. Alle Teilnehmer waren dermaßen paralysiert, daß es schwerfällt, sich an irgendetwas während des Konzertes zu erinnern. Wurde Pogo getanzt? Gab es zu dieser Zeit bereits Stagediver? Aber was wäre passiert, wenn ein Stagediver in eines der Löcher gefallen wäre, die für die Musik von Nomeansno so typisch sind, in einen dieser Breaks zwischen den Schlägen und tonnenschweren Gitarrenriffs, Breaks von der Kühnheit eines John Cage, wo plötzlich die Stille endlos erscheint, obwohl sie doch nur drei Sekunden anhält? Drei Sekunden abrupter Stille hätten gereicht, einen Stagediver in die Leere fallen zu lassen.

Sprachlosigkeit breitete sich aus, denn diese Musik war wirklich neu. Sie war anders. Sie war das, wonach wir alle gierten: Das bislang Ungehörte. In dieser Musik gab es Elemente von Punk, es gab starke Referenzen an Metal, aber auch an Blues, allerdings eine ganz andere Art von Blues als jener, mit dem die Blues Brothers-Coverband in unserem Städtchen alljährlich aufwartete. Zugleich hatten Nomeansno sehr viele Artrock-Elemente in ihrer Musik, Anleihen an King Crimson und natürlich einen wahnsinnigen, bei Gang Of Four entlehnten Funk, der den ganzen Körper mitriß, ohne daß der Bass in schrecklichem Chili Peppers-Slapp-Posing ausartete. Nomeansno taten das, was bislang als unerhört galt: Sie brachten Elemente in Punk ein, die sich Punk bislang verboten hatte, weil solche Elemente als »der Feind« galten.

Was an diesem Abend vermittelt wurde, war eine unglaubliche musikalische Offenheit gepaart mit menschlicher Wärme. Daß hier zwei eher ältere Herren ganz ungestylt auf der Bühne standen und eine Musik spielten, die die Power von Punk hatte und zugleich eine musikalische Komplexität, die ihnen später den etwas dümmlichen Begriff Jazzcore einbrachte, hatte etwas sehr Befreiendes. Es vermittelte, daß es scheißegal ist, wer welche Musik spielt und wer welche Klamotten anzieht, solange er nur gut drauf ist. Und »gut drauf sein« hieß seinerzeit nicht, einen auf »Happy Happy-Love Parade« zu machen, sondern daß jemand etwas in der Birne hat, ohne ein Klugschwätzer zu sein, und daß er also zugleich auch weiß, wo er politisch steht. Mit einem Mal war alles Sektiererhafte und Dogmatische, was zum langsamen Absterben von Punk geführt hatte, verschwunden. Direkt nach dem Konzert verschwanden die Brüder Wright in ihren Tourbus, aber nicht, um sich gegenüber dem begeistert aufgestachelten Publikum zu verschanzen, sondern um aus dem Bus heraus Platten und T-Shirts zu verkaufen. In der Menge vorm Bus, endlich wieder Sauerstoff in den Lungen, sah ich mich auf dem kleinen Dorfplatz um. Die Bewohner, vorwiegend Bauern, hatten sich in ihre Häuser zurückgezogen. Draußen war die Welt plötzlich wieder provinziell, klein und still. Als ob es die soeben erlebte Stunde nie gegeben hätte. Aber es hat sie gegeben, denn das ließ sich auch noch in den nächsten zwei bis drei Jahren prüfen. Diese Stunde war der Auftakt zu einer kurzen, aber sehr intensiven Zeit, einer Zeit, die für mich den letzten großen Höhepunkt des Punk ausmachte, vielleicht sogar das letzte große Aufscheinen eines utopischen Gedankens von Rockmusik als Stimme sozialer Befreiung. Das mag pathetisch klingen, wurde aber von allen daran Beteiligten so empfunden. Wir, die wir zu dieser Zeit endlich Führerscheine hatten (zumindest einige von uns), fuhren quer durch die Republik, um jene zu sehen, die die Achtziger aus ihrer musikalischen Stagnation gerettet hatten. Die Liste ist lang. Alice Donut waren da, firehose (Nachfolger der legendären Minutemen), die heute leider vergessene Silvia Juncosa, Pussy Galore, die Leaving Trains, kurz, letztlich alle, die auf den damals relevanten US-Labels SST, Touch & Go und Homestead veröffentlicht hatten. Es ist schwer, das Charakteristische an dieser Musik und der damit verbundenen Szene mit wenigen Worten zu erklären. Vielleicht läßt es sich ja über Nomeansno fassen. Wenn man vor oder nach dem Konzert mit einem der beiden Wright-Brüder sprach, lag ein dauerndes Strahlen in ihren Augen, das gewiß nichts mit Kiffen zu tun hatte, sondern das von Wißbegier zeugte, von der Neugierde und dem Wunsch, alles um sich herum aufzusaugen und zu thematisieren. Für ein paar Jahre wollten ein paar Menschen alles und zwar alles sofort. Dies führte zu einem Übermaß an politischer Diskussion und zu einem Überschuß an musikalischer Energie, die sich unentwegt von neuen Einflüssen inspirieren ließ. Über John Coltrane wurde ebenso wie über Eddie Van Halen debattiert. Vielleicht, denke ich heute, war all das so lebendig, so gierig und so schnell, weil alle Beteiligten bereits etwas von der Unwahrscheinlichkeit dessen verspürten, was sie da durchlebten. Die Intensität, die das Familiäre seinerzeit ausgemacht hatte, war so nahe am Rande des Unmöglichen, war so eigenweltlich utopisch aufgeladen, daß wir ihr schnelles Verschwinden bereits im Vollzug verspürt haben. Kurz darauf fiel die Mauer und mit ihr der Sozialismus in Europa. Und vielleicht ist es kein Zufall, daß das Ende der Rockmusik, ihr letztes Aufbäumen als Gesellschaftsutopie mit linken Vorzeichen, genau in diese Zeit des Umbruchs gefallen war.

Zwei Jahre später habe ich Nomeansno noch einmal in Frankfurt gesehen. Dort spielten sie bereits vor tausend Leuten. Das Familiäre war verschwunden, die geheimbündlerische Szene ist von der Öffentlichkeit überrollt worden. Es gibt eben für alles nur ein erstes Mal. Bereits in Frankfurt ist das Zuhören eine Art Erinnern gewesen.

Unter Geiern

Rio Reiser in Eschwege (ca. 23. Juli 1988 – nun ja ...)

Von Hartmut El Kurdi

Das wichtigste Rockkonzert meines Lebens habe ich verpaßt. Nein: verweigert! Es muß irgendwann in den frühen 80ern gewesen sein:»Kommste mit zu den Scherben?« hatte mich Suse, das jüngste Mitglied unserer juvenilen Neo-Hippie-Clique, eines schönen Tages gefragt. Suse war eine Frucht der freien Liebe, aufgezogen von zwei antiautoritären, flokatibesessenen Gesamtschullehrern und für eine Zwölfjährige erstaunlich bewandert im Umgang mit Valium, Ephedrin und den diversen Darreichungs- und Aufbereitungsformen von THC-haltigem Pflanzenmaterial.

»Wohin?« fragte ich etwas verunsichert. Hatte ich mal wieder nicht aufgepaßt? War da wieder irgend etwas kolossal Wichtiges an mir vorbei gegangen? Der selbstverständliche Ton meiner altklugen Gesprächspartnerin ließ dies zumindest befürchten.

»Na zu den Scherben, die spielen doch nächste Woche in der Ing.-Schule.«

Die »Ing.-Schule« hieß »Ing.-Schule«, weil sie ihre Gebäude-Karriere einst als Ausbildungsstätte für Ingenieure begonnen hatte. Inzwischen war sie eine Zweigstelle der Gesamthochschule Kassel und darüber hinaus ein beliebter Veranstaltungsort für Rockkonzerte, Kabarett und andere kulturelle Freizeitvergnügungen der »alternativen« Szene. Und eben dort, in der Aula, sollten SIE spielen, SIE, die ich, ich geb's einfach mal zu, gar nicht kannte, aus welchem Grund auch immer. Für alle anderen waren SIE ein Mythos.

»Du kennst die Scherben nicht?« Suse war drauf und dran, vom Glauben abzufallen. Sie kramte in ihrer Plattenkiste und zog eine in einem weißen Faltkarton verpackte Doppel-LP hervor. »Hier, KEINE MACHT FÜR NIEMAND, das ist total geil!« Sie legte die Platte auf, und als die ersten Töne erklangen, bekamen ihre Augen einen glänzend-flittrigen Sternenstaubschimmer. Zwar war ich damals noch nicht von der Notwendigkeit kultureller Toleranz überzeugt, wollte aber, angesichts der Begeisterung meiner Gastgeberin, dieser »geilen Band« eine Chance geben. Suse spielte mir ihr Lieblingslied vor: »Das ist der Rauch-Haus-Song!«

Ich hörte dilettantisches Klaviergehämmer, dazu Banjo-Geschrammel, und die ersten Schläge der nach einigen Takten holpernd einsetzenden

Drums klangen nach einem plötzlichen Kastanienregen, den der Herbstwind aus den Baumkronen schüttelt: also vollkommen daneben und out of time. Und dann begann jemand zu singen. Falsch: zu nölen, kraftvoll zwar, aber doch schwer nervtötend, lispelnd, mit aufgesetztem Berliner Hausbesetzer-Akzent. Und als sei dies nicht genug, fielen im Refrain ein paar anscheinend zufällig anwesende Komparsen mit ein und grölten in einer Art antiharmonischer Mehrstimmigkeit, wie man sie sonst nur aus Fußballstadien kennt, irgendwelche platten Agitprop-Parolen. Nein, nein, nein, das wollte mir überhaupt nicht gefallen!

Ich erklärte Suse, daß ich ihre Lieblingsband leider scheiße fände und nicht willens sei, mit ihr ein Live-Konzert dieser Musik-Verbrecher zu besuchen. Suse war sauer, und ich verpaßte nicht nur ein Ereignis, über das ich hier und heute so wunderbar hätte berichten können, sondern verbaute mir mit diesem leichtsinnig dahingebildeten Urteil auf Jahre hinaus die Möglichkeit, die Musik einer der wichtigsten Bands Deutschlands zu genießen und zu würdigen, sei es nun live oder auf Platte. Als Ton Stein Scherben zwei, drei Jährchen später im Rahmen ihrer letzten Tour wieder meine Heimatstadt besuchten, erinnerte ich mich nur an diese für mich grauenvolle Begegnung mit ihrem »Rauch-Haus-Song« unter Suses Hochbett und lehnte einen Besuch des Konzerts erneut ab, obwohl ich mich damit in meinem Freundeskreis kurzfristig isolierte. Auch die Behauptung des Kasseler Anzeigenblatts »Extra Tip«, die Scherben würden gemeinhin als »die deutschen Rolling Stones« gehandelt, brachte mich nicht von meiner Verweigerungshaltung ab. Nein, das waren Nichtskönner, Politflachschippen – so was wollte ich nicht hören!

Ich war so dumm.

Die Jahre vergingen, die Scherben lösten sich unbemerkt von mir auf – war mir ja auch egal –, und dann sah ich eines Tages einen nicht mehr ganz jungen Herrn im Fernsehen, dem es mit einem reizend albernen Liedchen über all die Dinge, die er tun würde, wenn er »König von Deutschland« wäre, gelang, mein Urteil zu korrigieren und die Dinge ein für alle Mal zurechtzurücken. Ja, darauf bin ich doch ein wenig stolz: daß ich mich ausgerechnet zu dem Zeitpunkt für Rio Reiser zu interessieren begann, als sich die meisten alten Scherben-Fans mit Grausen von ihm abwandten, ihn des Verrats, des Ausverkaufs und tausend anderer Sünden wider den revolutionären Weltgeist bezichtigten. Sorry, Genossen, mir gefiel »Rio I.«! Und wahrscheinlich ermöglichte mir wirklich erst die – meinetwegen dem »Kommerz« geschuldete – unaufdringliche, unprätentiöse, ja fast schlagerhafte Leichtigkeit der Songs auf dieser LP, also ihre Popqualität, den Zugang zu diesem Musikgiganten. Mit »Rio I.« lernte ich diese Stimme lieben und von da an war ich bereit, von ihr alles zu akzeptieren, sei es nun »Junimond«, »Auf einem Baum ein Kuckuck« oder, wenn's denn sein mußte, sogar den »Rauch-Haus-Song«.

Vor allem war ich nun endlich bereit, dieser Stimme live zu begegnen. Eschwege ist ein nordhessisches Kreisstädtchen mit gut 20.000 Einwohnern. Der Beitrag dieses Gemeinwesens zum Weltkulturerbe besteht aus zwei Phänomenen: 1. der drolligen Poppunkband The Bates und 2. einem Open-Air-Festival, welches die Verantwortlichen in der dem Kulturveranstalter eigenen Liebe zum arschdoofen Wortspiel »Open Flair« nennen. Das »Open Flair« fühlt sich stark dem Klischee verpflichtet und hat daher alles, was ein mehrtägiges Festival in der Provinz haben muß: Campinggelegenheiten, freischaffende Drogenhändler, Energiebällchen, Grünkernburger und buntgekleidete langhaarige Freizeitfeuerspucker, die einmal im Jahr ihre Landkommunen zusperren oder die Eingänge zu ihren unterirdischen, fuchsbauartigen Behausungen mit Zweigen und Moos tarnen, um zum »Open Flair« zu pilgern und dort beim ersten Sonnenstrahl ihre Batikgewänder von sich zu werfen und ihre Brüste und Pimmelchen zu Musiken der unterschiedlichsten Stilrichtungen – da sind sie seltsamerweise gar nicht wählerisch – wild schlackern und warme Sommerluft atmen zu lassen. Und in dieser ebenso pittoresken wie irrealen Umgebung sah und hörte ich mein erstes Rio Reiser-Konzert. Man schrieb das Jahr 1988, und Rio hatte grade sein zweites Soloalbum veröffentlicht: »Blinder Passagier«. Ich hatte inzwischen natürlich längst meine Hausaufgaben gemacht, mir pflichtschuldigst sämtliche Scherben-LPs nicht nur gekauft, sondern sie bis kurz vor den Trancezustand durchgehört und einer ausgiebigen, wenn auch unorthodoxen Exegese unterworfen. Wie jeder Ton Steine Scherben-Fan vor einem Reiser-Konzert fragte auch ich mich an jenem Tag in Eschwege, ob und wenn ja, welche Scherben-Songs bei dieser Gelegenheit zum Vortrage gebracht würden. Der Unterschied war nur, daß ich, der ich meine Initiation durch »Rio I.« erlebt hatte, mich genauso darauf freute, die Songs der beiden Solo-LPs zu hören. Andere sahen das an diesem Tag anders. Es roch nach Ärger.

Am Morgen ging das Gerücht, Reiser habe fernmündlich ausrichten lassen, er wolle nicht auftreten, weil die Bühne nicht die im Vertrag zugesicherte Größe habe. Wie bei Gerüchten so üblich, wußte niemand, wer es aufgebracht hatte, was es aber nicht daran hinderte, in Windeseile über das Gelände, unter den Tischen der Öko-Stände hindurch, über die Bierbank-Sitzecken und quer durch alle Zelte zu lauffeuern. Ich stand mit einem

Freund in der Schlange zu einer der Getränkeausgaben, als sich vor uns zwei winzig kleine Punks, vielleicht vierzehnfünfzehn Jahre alt, über Reisers skandalöses Verhalten ereiferten, wobei sie jeden ihrer Sätze faszinierenderweise mit einem halb angeekelten, halb verwunderten »Ey« begannen.

Winzig kleiner Punk 1: »Ey, das paßt zu dem, dem geht's doch nur noch um Kohle!«

Winzig kleiner Punk 2: »Ey, und die Scherben-Schulden willer auch nicht mehr bezahlen.«

Winzig kleiner Punk 1: »Ey, dabei macht der mit seinem Kommerz-Scheiß jetzt voll den Schotter!«

Winzig kleiner Punk 2: »Ey, weißte, früher da war der Rio 'n echter Kumpel, aber heute isser 'n ...« Er suchte nach einem schlimmen Wort: »... 'n Yuppie!«

Damit war das Gespräch beendet. Kindermund tut ja angeblich Wahrheit kund. Dennoch fragte ich mich: 1. Was die Größe der Bühne mit »Kohle« zu tun hatte? Und 2. Wie man auf den Gedanken kommen konnte, ausgerechnet den immer leicht schmuddelig wirkenden Reiser als einen »Yuppie« zu bezeichnen? Nun ja, dachte ich, man muß die Welt manchmal auch von den Füßen auf den Kopf stellen, um zu neuen Erkenntnissen zu kommen. Oder so ähnlich.

Zwei Stunden später rückte der Reiser-Troß an und löste damit das Gerücht in Luft auf. Der Zorn blieb.

Als Rio dann zum Soundcheck die Bühne betrat, hatten sich davor schon ein paar berauschte Punks versammelt, die es für einen Akt des politischen Widerstands hielten (vergleichbar etwa mit den Aktionen der »Weißen Rose« oder der Vereitelung der Schweinebucht-Invasion), »Verräter, Verräter« und »Kapitalistensau« zu brüllen. Rio versuchte das zunächst zu ignorieren, irgendwann gelang ihm das aber nicht mehr, und so beugte er sich zu den Partisanen herunter und fragte: »Ey, was soll'n das?«

Ich freute mich darüber, daß auch er anscheinend gerne seine Sätze mit »Ey« begann. Den Dosenbier-Guerilleros war das egal, keiner von ihnen nahm das Angebot zum direkten verbalen Schlagabtausch an. Sie wandten sich einfach kurz von der Bühne ab und einander zu und begannen »Macht kaputt, was euch kaputt macht« zu grölen. Rio verdrehte die Augen, er kannte dieses Spiel wohl schon, und dann begann der Soundcheck. Als der langweilige Teil der Lautstärke- und Klangabstimmung (»Boom, boom, boom – mehr Mitten auf die Bassdrum und mehr Bassdrum auf den Monitor!«) beendet war, spielte die Band zum Zwecke der Überprüfung des

Gesamtklanges einen Song an. Als Rio den Mund öffnete und zu singen begann, flog ihm eine volle Bierdose an den Kopf. Er brüllte: »Scheiße!« und hielt sich die Stirn. Der Tourmanager führte Rio von der Bühne, während die Band, unter ihnen die andere Scherben-Legende R. P. S. Lanrue, ratlos herumstand. Die Volksbefreiungsarmee hatte sich nach dem Angriff, wie es die Taktik vorschrieb, blitzschnell in die Wälder zurückgezogen.

Danke, dachte ich, das war es jetzt wohl! Dafür bin nun nach Eschwege (!) getrampt (!), in einem alten 2 CV (!), durch dessen geschlossene Belüftungsklappen es zog wie Hechtsuppe, was aber immerhin den Effekt hatte, daß der vom Fahrer durch unablässiges Rauchen selbstgedrehter Tabakkanonen der Marke »Schwarzer Krauser« (!) im Wageninneren verteilte, fast schnittfeste Qualm etwas verdünnt wurde – und ich nicht wirklich ersticken mußte, sondern nur einen leichten Schatten auf die Lunge getuscht bekam.

Alles umsonst. Fan sein, heißt leiden.

Aber da hatte ich mich in Rio Reiser getäuscht. Man singt nicht »Die letzte Schlacht gewinnen wir« und läßt sich dann von einer Bierdose einschüchtern. Drei Stunden später lief die Band auf, als sei nichts geschehen, R. P. S. Lanrue wurde mit respektvollem Applaus und vereinzeltem hysterischen Gekreische begrüßt, und schließlich erschien – ja, irgendwie wirkte er tatsächlich wie eine »Erscheinung«! – Rio als das heroische Gossenkind, das er schon seit Beginn seiner Karriere gegeben hatte: die strähnigen, langen Haare halb unter einer Art Dicensscher Proleten-Ballonmütze versteckt, ein abgetragenes schwarzes Jackett, schwarze Jeans, schwarzes Hemd und – barfuß! Das wußte jeder Reiser-Fan: Er war immer barfuß. Wie Sandie Shaw und der Heiland am Kreuz.

Ich weiß nicht mehr, mit welchem Song der Abend begann, aber das war mir auch egal. Ich stand im hinteren Drittel der vielleicht 3000 Menschen zählenden Menge, unter einem Baum, klatschte nicht, johlte nicht, hörte nur zu. Die autonomen Kampftrinker vom Nachmittag konnte ich nirgends ausmachen, aber ich suchte auch nicht wirklich nach ihnen. Wahrscheinlich standen sie wieder vorne an der Bühne, denn dort hörte man nach jedem Song einen mehrköpfigen Drachen »Keine Macht für Niemand« fauchen. Nach dem dritten Mal sagte Rio: »Och nö!« und nach dem vierten Mal »Hört doch mal auf!«. Er war nicht bereit, ihnen ihren Wunsch zu erfüllen. Dafür aber standen andere Scherben-Klassiker auf dem Programm: das hämmernde, düster-leidenschaftliche »Jenseits von Eden« mit der großen Zeile »Mama, Mama, warum hast du mich gebor'n oder hat mich der Esel im Galopp verlor'n«, der beschwörende Trostspender für alle Einsamen und Ungeliebten »Halt dich an deiner Liebe fest« und das seltsamerweise ebenso pessi- wie optimistische Anarchisten-Resümee »Der Traum ist aus«. Die beiden letzteren Lieder sang Rio sich allein am Klavier begleitend. Und wie ich ihn so dort sitzen sah, fast autistisch vor sich hin musizierend, eins mit sich und dem Eschweger Sternenhimmel, da dachte ich: Hat mir vielleicht irgendjemand dort oben urplötzlich alle meine Sünden vergeben? Anders konnte ich mir das Glück und das Privileg, diesen Moment erleben zu dürfen, einfach nicht erklären. Und gleichzeitig fragte ich mich, wie dieser kleine, schmächtige, verlebt und verbraucht wirkende Kerl es schaffte, mit seiner Stimme und nur mit seiner Stimme das Herz jedes einzelnen Zuhörers zu erreichen und zugleich Trost zu spenden und Charme zu versprühen. Denn außer Singen tat er eigentlich nichts. Seine Ansagen waren kurz und knapp, seine Bewegungen eher linkisch und fast nie schaute er das Publikum an. Die großen, leicht basedowschen Augen hielt er meist geschlossen, was ihm einen Ausdruck irgendwo zwischen äußerster Konzentration und absoluter körperlicher Erschöpfung verlieh. Sein Gesang klang rauh, gehetzt, manchmal etwas schludrig, aber immer voluminös und warm. Vor allem gab er wirklich ratzfatz alles: Existentieller kann man wohl nicht singen. Es war, als ob ihm jemand einen entsicherten Revolver an die Schläfe hielte: Sing oder stirb! Und wenn die Stimmbänder nach dieser Show für immer ihren Geist aufgäben, ja dann sollte es wohl so sein. Es galt diesen Abend zu überleben und sonst nichts.

Allem Anti-Authentizitäts-Geschwätz der Kulturkritikaster zum Trotz: Wenn es so etwas wie »Echtheit« oder »Ehrlichkeit« in der Kunst gibt, dann war sie hier zu hören. Diese Stimme konnte nicht lügen. Und letztendlich ging es dabei weder um den Text noch um die Musik, sondern nur um den Klang dieses Organs, das pure Energie verströmte. Unbeleckt von akademischer Stimmbildung und Rock-Shouter-Manierismen. Diese Stimme war da und wahr. Punkt und Zappo!

An weitere Details dieses Konzertes kann ich mich nicht erinnern. Wie jeder Gefühlskracher begann es, war schön und auch schon wieder zu Ende. Ich weiß nur noch, daß Rio sich nach der Zugabe mit einem spreewälderessiggurkendicken Joint zwischen den Fingern verabschiedete und allen ein hippieeskes »Schlaft gut, aber nicht alleine!« wünschte.

Da ich leider niemanden zum gut Schlafen hatte, machte ich mich schweren und vollen Herzens auf den Weg zur Bierbude. Dabei überholte ich die beiden winzig kleinen Punks vom Nachmittag und belauschte, wie sie sich über das eben Erlebte austauschten.

»Ey, aber die Scherben-Songs war'n trotzdem geil!«

»Ey, und Lanrue war auch super!«

Gerne hätte ich ihnen ihre Stachelköpfe getätschelt und sie ermuntert, darüber zu diskutieren, ob die Tatsache, daß Reiser bei CBS unter Vertrag war und dennoch weiter so herzzerreißend, steinerweichend und bergeversetzend singen konnte, nicht ein Beweis für die Lächerlichkeit des Adornoschen Diktums von der Unmöglichkeit eines wahren Lebens im falschen sei.

Aber ich schwieg und ging vorbei ...

Das Brüllen der Bestie in allem Nihilismus

»Monsters Of Rock« im
Bochumer Ruhrstadion (28. August 1988) –
Von Frank Schäfer

»Worüber willst du eigentlich schreiben? Welches Konzert war denn dein erstes?« sagte sie. Nein, sie nahm die Sache nicht auf die leichte Schulter, soviel immerhin konnte ich ihrem ernsten Blick entnehmen. »Das kann ich dir ganz genau sagen. Das dritte Ohr im Gifhorner Kulturzentrum, so um 1981 dürfte das gewesen ...« Sie sah mich ausdrucklos an. »Ah, Das dritte Ohr. Wo? Kulturzentrum. Gifhorn. Nojo, warum nicht?«

Von da ab begann ich mein Konzept noch einmal zu überdenken. Nein, sonderlich geprägt hatte mich dieser an ein untertemperiertes koffeinhaltiges Heißgetränk erinnernde Bluesrock aus Deutschland, dem seine biedere bundesrepublikanische Gesinnung nicht nur musikalisch sehr anzumerken war, wirklich nicht. Die alten Dias in meinen Kopfprojektor einzulegen, stellte sich denn auch als gar nicht so ganz einfach heraus, sie ließen sich nämlich anfangs kaum aufstöbern. Als sie sich dann doch wieder anfanden, nur ein paar, aber immerhin, hatten alle diesen tristen Grauschleier vom Staub und Verfall, und die einstmals strahlenden Farben waren ausgeblichen. Und ich betrachtete sie kalten Auges, und es fröstelte mich, aber dann setzte schlagartig die Erinnerung ein. Nein, es lag gar nicht an der Zeit, die inzwischen vergangen war, an dem guten, aber steten Tropfen, der meinen Gehirnstein auszuhöhlen begann, dieses Konzert Anfang der 80er Jahre im Gifhorner Kulturzentrum war schlicht und einfach eine todtraurige, betongraue Veranstaltung gewesen. Diese Musik hielt uns den akustischen Spiegel vor und verzerrte unsere condition humain zur Kenntlichkeit: Eingeboren in die Provinz, ohne Chance, sie jemals aus unseren Köpfen und Töpfen zu bekommen, ohne Aussicht auf Levitation, auf ewig und darüber hinaus mit Torf am Hacken, Güllegeruch im Haar, auf ewig Spargel, Schmorbraten, Erbsen und Wurzeln. Wenn die Provinz ein Song wäre, Das dritte Ohr hätte ihn an diesem Abend gespielt. Und wenn man dann nur noch die Wahl hat zwischen Wolters und Feldschlößchen, dann ahnt man, daß sich auch in diesem Winter wieder einer vor den Zug schmeißen wird. Und plötzlich erinnerte ich mich auch meines ebenso überraschten wie früh resignierenden Schulterzuckens. So also ist das auf einem Live-Konzert!

Nein, so ist das ganz und gar nicht auf einem Live-Konzert. Und mit einem Mal war auch klar, worüber ich schreiben würde, worüber ich schreiben mußte. Es gab nun gar kein Vertun mehr. Über dieses EINE Konzert, es war das letzte »Monsters Of Rock«-Open Air seiner Art, und es begann an einem lauen Sonntag zur besten Bratenzeit, am 28. August 1988, im Bochumer Ruhrstadion. Und es fiel in diese drei, vier, höchstens fünf Jahre, in denen wir wirklich gelebt haben.

Eine Palette Carlsquell von Aldi, ein stabiles Schweizer Messer, um die obligatorische zweite Öffnung komfortabel ins Weißblech schlitzen zu können, zwei Dutzend schwarze BASF C 90-Chromdioxyd-Kassetten, schwermetallisch verseucht, ein beiger Golf (Modell AI), vollgetankt und mit ausreichend Dosenhaltern bestückt, vier junge Menschen, in Jeans und T-Shirt gewandet und zunehmend langhaarig – so etwa sahen die Rahmenbedingungen aus. Wir fuhren los, mußten mal austreten, fuhren weiter – und waren auch schon da.

Als wir den Wagen parkten, kurz die matten Glieder streckten und die Gegend in Augenschein nahmen – keiner von uns war jemals zuvor in Bochum gewesen, aber Parkplätze hatten die hier wie in Wolfsburg –, fiel sogleich ein Bandbus auf, dem ein paar schwarz gekleidete, lockenprächtige Schränke entstiegen, angeführt von einem Baum. »Alter, jetzt kuck dir das an, wenn das nicht Chuck Billy von Testament ist, dann schieß ich 'n halben Liter Weizen!«

Auch wir anderen hatten ihn erkannt und begannen nun Hypothesen aufzustellen, wie sich dieses Mirakel wohl aufklären lasse. Wir mußten gar nicht lange überlegen, nur zwei Möglichkeiten schienen überhaupt geeignet, unserem Frühzwanziger-Scharfblick standzuhalten: Testament waren ebenfalls zu Gast hier, um sich die avisierten Thrasher-Kollegen von Anthrax und Megadeth anzuschauen, oder aber, und da ging ein aufgeregtes Raunen durch unsere Reihe, sie sollten – spielen! Das käme dann allerdings einer kleinen Sensation gleich, denn neben den genannten Bands waren laut Plan, via »Metal Hammer« unter die Menschen gebracht, eigentlich nur mehr Treat, Great White, Kiss, David Lee Roth und schließlich als Headliner Iron Maiden gebucht. Wußten wir am Ende schon mehr als der gemeine Festival-Besucher? Es konnte gar nicht anders sein. Schnell einigten wir uns auf diese Version und streuten bereits in der Eingangsschlange Gerüchte aus vom zu erwartenden Special Guest. Gerüchte, die für Stirnrunzeln bei den vielen hübschen, blondierten und auftoupierten Kiss-Hörerinnen und Hörern sorgten, aber auch ein düster-grimmiges, lakonisches, eben so etwas wie Vorfreude anzeigendes Nicken der hartherzigeren Teilnehmerschaft zeitigten. Ja, ihre Gemüter gruppierten sich nun um das Lagerfeuer unserer frohen Botschaft und wärmten sich daran. Wer Augen hatte zu sehen, der sah dies nur zu gut.

Wir waren drin und schlugen alsbald hinter dem dreistockhohen Mischpultgebirge unser Jackenlager auf, etwa auf Höhe des gegnerischen Strafraums. Ganz genau ließ sich das nicht ausmachen, denn riesige Gummimatten bedeckten das Spielfeld, überhaupt den ganzen Innenraum des Stadions. Die Tore hatte man wohlweislich abgebaut. Auf der anderen Seite, kurz hinter der Torauslinie, etwa, die recht imposante Bühne, die bereits an beiden Seiten und im Back mit monströsen Pseudo-Eisskulpturen aus Gips und Styropor vollgestellt war – dem Cover des aktuellen Iron Maiden-Albums»Seventh Son Of The Seventh Son« nachempfunden.

Hätte man besser abdecken können, dachten wir noch, sieht ja so aus, als wär's ein reguläres Maiden-Konzert mit einem halben Dutzend Vorgruppen. Und das war's ja nun nicht, sondern ein Festival, das bekanntlich seine eigenen Gesetze kennt (mit denen der Headliner dann auch noch Bekanntschaft machen sollte, aber ich will nicht vorgreifen), ein Festival, bei dem auch viele Imponderabilien eine Rolle spielen, folglich die Zuschauergunst mitbestimmen, nicht zuletzt das Wetter, und bei dem der vermeintliche Haupt-Act nicht selten leer ausgeht, weil das Wolfsrudel hungriger Opener den Großteil der Publikumsenergie bereits ratzeputz weggefressen hat. Und weg ist auf einem Festival nun mal unmißverständlich weg ...

Treat gehörten nach meiner Wahrnehmung nicht zur Rotte. Wenn man das so gleichsam ex nihilo sagen darf. Sie sollen eröffnet haben, aber ich will verdammt sein, wenn sich auch nur ein Fünkchen von Erinnerung aus diesem Namen schlagen läßt. Da ist nichts mehr. Eine Zeitlang hatte sich der Gedanke zu schierer Gewißheit verfestigt, daß hier eine Frau den Baß traktierte, was ja immer noch auffällig war in dieser Männerdomäne, aber verwettet hätte ich darauf keinen einzigen Fünfer. Und jetzt fällt mir auch ein, daß ich eigentlich die deutsche Band Fact meine. Ach, mein Gedächtnis, ein»mitleidiges Sieb«, wie Arno Schmidt gesagt hat. Beziehungsweise, wie meine Mutter immer sagt:»Wenn man sich nicht alles aufschreibt ...«

Glücklicherweise haben andere mitgeschrieben bzw. aufgehoben: das Programmheft zur»Monsters«-Tour nämlich, und aus dem geht nun hervor, daß es sich hier um fünf schwedische Jungens handelt, die so hart getourt sind wie bislang keine zweite skandinavische Band (im Vorprogramm von W.A.S.P., Lita Ford, Gary Moore und sogar Queen), schon drei Platten veröffentlicht haben und allesamt süßer aussehen als meine damalige Freundin. Na, also. Es soll hinterher nicht heißen, wir hätten unsere Dokumentationspflicht vernachlässigt.

Die erste Umbaupause, die noch relativ kurz ausfiel, weil man bei den weniger bekannten Bands viel Wert auf zügiges Arbeiten legt und vor allem beim Soundcheck auch schon mal fünfe gerade sein läßt. Schon jetzt fiel allerdings unangenehm auf, daß die Techniker an der Pausenmusik und damit wirklich einmal am falschen Ende gespart hatten, denn so ein Open Air dauert ja nun gut 14 Stunden. Und wenn man da nur eine Kassette bei hat, noch dazu eine C 60, läßt sich schon in der ersten Umbaupause in etwa hochrechnen, wieviele Male die heute noch laufen wird. Man sollte das nicht tun, die Seelenruhe ist dahin, das Herz wird einem schwer.

Je nun, nur aufgrund des schwer nachvollziehbaren Geizes einiger Mischpultknopfdreher hämmerten sich also folgende Musiken für jetzt und

immerdar in unser Langzeitgedächtnis ein (manchmal, wenn ich zu spät zu viel gegessen habe, träume ich noch davon!): die damals brandneue Metallica-Maxi-Single »Harvester Of Sorrow«, als Vorab-Werbung für die gerade noch nicht erschienene Platte »... And Justice For All«, sowie das Album »Perfect Timing« der längst nicht mehr nur Michael, sondern jetzt McAuley Schenker Group geheißenen Band um den semmelblonden »Ausnahmegitarristen«. Der hatte sich im Jahr zuvor von der Plattenfirma eine Gesangsschwuchtel, eben jenen Robin McAuley, aufschwatzen lassen und bot nur mehr aalglitschigen Hard-Pop fürs amerikanische Familienradio. Jetzt versteht man, was wir litten.

Da kam auch schon der Ansager auf die Bühne, entschuldigte sich dafür, daß Megadeth – aus Gründen, die wir nie erfahren haben und werden – leider doch nicht kommen konnten, daß man aber glücklich darüber sei, so schnell gleichwertigen Ersatz gefunden zu haben. Und dann bat er Bochum darum, diese Band mit einem warmen Willkommensgruß zu empfangen: Testament.

»Ich habs gewußt, ich haaaabs gewußt.«

Und einige der umliegenden Menschen, die unser Gerücht mit gesunder Skepsis hingenommen hatten, schoben die Unter- über die Oberlippe und nickten hochachtungsvoll herüber. Was die alles wissen.

Gut, daß Megadeth nicht auftraten, war ärgerlich, aber es blieb wenig Zeit, sich sinistren Gedanken hinzugeben, denn Testament kamen über uns wie ein Naturereignis. Ein großer Mann mit einem indianischen Gesicht – vielleicht war er fünfundzwanzig Jahre alt, vielleicht auch schon fünfunddreißig –, startete zu einem interplanetarischen Sangesflug. Sein Kopf zuckte hin und her, während die Stimme emporsurrte; ihr Klang war ein elektrisches Donnern, erzeugt durch den Strom, der aus dicken Drähten kam (oder vielleicht sogar aus den Musikern selbst, aus ihren bioelektronischen Körperbatterien). Und der Sänger lenkte den Strom nicht ab, sondern ließ ihn emporwirbeln und verbrennen, ließ ihn über irgendeinen Lichtbogen des Bewußtseins hinabjagen. Und seine Stimme gellte hinauf zu einem Gipfelpunkt des Kreatürlichen, wie ein unter entsetzlichen Schmerzen sich häutender Lindwurm – es war das Brüllen der Bestie in allem Nihilismus. Elektrische Gitarren und Trommeln trieben ihn vor sich her – nonstop bis zu den Grenzen des Verstandes.

Da war das Geräusch von Gebirgen, die in diesem apokalyptischen Vernichtungssturm zusammenbrachen, von Herzen, die zerbarsten. Und Kräfte der Zukunft, mächtig, gestaltlos, wild und heiß wie Lavamassen, wälzten heran durch das Grab aller erworbenen Kultur – und jagten das Gehirn hinunter wie ein versinkender Kadaver, wie frisch geholzte Baumstämme eine Stromschnelle. Ein Wirbel von Dämonen. Ein Pfuhl von Aufruhr. Vibrierender Mißklang, als ob der audiophysikalische Höhepunkt des Zeitalters erreicht sei – und die Menschen standen da wie bei einem heidnischen Gottesdienst, feuerten ihre Höllenpriester noch an, wollten immer mehr ...

Bierholen. Anschließend Zeit für ein Nickerchen mit der McAuley Schenker Gruppe. Und auch der hausbacken wippende Hardrock mit leichter AOR- und Southern-Influenza, den Great White danach aus dem Ärmel schüttelten, lud herrlich zum Entspannen ein. Gern hörte man ihn sich aus der Ferne und im Liegen an, freute sich, daß Robin McAuley stillschwieg. Und als dann auch noch die Sonne richtig herauskam, war der Tag unser Freund.

Einmal sahen wir doch zur Bühne hin – der Gitarrist trug einen schwarzen Stetson und eine hübsch bunte Gitarre gleich unterm Kinn –, da überfiel uns schon wieder dieser süße Schlummer, aus dem wir erst erwachten, als Michael Schenker das angefangene Solo von vorhin beendete. Auch diese kurze Zeit der Langeweile (mit 20 kann man sich ja noch langweilen!) ward ausgesessen – und dann drückten Anthrax ganz machtvoll auf die Drüse.

In kurzen Hawaii-Hosen, aber damals noch langen Haaren sahen vor allem die beiden allzu kleinen Gitarristen Scott Ian und Dan Spitz aus wie just vom Skateboard abgestiegen, und in der Tat war die Band beliebt dafür, ein wenig kalifornische Laxitüde im harten Thrash-Business installiert zu haben. Eine quirlig-infantile Bühnenshow mit viel Gehopse und Kopfgedängel, eine gewisse Affinität zum Rap, eine allzeit blecherne Snare, vor allem aber zwei unisono vieltönige Schredder-Riffs durchschrotende Rhythmusgitarren – so einfach und effektvoll nahm sich das Anthrax-Konzept aus. Der immer und so auch heute ein wenig neben der Spur singende Joey Belladonna gab dann noch etwas atonale Grandezza hinzu. Und alles war sehr schön.

Noch schöner wurde es freilich, als jene Songs über die Bretter geschickt wurden, denen Melodierudimente ein gerüttelt Maß an Eingängigkeit sicherten. Das hymnische »Indians«, Belladonna hier im klassischen Federschmuck à la »Schatz im Silbersee«, stieß auf weit geöffnete Ohren, und im durchaus gesellschaftskritischen Chorus (»Cry for the Indians, cry for the

India-hans ...«) fiel das Auditorium engagiert mit ein. Es ging hier schließlich um die gute Sache.

Allein, es hatten auch Momente statt von wahrhaft beschwörender Innigkeit und einer emotionalen Wucht, die uns schier in die Knie zwang. Als einmal mehr chaotisches Durcheinandergebrabbel, das man uns beigebracht hatte Rap zu nennen, unser Gemüt ein wenig beschwerte und es dann plötzlich ruhig wurde, Belladonna sich zurückzog, um die beiden Gitarrenzwerge sich sammeln zu lassen; als die ein uns von Ferne bekanntes melodisches Intro so empfindsam und gänsehautcool intonierten und dann noch einen nichts weniger als anschlagsfaulen Riff hinterherschickten, der leicht zu identifizieren war, nämlich als Herzstück des All-Time-Klassikers »Antisocial« von Trust – da schien des Brüllens kein Ende mehr zu sein, und selbst noch die Existenz eines gütigen Gottes im Bereich des Möglichen.

Jetzt schnell Bier holen, um das erwartbare Pausenschicksal besser ertragen zu können. Ah, und da gaben sich denn auch schon Metallica die Ehre, die »Harvester Of Sorrow« mit einer Inbrunst repetierten, als wär's ihr allererstes Mal heute. Noch ein Pils gegen die McAuley Schenker-Plage. Danach folgte einmal mehr eine Anrede an die schöne Grubenstadt, die wohl besser in den amerikanischen Mittelwesten gepaßt hätte, die aber auch hier ihre Wirkung nicht verfehlte und die vielen fläzig Herumsitzenden in Habachtstellung vor die Bühne trieb: »All right, Bochum ... You wanted the best and you got the best, the hottest band of the world – Kiiiissss.« Und die dreiköpfige Gitarren-Armee knallte ihrem Publikum das stupid-effektvolle »Detroit Rock City« an den Latz, wie immer in den letzten 15 Jahren. Man muß an dieser Stelle vielleicht vorausschicken, daß Kiss in jenen trüben Achtzigern »unmasked« gingen und daß sogar die notorischen »SS«-Runen solchen Buchstaben aus einem weniger verfänglichen Zeichensatz weichen mußten, zumindest in Deutschland, darf dabei aber auch nicht einzuräumen vergessen, daß sich die Band durch die zwei Neuzugänge Bruce Kulick, Gitarre, und Eric Carr, Schlagzeug, nun zumindest musikalisch erstmals halbwegs repräsentabel aufführte. Freilich, das war jetzt nicht mehr »echt horrorshow« (Alex DeLarge), sondern streckenweise normales All American-Posertum, wie man es in jenen Jahren häufiger, ja, eigentlich viel zu häufig sah. Und dennoch, wie Gene Simmons und vor allem Paul Stanley die alten Gesten, Sprüche, Geschichten und das sattsam bekannte Jetzt-teilen-wir-mal-die-Gemeinde-und-lassen-die-linke-gegen-die-rechte-Seite-anschreien-Spielchen rekapitulierten, mit einem angedeu-

teten Arschgrinsen, versteht sich, das nicht nur die professionelle Kalku-
liertheit ihres Tuns offenbarte, sondern auch das ironische Einverständnis
mit den »folks« da draußen – das war schon groß und besaß eine ganz eigene
Dignität. Und wenn Stanley neben seinen Showmaster-Aufgaben noch zum
Gitarrespielen kam, dann sah das so leicht und unbeschwert aus, als wäre
sein Instrument in Wirklichkeit gar nicht angeschlossen gewesen. War es
aber doch, auch wenn der sachlich-aufgeräumte Kulik natürlich wahre
Kärrnerarbeit zu leisten hatte. Musikalisch gab es die bewährte Mischkost
aus Kiss-Standards (»Detroit Rock City«, »Love Gun« mit der beliebten
Krankenschwester-Story als, sozusagen, Intro, »I Stole Your Love« etc.) und
Songs neueren Datums (wie »Heaven's On Fire«, »I Love It Loud«, »Crea-
tures Of The Night«, »Lick It Up«, »All Hell's Breakin' Loose«), die uns zu
leicht formbarer Menschenknete verklumpen ließ.

Einmal aber, noch früh im Set, war das schöne Einvernehmen zwischen
Stanley und seinem Publikum dann doch empfindlich gestört: als es sich
nämlich den nächsten Song wünschen sollte, und er glaubte, daß man in
Europa eigentlich einhellig »Shout It Out Loud« wählen müßte, weil diese Single-Auskopplung sich hier einstmals über die Maßen gut verkaufte.
Nun, die einen schrien »Beth«, andere »Deuth«, wieder andere kamen bloß
auf »Love Gun« – und es war ihm der Ärger anzusehen, als er all diese Wünsche ablehnen mußte, bei letzterem sogar ein genervtes »Das kommt schon
noch!« hinterherschickte, um dann kopfschüttelnd und die blöden »Krauts«
verwünschend in die feine Twin-Melodie von, eben, »Shout It Out Loud«
einzufallen. Spätestens beim ersten Refrain war dann aber alles wieder gut...

Beeindruckt und mit freiem Kopf gingen wir zum Platz zurück, rochen das
Gras unter den Gummimatten – und sangen Zeile für Zeile, so als sei das
Bestandteil einer arkanen Liturgie, die musikalischen Lückenbüßer mit, die
uns von den Jungs vom Mischpult einmal mehr so eindringlich ans Herz
gedrückt wurden.

Tralalalala und aus die Maus! Denn David Lee Roth, der Zirkusdirek-
tor, der Vaudeville-Theatermann unter den Shoutern, bat um unsere ge-
schätzte Aufmerksamkeit für seine Hard Rock-Nummernrevue. An seiner
Seite der Gitarrenschwerenöter Steve Vai, der vor langer Zeit schon, als er
noch bei Frank Zappa aushalf, seine Finger dem Teufel verkauft hatte und
seitdem der Menschheit Läufe verabfolgte, wie sie bizarrer nicht zu denken waren, Läufe, die nie ein Mensch zuvor ersonnen hatte, weil die
menschliche Physis eigentlich dagegensprach. Leider war der schnellferti-
ge Billy Sheehan bereits demissioniert und gegen den ziemlich orthodoxen

Rockbasser Matt Bissonette ersetzt worden, wie uns schon beim ersten Versuch eines Unisono-Laufs mit Vai, beim Double-Bass-Speedy »Shy Boy« nämlich, schmerzlich bewußt wurde. Vergeigt, vergällt – und nie vergessen! Schlimmer kann man dergleichen eigentlich nicht in den Sand setzen – und Steve Vai, dieser Schinder, faßte sich beim Spielen tatsächlich an den Kopf. Die Dance Hall-Schmonzette »Just A Gigolo« bekam der Matt durchaus besser hin, wie überhaupt alles überzeugender klang, wenn die beiden Saitenartisten getrennte Wege gingen – oder Bissonettes Donnerbalken gleich ganz schwieg. Wie am Anfang von »Yankee Rose«, bei jenem einleitenden, live auf die dreifache Länge zerdehnten Zwiegespräch zwischen David – und Steve Vais Gitarre. Es ist wahr, die konnte plötzlich wirklich sprechen. Mit Voice Box, Wah-Wah-Pedal, ordentlich Tremolage und fürwahr dämonischem Fingerspiel begann sie auf einmal aufgeregt draufloszuplappern, zu fluchen, als David nicht gleich verstand, was sie sagte, sich über ihn zu wundern, ja, sehr zu wundern, und den Chef am Ende gar dreckig zu verlachen. Das war Teufelswerk, kamen wir überein, aber andererseits auch nicht so schlimm. Wir hatten schließlich kaum mit einem Gottesdienst gerechnet!

Michael Schenker, das kannst du ruhig wissen – wir haßten dich dafür ... Aber auch diese letzte Umbaupause, so enervierend lange sie dauerte, mußte ja irgendwann vorübergehen, leider hatte jetzt auch leichter Sprühregen eingesetzt, es dämmerte, wir hatten Hunger und auch schon einen halben Tag laute Musik gehört – kurzum, es ist mir unangenehm, dies sagen zu müssen, aber wir verfügten uns nach draußen, auf die überdachte Tribüne.

Iron Maiden wollten offenbar den Guß abwarten und ließen sich daher Zeit. Im Halbstundenturnus wischte derweil eine zottelhaarige Putze im Roadie-Outfit die Bühne trocken. Es regnete sich langsam ein, und es wurde kälter in Deutschland, eben nicht nur sozial. Schließlich gab es keine andere Wahl mehr, Maiden mußten raus auf die Bühne, ob sie wollten oder nicht. Sie wollten wohl eher nicht. Nur ungern erinnern wir uns an die langen Auszeiten von Dave Murray zurück, dem linken Gitarristen mit dem Froschgrinsen, dem augenscheinlich das Stimmen so viele Probleme bereitete. Unhöflich den Rücken zum Publikum gekehrt, spielte er immer wieder mit sich selbst, als gäbe es keine Ersatzhölzer: Eine Alte Dumme Gans Hat Eier. Und der Rest der Band wartete brav, bis er gemächlich zurück an die Rock-Front getrottet kam. Bruce Dickinson rannte und shoutete und hatte einmal mehr Probleme in den höheren Lagen: »Run To The Hills« etwa, der zweite Indianersong heute, ließ uns Tribünengäste mit den Händen wedeln, als werde hier etwas ganz und gar Heikles verhandelt! Und als dann auch noch der Grundsympath Adrian Smith, lead guitar, den schönen Anfang von »Wasted Years«, bei dem er mit seinem eigenen Echo Pingpong spielt, versaubeutelt hatte, brauchten wir uns nur anzusehen. Wir hatten schließlich noch einen weiten Weg vor uns heute Nacht. Oder: Wenn es richtig beschissen wird, soll man gehen ...

Vor einigen Wochen traf ich sie wieder.

»Und?« fragte sie interessiert, »wie weit bist du mit dem Aufsatz über dein erstes Konzert? Wie hießen die noch? Das blinde Ohr?«

»Das dritte«, verbesserte ich sie. »Nein, ich hab jetzt doch über was anderes geschrieben, ›Monsters Of Rock‹ 1988.«

»Hey«, rief sie begeistert aus. »Du meinst das letzte, das legendäre letzte ›Monsters‹-Festival, das in Deutschland stattfinden durfte, das in Bochum. Das dann verboten wurde, weil die Heavies tags zuvor in Schweinfurt die schöne Fußgängerzone auf links gekrempelt hatten?« Sie war ganz aufgeregt, und eine entzückende Röte umspielte ihre vollen Wangen. »Du warst da?«

»Ja«, sagte ich langsam, und mir wurde auf einmal so ganz anders. »Ich war da ...«

Dirty Diana auf Schalke

Michael Jackson im Parkstadion, Gelsenkirchen (4. September 1988) –

Von Christian Kortmann

Ich war 14 und mußte mich an der Kinokasse schwer ins Zeug legen, um in »Rambo III« (Gewalt!) und »Top Gun« (Sex!) zu kommen, fühlte mich aber reif für die größte Popshow des Jahrhunderts: Ich war bereit für Michael Jackson. Denn sein Album »Bad« mit so starken Songs wie »Man In The Mirror«, »The Way You Make Me Feel« und »Smooth Criminal« hatten mein Freund Tom und ich während der Klassenfahrt mit Doppelstecker im Walkman rauf und runter gehört. Jetzt wollten wir ihn sehen, ihn erleben, des grandiosen Performers Aura spüren, der doch so großartig singen und tanzen konnte! Da Jackson partout nicht in einer sauerländischen Kleinstadt auftreten wollte (ein hartnäckiger Tagtraum meiner Teenagerzeit bestand darin, auf dem Asche-Sportplatz meiner C-Jugend-Fußballmannschaft TuS Halver ein hochkarätig – Guns N' Roses, Marillion, Led Zeppelin Reunion etc. – besetztes Open-Air-Festival zu veranstalten, das in den Rockannalen stets im Zusammenhang mit Woodstock und Isle of Wight genannt werden würde), mußten wir uns an den Ort der Niederkunft des Stars begeben: In diesem Falle Schalke, dort würden wir in der ersten Liga mitspielen. Aber der Weg ins Ruhrgebiet begann mit der immer wieder aufs Neue demütigenden pubertären Grunderfahrung, bei allen wichtigen Dingen auf die Eltern angewiesen zu sein. Denn irgendwie mußten wir ja hinkommen, und Toms Eltern übernahmen an diesem Sonntag den Chauffeurdienst. »Wir werden uns einen schönen Abend machen!« sagten sie lächelnd. Aber vorher ließen sie es sich nicht nehmen, uns noch bis zum Eingang der Gegentribüne, Block V, zu begleiten. »Hier holen wir euch um Punkt 11 wieder ab. So, und jetzt amüsiert euch mal schön!« verabschiedete sich Toms Mutter, sie hätte uns dabei nur noch in die Backen kneifen müssen.

Wir enterten das Stadionrund und mußten uns erst mal orientieren: Gegenüber, links und unten auf dem Rasen sah ich nichts als Zuschauer; rechts und vor mir auch nur Zuschauer, dahinter tauchte am Horizont die Bühne auf. »Scheiße, Tom«, sagte ich, »von Michael Jackson sind wir aber ganz schön weit entfernt.« Dann kam auch schon die Vorgruppe: Kim Wilde, von hier aus eine blonde Puppe in schwarzem Lederkostüm, Details erkannte ich nur auf einer der großen Leinwände, die während des Konzertes schlecht geschnittene Live-Videoclips zeigten. Kim Wilde sang einige Lieder, die ich schon mal im Radio gehört hatte. »Wow, ist ja stark«, redete ich mir ein, »live, Mann, das ist also live!«

Jetzt war es 9 Uhr, schon dämmerig, aber noch nicht richtig dunkel. Es knallte ein paar Mal, Rauchwolken stiegen auf, dann stand ER mitten auf der Bühne: ein schlanker schwarzer Dorn unter gegeltem Minipli, ganz in Leder, mit silbernen Schnallen, Nieten, Reißverschlüssen verziert, und tief auf der Hüfte sitzendem Gürtel. Daß dieser humanoide Rhythmus-Vibrator nur Michael Jackson sein konnte, erkannte man sogar von weitem, denn niemand sonst bewegte sich so perfekt auf Michael Jackson-Art zur Musik: Zack, ein Arm schießt in die Luft, zack, zack, die Lenden schlagen aus, und dann wusch, wusch, wusch: the Moonwalk! Darauf hatte sich der Kameramann vorbereitet, fuhr parallel zum Moonwalk, der beim Rückwärtsgehen den Bewegungsablauf des Vorwärtsgehens imitierte, über die Bühne. Alle beobachteten das staunend auf der Leinwand, jubelten und kreischten. So ging das mit allerhand Licht-, Knall- und Raucheffekten weiter, bei jedem Song detonierte die Pyrotechnik an einer anderen Stelle der Kulisse. Besondere Vorkommnisse: Jennifer Batten spielte damals die harte Gitarre in Jacksons Band und durfte bei »Dirty Diana« mit Heavy Metal-Haarberg über die Bühne toben. Das waren noch Zeiten ...

Dann stand wieder ihr Chef im Vordergrund, der sich Song für Song eines Kleidungsstückes entledigte. Erst öffnete er den Motorradfahrerblouson, zog ihn aus, durchschwitzte das weiße Hemd bis zur Transparenz, um es sich dann sukzessive vom Leibe zu reißen und unter der rasierten Brust

201

sein entblößtes Herz zu präsentieren: »So just leave me alone girl – leave me alone!« Selbst bei uns auf der Gegentribüne an der Grenze zur Südkurve erhoben sich die Fans von den Sitzplätzen und tanzten. Von den Massen mitgerissen tanzte auch ich. Zwangsläufig verfällt man dabei der schlechten Idee, mit dem eigenen Tanz die Choreographie des Stars nachzuahmen, zum Beispiel die Lederjacke über die Schultern bis auf Hüfthöhe hinuntergleiten zu lassen und sich dabei kieksend auf die Fußspitzen zu stellen. Man kann sich der Macht des Vortänzers einfach nicht entziehen: »Because I'm bad, I'm bad – come on!« Trotzdem bin ich froh, daß keine visuellen Dokumente meiner Michael Jackson-Parodie existieren.

Ich war aufgebrochen, um Rock 'n' Roll zu erleben, aber sollte das etwa schon alles sein? Das hier war doch für Mädchen, wieso passierte denn nicht mehr? Schließlich war es ein Rockkonzert und kein Kindergeburtstag! Doch, natürlich war es ein Kindergeburtstag, denn Michael Jackson feiert ausschließlich Kindergeburtstage, aber das wußte man damals noch nicht. Daß man die Eintrittskarten allerdings im Reisebüro neben Rentnern, die 14 Tage Costa del Sol buchten, kaufen mußte, bot Grund zur Skepsis. Man ahnte, daß bei Veranstaltungen dieser Art nicht alles mit rechten Dingen zuging und sie mit Rock 'n' Roll schon lange nichts mehr zu tun hatten. Marcel Avram vom Veranstalter Mama Concerts ist dann ja auch für ein paar Jahre im Kittchen verschwunden, sein alter Kumpel Michael hielt zu ihm und stattete Solidaritätsbesuche ab. Gegenwärtig streiten sie vor Gericht über Konzerte, die gar nicht stattgefunden haben: Extremer kann man den »Great Rock 'n' Roll Swindle« nicht formulieren.

Man könne nur Fan von Michael Jackson oder von Prince sein, hieß es in den 80er Jahren, beides zusammen gehe auf gar keinen Fall! Im Nachhinein frage ich mich, wie man bloß zu Michael Jackson gehen konnte und nicht zu Prince, dieser coolen Sau, dessen Drehbühne aus einem runden Bett bestand, auf dem er mit diversen Supergirls herumtollte! So ist mein erstes Konzert symptomatisch für das Verhältnis zum Jahrzehnt meiner Jugend, das ich weniger als Zeitzeuge denn als Zaungast erlebt habe. Meine Freundin hat in ihrem ersten Konzert Prince gesehen, und noch heute spürt man die Auswirkungen: Im Radio-Liederraten ziehe ich stets den Kürzeren, und ihre 80er Plattensammlung stellt meine in den Schatten: hier Johnny hates Jazz und Baltimora, dort Chris Isaak und Spandau Ballet. Am Tickettresen der Reisebüros unserer Kleinstädte scheint eine Vorentscheidung gefallen zu sein: Zu Prince gingen all die, die später mal Musikgefühl und Popgespür entwickelten, wir anderen waren bei Michael Jackson. So muß ich mir meine 80er Jahre heute hart erarbeiten: Mühsam rekonstruiere ich die kulturelle Umgebung meiner Vergangenheit, kaufe den kompletten Backcatalogue von den Pet Shop Boys und Depeche Mode, frage in der Videothek nach Meisterwerken wie »Breakfast Club«, »St. Elmo's Fire«, »Ferris macht blau« und trage – wenn es niemand sieht – Moonwashed-Jeansanzüge.

Nach 100 Minuten war mein erstes Rockkonzert vorbei, und es war nur eine Simulation gewesen, ein Moonwalk: Der Schritt nach vorn war in Wirklichkeit ein Schritt zurück, Kindergeburtstag statt House arrest-Party. An einem Sonntagabend, dem ein Montagmorgen in der 8. Klasse folgt, trifft einen so etwas doppelt hart. Ich saß ernüchtert hinten im Golf von Toms Eltern, gab mich meiner Melancholie hin und kratzte autistisch mit dem Daumennagel an einem weißen Fleck auf dem Polster herum, der trocken abbröckelte und auf der Hinfahrt garantiert noch nicht da gewesen war. Aha, so gestaltete sich also der elterliche »schöne Abend«: Sie hatten sich Currywurst und Pommes geholt und hinterher auf einem dunklen Gelsenkirchener Parkplatz ein paar reminiszente Nummern auf der Rückbank geschoben. Letztendlich hatten Toms Eltern heute abend mehr Rock 'n' Roll zelebriert als wir – was für ein raffinierter Trick! In diesem Moment verstand ich, daß auch die Popkultur noch nicht meine war, sondern den Erwachsenen gehörte.

In der Post-Michael-Jackson-Zeit beschloß ich, mein Leben zu ändern und den Rock 'n' Roll-Faktor hochzuschrauben. Ich mußte härter werden, deshalb suchte ich mir fürs zweite Konzert einen Punkerfreund. Wir gingen zu den Toten Hosen, streiften »Ficken, Bumsen, Blasen«-T-Shirts über und stürmten nach vorne in die erste Reihe. Von hinten wurden wir gegen das Absperrgitter gepreßt, hatten dafür aber das Privileg, direkt vor dem riesigen linken Boxenturm zu stehen, an dem Campino – damals schon eine Witzfigur, aber wir merkten es eben nicht – emporkletterte. Am nächsten Morgen waren mein Punkerfreund und ich nicht in der Schule, sondern mit unseren Müttern beim Ohrenarzt. Beide hatten wir uns den linken Hörnerv entzündet. Stechender Schmerz, schulfrei, zugedröhnt mit Kortison: War das nicht echter Rock 'n' Roll?

Wer sich auf einen Rocker einläßt ...

Bon Jovi in der Olympiahalle, München (19.12.1988)

Von Birgit Fuß

1988 fand der Heilige Abend fünf Tage früher statt. Er begann mit Trommelwirbeln und etlichen »Heys« aus dem Off, die mit Jubel beantwortet wurden. So viel Jubel hatte ich noch nie gehört. Es waren wohl 12.000 Menschen in der Olympiahalle zu München, aber sie hörten sich lauter an als später die 30.000 bei R.E.M. oder 77.000 bei den Stones. Sie waren auch lauter als die Massen bei den 17 Bon Jovi-Konzerten, die ich in den darauf folgenden zwölf Jahren sah. Aber das liegt vielleicht daran, daß damals noch nicht so viele kleine Mädchen da waren, die lieber kreischen als grölen.

Damals war ich eines der gar nicht so vielen kleinen Mädchen, die in der ersten Reihe standen. Ich war 16, ich war aufgeregt, ich war, wie es Jon Bon Jovi gleich im ersten Song so schön sang, »willing and able«. Der Song hieß »Lay Your Hands On Me«. Damals fand ich das ganz schön frech. Eigentlich sang er ja »If you're ready, I'm willing and able«, aber selbst mit 16 wußte ich schon, daß das Unsinn ist. Dieser Mann wird mich nie wollen, aber zwei Stunden lang konnte man doch wenigstens mal davon träumen. Was hat man sonst schon im Leben – Schule, Kleinstadtgeschwätz und eine unglückliche Liebe. »I'd Die For You« schrie jeder mit, aber ich, so fand ich, klang am überzeugendsten.

Kreischen konnte ich dafür leider nie. Irgendetwas in mir widersetzte sich jedes Mal, wenn ich es versuchen wollte. Wahrscheinlich eine eingebaute Sicherung, die Stop sagt, bevor es zu lächerlich wird. Später, als ich für eine Lokalzeitung Konzerte von Take That und anderen Objekten besuchen mußte, war ich froh darüber. So hatte ich nie ausgesehen, dermaßen aufgelöst, mit hochrotem Kopf und Tränen auf den Wangen. Und meine Stimmbänder habe ich auch nicht ruiniert. So peinlich war ich dann doch nicht. Schlimm genug, daß meine Freunde nicht verstanden, warum ich lieber zu Bon Jovi als zu Motörhead ging (die Warzen! die Grobheit!), und es irgendwann aufgaben, mir die Grenzen zwischen Metal, Hardrock und Rockpop zu erklären. Ich mochte eben die »Monsters Of Rock« genauso gerne wie ein Konzert von U2. Hauptsache, man konnte sich in bunte Klamotten werfen und kurzzeitig vergessen, daß es noch zweieinhalb Jahre bis zum Abitur dauerte.

»Born To Be My Baby«

In den ersten Minuten war ich vor allem damit beschäftigt, die richtige Technik zu entwickeln, damit mich keiner mehr von meinem Platz an der Front verdrängen konnte. Also: Mit beiden Händen das Gitter greifen, wenn gedrängelt wird (ansonsten natürlich klatschen, wedeln oder was immer gerade anliegt), einen netten Security-Mann ausfindig machen, der hin und wieder einen Becher Wasser rüberreicht, und gar nicht auf Tritte, Schubser und Haareziehen von hinten reagieren. Das hatte ich schnell raus, und dann vergaß ich den Rest des Publikums einfach.

Schließlich begrüßte Jon jeden einzelnen (»Good evening, Munich!«) und legte den weiteren Verlauf des Abends fest: »I'm just getting warmed up. I'm gonna blow the roof off this place tonight!« Wer, fragte er vorsichtshalber nach, muß denn morgen zur Arbeit gehen? Blöd, wird nämlich spät heute abend. Aber er hatte schon eine Lösung parat: »Call up your boss tomorrow and say ›Jon said I can stay home from work today, Mr. Bossman‹.« Und wenn er uns feuert? »Tell him to fuck off – you're going on the road with a rock 'n' roll band! T-i-c-o!« Die ersten Takte »You Give Love A Bad Name« erklangen, und nach dem tieferen Sinn wurde nicht mehr gefragt. Außerdem hatte ich ja gar keinen Job. Aber selbst wenn: »An angel's smile is what you sell« – das gilt natürlich auch für Jon Bon Jovi, denn wenn der lächelt, geht bekanntlich die Sonne auf, die Mädchen fallen um, und die Welt ist wunderbar. Das ist ungerecht, das ist oberflächlich, aber das ist auch Tatsache. Darum darf er auch ungestraft Unfug erzählen.

Und Liebeslieder kann der Mann singen. In »Born To Be My Baby« offenbarte er an diesem Abend, welch Leben man mit ihm haben könnte:

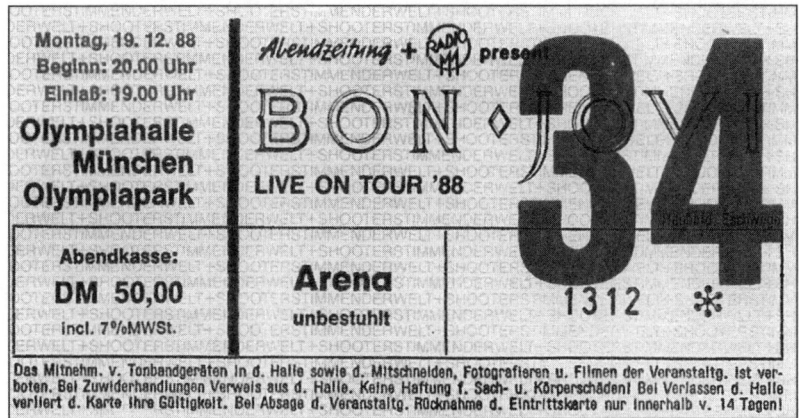

»Light a candle, blow the world away / Table for two on a TV tray / It ain't fancy, baby that's okay / Our time, our way.«Wer bei Springsteen an Marys Stelle sofort ins Auto geklettert wäre, um die Stadt der Verlierer via »Thunder Road« zu verlassen, der bekam jetzt statt der Arbeiter- die Mittelklasseversion des amerikanischen Traums: Alles ist möglich, wenn man will. Alles ist erträglich, wenn er mich liebt. Und wer sich auf einen Rocker einläßt, sollte nicht mit Blumen und einem schicken Menü rechnen, sondern mit Fast food vorm Fernseher. Auch eine Art von Freiheit.

»Blood On Blood«

Daß die meisten Songs damals aus ziemlich männlicher Perspektive gesungen wurden, fiel mir gar nicht auf. Zwar kamen auch in Bon Jovi-Videos knapp bekleidete chicks und stumpf dreinblickende groupies vor, aber mit denen identifizierte ich mich einfach nicht. Auch nicht mit den Tussen, die dauernd Plakate hochhielten, auf denen »Jon, I'd die for you« stand oder andere phantasielose Sprüche. Freilich, in mancher Nacht in meiner Dachkammer wollte ich gerne Jons Freundin sein, viel lieber wäre ich aber immer Jon selbst gewesen. Wollte Songs schreiben, die Millionen Menschen hören, in New Jersey seßhaft sein, aber in der Welt zu Hause. So gerne wäre ich mit Typen rumgetourt, die Tico heißen, Dave und Richie und natürlich meine besten Kumpels sind. Denn, so heißt es doch in »Blood On Blood«, der Hymne auf die Freundschaft, echte Kumpels bleiben sich treu »'till kingdom come«. Jon Bon Jovi, Sohn eines Italieners, ist natürlich katholisch. Ich, in Bayern aufgewachsen, bin es unglücklicherweise auch. Solche Zeilen störten mich also nicht, wie mich überhaupt recht wenig störte. Man geht ja nicht zu Bon Jovi, weil sie so gute Texte schreiben. Auch nicht, weil die Musik so grandios ist. Sondern weil man gar nicht anders kann, als Spaß zu haben, zu tanzen und sich unglaublich lebendig zu fühlen – jedenfalls mit 16, wenn einem weder Zynismus noch Realitätssinn dazwischenkommen.

Aber als Jon dann »Me, I'm just a singer / In a long haired rock 'n' roll band« sang, fand ich das doch albern. »Just«! Die langen Haare waren dann ja auch bald weg, und fortan klang der Song immer ein bißchen seltsam. Pathetische Glaubensbekenntnisse müssen entweder aus ganzem Herzen gesungen werden – oder gar nicht. Mit Augenzwinkern oder Ironie funktioniert es jedenfalls nicht (glaub's mir, Bono!). Bon Jovi waren die Meister des Mutmachens, auch wenn man nicht beten wollte. In »Livin' On A

Prayer« ging es schließlich vor allem darum durchzuhalten. »We've got to hold on, ready or not / You live for the fight when it's all that you've got.« Eigentlich hatte ich damals gar nicht zu kämpfen. In der Schule war ich gut, meine Mutter ist zweifellos die beste der Welt, und meine Schwester grüßte mich inzwischen sogar vor ihren Freundinnen, anstatt zu bestreiten, daß ich mit ihr verwandt sei. Trotzdem war ich so einsam, wie es meiner Meinung nach keine andere 16-Jährige auf dieser Erde sein konnte. Da kamen Bon Jovi gerade recht mit ihrer Geschichte von Tommy und Gina. Nur: Wo war mein Tommy? Wer sagte zu mir »we'll make it, I swear«? Wer nahm meine Hand?

Zumindest in den nächsten Minuten machte ich mir keine Sorgen mehr über mein Schicksal. Denn das Unmögliche geschah: Beim Sprint an der Absperrung entlang nahm Jon Bon Jovi meine Hand und schüttelte sie. Wahrscheinlich klatschte er sie nur ab, schätze ich in der Rückschau, aber damals kam es mir vor, als hielte er sie minutenlang fest. Eventuell hätte ich mich wie später Wayne auf den Boden geworfen und »I'm not worthy« geschrien, wäre ich nicht zwischen so vielen Menschen eingekeilt gewesen. Das Mädchen hinter mir brachte mich in die Welt zurück, indem sie mir ihren Ellenbogen in den Rücken rammte. Neid, dachte ich. Möglicherweise wollte sie auch nur raus, weil ihr die Luft zum Atmen fehlte. Jedenfalls kippte sie ein paar Minuten später um. Zu dem Zeitpunkt war ich aber schon im nächsten Märchenland.

»Ride Cowboy Ride«

Wahrscheinlich will jeder kleine Junge ein Cowboy sein. Aber nur die wenigsten haben den Mut, sich später nicht darüber lustig zu machen, sondern es zuzugeben. Bon Jovi hatten damit nie ein Problem. Ihre Pferde waren Motorräder oder Tourbusse, die Prärie hieß Welt, und die Feinde waren die Fans, die mitgerissen werden wollten. Oder worum ging es sonst in »Wanted Dead Or Alive«? Ein bißchen simpel fand ich das schon damals, aber Amerikaner sind halt Amerikaner, und die doppelhalsige Gitarre von Richie gefiel mir gut. Außerdem habe ich das Selbstbewußtsein des Sängers immer bewundert: »I been everywhere, still I'm standing tall / I've seen a million faces / And I've rocked them all!« Ein Jahr später brach die Band praktisch in sich zusammen, ausgebrannt von ihrer Mammut-Tour und dem allabendlichen Kraftakt, eine perfekte Show hinzulegen. An diesem Abend sah noch alles locker aus, und als nach »Bad Medicine« erst einmal die Lichter ausgingen, war klar, daß es das nicht gewesen sein konnte. Von wegen »Merry Christmas«. Es sollten gleich einige Weihnachtsmänner kommen.

»Helter Skelter«

Kaum zu glauben, aber im Jahre 1988 waren die Scorpions noch nicht komplett uncool. Natürlich waren Meines Mützen und Schenkers Gehampel schon leicht peinlich, aber all meine Hardrock-Freunde hatten Tickets für das Konzert der Hannoveraner, das in zwei Tagen an derselben Stelle stattfinden sollte. Es war die Zeit, als man sich noch »Like A Hurricane« rocken lassen wollte. Und als Bon Jovi dachten, die Scorpions seien eine der größten Rockbands der Welt, weil sie bei ihrer ersten Europa-Tour noch deren Support waren. Also holten sie an diesem Abend ihre »Freunde« zur Zugabe auf die Bühne.

Cinderella kamen gleich noch dazu, alte Kumpels aus New Jersey, und Lita Ford samt Band. Man einigte sich auf Songs, die jeder kennt, »Johnny B. Goode« und – für die Scorps etwas unpassend – »We're An American Band«. »Helter Skelter« traf die Bühnensituation ziemlich genau: 20 Leute und kein gemeinsamer Takt, aber egal. Manche Dialoge waren nie mehr so schön: »You guys get tired? Wanna go home?« – »NOOOO!« – »Right answer!« Noch heute muß ich lachen, wenn ich das Bootleg höre (soeben zum ersten Mal seit zehn Jahren), weil ich damals »Helter Skelter« in der Version von Mötley Crüe kannte und jetzt eben auch von Bon Jovi, aber von den Beatles? Nö. Beschämend, aber wahr.

»Keep The Faith«

Es gab viele Konzerte, die danach ebenso viel Spaß machten, und etliche, die musikalisch hochwertiger waren, aber nie wieder war ich so glücklich wie in diesem Moment: Wenn der letzte Ton ausklingt, kurz bevor das Hallenlicht angeht, weiß man, daß man manche Bands auch dann noch verteidigen wird, wenn es keiner mehr nachvollziehen und man höchstens auf ein mildes Lächeln hoffen kann. Man kann als Erwachsener vielleicht anfangen, Kerouac zu lesen, und ihn verstehen. Vermutlich auch Hesse. Man kann den »Breakfast Club« noch heute anschauen und mögen, oder »St. Elmo's Fire«. Aber Musik, die einen als Teenager begeisterte, berührte und glücklich machte, kann man später keinem erklären, schon gar nicht, wenn man in den 80er Jahren aufwuchs. Kein anderer wird zehn, fünfzehn Jahre danach mitfühlen können, warum Twisted Sister einem ganz bestimmt das Leben retteten oder wieso Guns N' Roses so viel Trost spendeten. Die Zeit ist vorbei – das Abitur geschafft, die Liebe längst glücklich und die Flucht aus der Kleinstadt gelungen. Aber hin und wieder ertappe ich mich doch dabei, wie ich leise »whoa-oh, we're half way there...« vor mich hin singe.

Der Konzertberichtknecht

Meine ersten Konzerte (1989-1993)
Von Arne Willander

In der Laubenpieperkolonie in Meckelfeld wurde der Plan geschmiedet: Die Eltern meines Redakteurs bei der Lokalzeitung unterhielten dort eine Datsche, und weil ich in der Nähe wohnte, durfte ich den Oldach am Sonntag besuchen. Als 18-Jähriger hatte ich sommers ein Praktikum absolviert und neben dem Kaffeekochen an der Politikseite mitgebastelt. Damals kamen noch Telexstreifen von dpa, die wir in der Frühe mit dem Lineal abrissen. Nach dem ersten Absatz war meistens Schluß. Die »Harburger Anzeigen und Nachrichten« brauchten nicht viel Politik, aber viele Schützenkönige, jubilierende Greise und all den bestürzenden Scheißdreck der Lokalzeitung. Der Oldach war erst 30, aber schon ein Jahrzehnt im Haus. Hinter der Glasscheibe schrieb der moribunde Chefredakteur seine senilen Kommentare, Oldach trank »Swing«. Ich blickte immer auf das gerötete Gesicht unter dem weißen Haarkranz des Chefs. Der machte sich nicht tot, starb aber bald darauf. In der Datsche wurde ich angeworben für den Kulturteil, in den der Oldach versetzt wurde. Der erste Auftrag war ein Konzert von Joe Jackson. Erstmals saß ich im Congreß-Centrum in Reihe 14 auf einem grünen Klappsitz, Pressekarte. Joe mit großer Band, es war die Zeit von »Blaze Of Glory«, einer ziemlich schrecklichen Platte, die Joes Niedergang einleitete. Die paar Zeilen, nach der Schule eingetippt, wurden gedruckt. Kein Mensch in Harburg interessierte sich für Joe Jackson.

Vorher hatte ich nur ein Konzert besucht. Es war Herbert Grönemeyer im Stadtpark, und der Kindergeburtstag wurde dorthin verlegt. Es kübelte aus Eimern, ich stand mit meiner Freundin unterm Schirm, und zwei Pärchen weiter stand ein Mädchen, das ich flüchtig von der Schülerzeitung kannte. Tanja neckte mich später mit meinem Grönemeyerbesuch, und je länger sie neckte, desto erotischer fand ich sie. Als sie 1987 die Cure-Platte »Kiss Me, Kiss Me, Kiss Me« kaufte, die sie bei mir gehört hatte, wagte ich einen Vorstoß. Und tatsächlich: Der ältliche Busfahrplansammler von der Schülerzeitung, der ein Foto von Tanja im Kompaktkoffer mit sich führte, wurde bald eifersüchtig. Während der Zeitungsarbeit fummelten wir im Keller, wenn gerade niemand in der Nähe war. Das war ein Jahr nach Grönemeyer, der damals »Currywurst« sang und »Lächeln«. Am Ende regnete es nicht mehr.

Nun begann die Zeit des Konzertberichtknechts. Karten frei, »Ehren-karte« stand bei Karsten Jahnke drauf, oder die verdammte Gästeliste plus eins. Zittrig vor dem Gatter des Stadtparks, Seiteneingang, sah ich Leute sich Einlaß auf den Namen von »Spiegel«-Hüetlin verschaffen. In dem Rund mit heruntergetrampeltem Rasen wartete ich stundenlang auf die Vor-gruppe, eingelullt von Knobibrot, Calamaresdünsten und Bratwurstmief. Damals gab es auch noch Reispfannen. Beim »WOMAD«-Festival 1991 verbrachte ich – allein, denn niemand wollte mir folgen – geschlagene sechs Stunden, bis nach fiedelnden Russen und pfeifenden Afrikanern die Ne-ville Brothers säuselten. In allen Buden hing Batik-Kitsch, wo nicht Hirse gekocht wurde. Ich hasse Ethno-Seligkeit seitdem, und seit »Blues in The Park« hasse ich Blues. Nach drei Etheridge-Konzerten haßte ich Melissa Etheridge, nach Chris Whitley haßte ich Chris Whitley. Sogar Dylan quäl-te an dieser Stätte mit gequengeltem Stuß – ich brauchte Jahre, um mich davon zu erholen und schließlich »Blonde On Blonde« zu lieben.

KARSTEN JAHNKE KONZERTDIREKTION

Montag, 5.Oktober 1992, 20 Uhr - CCH Saal 1 | 5.10.92

Marek Lieberberg & Ossy Hoppe present
" LOVE ME TENDER TOUR '92 "
Von Elvis bis Phantom
PETER HOFMANN   Ehrenkarte CCH 1
PARKETT MITTE

| DM | Reihe | Platz | | |
| 76.- | 13 | 2 | | 15 / 2253 |

Gültig am Veranstaltungstag für eine Fahrt zum Veranstaltungsort (frühestens 3 Stunden vor Veranstaltungsbeginn) und zurück im Gesamtbereich des HVV-Gemeinschaftstarifs. 1. Kl. Einschl. 1. Kl. S-Bahn/Schnellbus/Nachtbus GN 299 KJ

wichtige Hinweise siehe Rückseite.

KARSTEN JAHNKE KONZERTDIREKTION

Montag 21.Oktober 1991 20 Uhr | 21.10.91

Live in Germany '91
JULIO IGLESIAS   CCH 1
Tourneeveranstalter: Marek Lieberberg Konzertagentur GmbH   53 / 7
Ehrenkarte
HOCHPARKETT RECHTS

| DM | Reihe | Platz | | |
| 81.- | 26 | 4 | | |

Gültig am Veranstaltungstag für eine Fahrt zum Veranstaltungsort (frühestens 3 Stunden vor Veranstaltungsbeginn) und zurück im Gesamtbereich des HVV-Gemeinschaftstarifs. 1. Kl. Einschl. 1. Kl. S-Bahn/Schnellbus/Nachtbus GN 099 KJ

wichtige Hinweise siehe Rückseite.

Andererseits stand ich 1989 ahnungslos bei dem einzigartigen Neil Young-Konzert in einem Hamburger Club, schwitzte zwei Stunden in einem langen Wintermantel, bis der Alte, offenbar angeschickert, auf die Bühne taumelte und »Rockin' In The Free World« intonierte. Noch mal zwei Stunden später hatte ich die historische Tragweite erkannt und liebte Neil Young. Es wurden 27 Zeilen draus. Langweilige Abende bei Mother's Finest, langweilige Nachmittage bei Vanilla Ice, langweilige Wochen beim »Jazzport«-Festival. Ich haßte Herbie Hancock, haßte Wayne Shorter, haßte John McLaughlin. Erbarmungslos musizierten diese Onanisten in Fischauktionshallen und muffigen Zelten, die Luft glühte, die Stunden ver-

gingen. Trübe Getränke gab es aus Plastikbechern, wenn man nah genug an die Theke herankam. Zwischen den Wohnwagen latschte immer Manfred Eichel vom »Kulturreport« im Fernsehen herum. Der Literaturredakteur Volker Hage vom »Spiegel« saß bei Dylan in einem eingezäunten Areal der Firma »West« mit einem Opernglas. Udo Lindenberg, die Schiebermütze ins Gesicht gezogen, verlangte bei k. d. lang Einlaß in die Musikhalle – er stehe auf der Gästeliste, Lindenberg sein Name, Polydor. Bei R.E.M. im kleinen Grünspan stand Achim Reichel auf der Galerie und schaute nicht ein einziges Mal hinunter. Santana gniedelte in der halb leeren Sporthalle, Torfrock eröffneten im Stadtpark die Saison, sogar zu Julio Iglesias machte ich mich auf den Weg. Ich grüßte die Ordner, kannte alle Garderobieren. Noch ein zweites Mal wagte ich Grönemeyer: Er sang irgendwo bei Grömitz, es stürmte. Nach fünf Stunden Anfahrt und einem Waldmarsch gelangten wir zu der Wiese, wo Herbert beinahe bei »Männer« angekommen war. Obwohl er grölte und brüllte, ging alles im Orkan unter. In der Kaschemme Logo trat der große Bob Mould auf, der »Black Sheets Of Rain« und »Too Far Down« aus der Gitarre haute, während man bei 50 Grad Celsius langsam erstickte. Noch heute ringe ich um Atem, wenn ich seine Platten höre.

Bei einem besonders grauenhaften Festival auf dem Flugplatz Lüneburg beobachtete ich hinter der Bühne, wie Tina Turner aus einer Limousine gehoben und mit angezogenen Beinen die Stahltreppe zum Auftritt hinaufgetragen wurde. Damals gab es Programme, bei denen Alannah Myles, Chris De Burgh, Gary Moore und Peter Maffay nacheinander auftreten durften. Die Deutschrock-Pest Fury In The Slaughterhouse gehörte noch zum Erträglicheren. Ungefähr 20.000 Menschen standen vor den Chemie-

213

toiletten. Einige Regeln fürs Leben lernte ich in dieser finsteren, wunderbaren Zeit:

1. Komme nie zu früh, denn es gibt ein Vorprogramm.
2. Komme rechtzeitig, denn du weißt selten, ob es ein Vorprogramm gibt.
3. Komme zu früh, wenn du das Vorprogramm hören willst.
4. Frage nie, ob es ein Vorprogramm gibt, denn es weiß niemand (wann es anfängt).
5. Gehe niemals in die Menge, denn es gibt kein Entkommen.
6. Entferne dich niemals von der Menge, denn hinten schubsen und drängeln Bierholer, die wieder in die Menge wollen.
7. Entferne dich nie vom Würstchenstand (bei Open Air-Konzerten), denn es geht nie vorüber, und du wirst hungrig sein.
8. Gehe nie zu dicht an Würstchenbuden heran, denn dort rempelt der Pöbel.

9. Versuche es nie an einem Bierstand, denn die fünf Schüler hinter dem Tresen werden dich niemals freiwillig bedienen.

10. Bestelle nie Mirinda, sie ist immer alle.

11. Bestelle nie eine Thüringer, sie wurde immer gerade auf den Grill gelegt. Dann mußt du eine Schinken oder Krakauer nehmen.

12. Kaufe nie eine Brezel von einem fliegenden Händler mit Korb überm Kopf.

13. Traue niemals der Gästeliste. Sie dient der Demütigung aller Adabeis. Vor allem aber deiner Demütigung.

14. Stehe niemals im Vorraum. Plattenfirmenangestellte und verkannte Genies, die dir einen Text andrehen wollen, lauern überall. Außerdem alte Bekannte und alle Frauen, in die du jemals verliebt warst.

15. Gehe nie vorzeitig. Türsteher, Garderobieren, Kartenabreißer und herumlungerndes Volk durchbohren dich mit Blicken.

16. Stehe immer am Ausgang, dann kannst du immer gehen (»You can check out any time you like, but you can never leave«).

17. Trage niemals einen Ausweis, eine VIP-Karte oder irgendeinen Berechtigungs- oder Getränkeschein. Entweder wirst du verlacht, oder du stirbst.

18. Gehe niemals zu einer so genannten After-Show-Party, denn da stehen nur Tröpfe wie du.

19. Beantworte nie die Frage »Und? Wie war's?«, wenn du eben zwei Stunden lang das Konzert beschrieben hast.

Ich war jung, ich brauchte das Geld. Der versoffene Kulturredakteur, ein Zwerg mit Bart, schleppte mich zu Eric Burdon und teilte am nächsten Tag mit, er habe seinen Bericht in meinem Stil abgefaßt, um dessen Trivialität zu beweisen. Der Zwerg warf mir später vor, ich hätte ein Konzert des Modern Jazz Quartett geschwänzt, das selbstverständlich niemanden interessierte und für das ich keinen Auftrag hatte. Als ich eine Lesung von Thomas Bernhards »Beton«, die ich bereits in Berlin gehört hatte, nicht besuchte und aus der Erinnerung beschrieb, waren meine Tage bei der Lokalzeitung gezählt: Die Hamburger Aufführung hatte nicht stattgefunden, die Rezension aber war gedruckt worden. Ich war wieder frei.

In der Pressestelle der Bundeswehr schrieb ich Berichte über die Heeresübung »Steife Brise« und die Patenschaft für ein Behindertenheim, über den Zahnarzt der Truppe und eine knackige Praktikantin im Sanitätsbereich. Ich hatte einen Bus, einen Fahrer, ein Pferd. Und Mann, es war Rock 'n' Roll.

Open Air

AC/DC im Niedersachsenstadion, Hannover
(31. August 1991, halb elf)
Von Andreas Klotz

No Pain, No Gain, so dachten wir wohl alle,
geduldeten uns schön. »Die kommen gleich«,
versetzte diese pralle platinblonde Schnalle
neben mir und schaute arg gedankenreich.

Endlich Umbaupause. »Hab ich doch gesagt«,
triumphiert die hochtoupierte Metalmaus.
Noch ein Schlückchen schwarze Brause, mitgebrachtes
                                        Hühnerbeinchen abgenagt
und dann konzentrieren, Augen immer geradeaus.

Wie erwartet, wall of sound, Distortion satt.
Johnson auch ganz gut bei Mörder-Messer-Stimme.
Immer mal so zwischendurch zeigt die Lead-Gitarre ihre vielen
                                        forschen Watt.
Angus indes, auf dem Höhepunkt der Show, die Kimme.

216

Nachher noch sein langes Solo und der Ritt
auf des Lieblingsroadies Schultern durch die Menge
dummerweise spielt nun gerade heute der Gitarrensender nicht

mehr mit

und des Mixers Antlitz zieht sich ergo ganz schön in die Länge:

Der nun dreht dem Reitenden den Hahn zu.
Bruder Malcolm aber, von Beruf der Rhythmuskärrner, plays on

ten,

Was nicht heißen soll, daß diesem Stoiker der kreative Wahn

nu'

packt, viel lieber übt er sich derweil in Zen,

schlägt das drei Akkorde-Riff fürder und schlägt und schlägt,
schon beim zehnten Durchlauf hat sich's bei uns unauslöschlich

eingeprägt.

Langsam, blutorangen sinkt die Sonne hinters Stadionrund –
geht dann plötzlich wieder auf, erstrahlt im purpurn' Lichte

und

seine abgewichsten Griffe klingeln nun wie hellster

Glockenschall,

alles, und ich meine wirklich alles, bleibt wie angewurzelt

stehen:

Malcolm in der Rhythmus-Mühle bringt nichts mehr zu Fall –
ach, verweile doch Moment, du bist so schön!

The Heat (The Energy)

The Prodigy in der Music Hall, Hannover (21.11.1997)

Von Christian Göttner

Ein schneidender Herbstwind weht die wartenden Menschenmassen in die riesige Halle hinein. Ungeduldiges Scharren, aufgeregtes Palaver – Anspannung in der Luft. Es wird gedrängelt, geschoben, geraucht, getrunken, immer wieder gebannt zur Bühne geblickt. Eine Stimmung wie vor einem Gewitter oder dem Ausbruch einer Stampede. Aufgeladen, elektrisiert. Sehnsüchtig erwartet wird an diesem Abend eine der besten Live-Bands der Welt, Rad und Motor des UK-Rave-Wunders von 1991: The Prodigy. Sie haben über die Jahre die Entwicklung der Dance-Szene von Acid zu House zu Techno zu Gabber zu Jungle erlebt – das jeweils Beste davon herausgepreßt, schwammgleich aber auch Strömungen wie Punk, HipHop und Rock aufgesogen, und in ihren eigenen Sound integriert. Sie sind Grenzüberschreiter, die Zukunft des Rock 'n' Roll – die dreitausend Besucher vor der Bühne wissen warum. Als dann irgendwann die ersten Beats aus den Boxen ballern, löst sich ein wenig die Spannung, Schreie gellen durch die Halle, rhythmisches Klatschen, alle Hände hoch. Liam Howlett, borstiger Blondschopf und schweigsamer Mastermind im Hintergrund erscheint als Erster auf der Bühne, verschanzt sich sogleich hinter seinem beeindruckenden Elektronikinstrumentarium. Er schmeißt seine Maschinen an, fuhrwerkt emsig herum, fährt die Regler langsam herauf. Howlett an Bodenkontrolle: Es kann losgehen! Die Turbinen rotieren auf voller Schubkraft, Soundpartikeln schwirren und wirbeln durch den Raum, alle sind bereit zum Abheben. Leroy Thornhill, hochaufgeschossener Hipster und Soulman, ist plötzlich da, gleitet und tänzelt über die breite Bühne von einem Ende zum anderen. Sein Kumpel MC Maxim Reality mit Katzenaugen-Kontaktlinsen steht ihm zur Seite, macht Steinbeißer-Grimassen, schreit erste Worte, Sätze, Kommandos durch die zum Bersten gefüllte Halle. Wie ein Rummelplatzanheizer und Boxkampfeinpeitscher heizt er die Meute auf: »Everybody hands up!« – »All the people bring the noise!« – »Wanna have a good time tonight?« Klar, wollen wir. Und wie.

Die Saat ist bereitet, jetzt kann endlich auch Keith Flint kommen: furchteinflößender Techno-Teufel mit Piercings an allen möglichen und unmöglichen Köperteilen, schwarz geschminkten Augenrändern und halb rasiertem Schädel, an dessen Seiten sich feuerrot-flammende Federn in die

Höhe richten. Er sieht aus wie der Marvel-Comic-Mutant Wolverine, gibt sich diabolisch, tierhaft, triebhaft. In wilden Posen und Verrenkungen rumpelstilzt er rum, rollt mit den Augen, streckt seine lange glibbrige Zunge raus. Mit weit aufgerissenem Wolfsrachen keift und kreischt er: »I'm the firestarter, twisted firestarter ... self inflicted detonator ... one infected wicked animator« – den Text zu jenem Song, der im März 1996 wie eine Bombe in die Musiklandschaft einschlug und The Prodigy ihren ersten Nr.

Prodigy (Keith Flint)

1-Hit in England bescherte. Eine geballte Ladung von pumpendem Sub-Bass, sägend-kreischenden Gitarrensamples und harschen Punk-Vocals. Eine Beschreibung dessen, was Keith Flint durch den Kopf geht, wenn er auf der Bühne steht. Ein zuckender, gockelnder, sich scheinbar unkontrolliert windender Körper, der sich dort oben dem schräg schlingernden Soundstrom und brutal ballernden Beats hingibt. Und was macht das Auditorium? Der Kongreß tanzt! Nein, das Publikum springt, singt, schreit vielmehr. Ein seltsames Stammesritual findet hier statt. Wogende Masse, Meer aus Leibern. Keine Menschen mehr, sondern »Voodoo People« – verzaubert, verwandelt, verändert. Mitgerissen, aufgepeischt, durcheinandergewirbelt von der puren Energie, die sich ihren Weg durch den Raum bricht. Kaum zur Ruhe kommend, von Songs wie »Smack My Bitch Up«, »Serial Thrilla«, »Diesel Power«, »The Heat (The Energy)«, »Fuel My Fire« oder dem zweiten großen Chart-Burner »Breathe« immer wieder aufs Neue fasziniert, elektrisiert – Songs, welche die pure Ekstase, Hitze, Expression, Geschwindigkeit, Atemlosigkeit allein schon im Titel tragen.

Irgendwann läuft noch Gitarrist Gizz Butt auf. Fünftes Rad am furiosvorpreschenden Formel 1-Wagen. Er traktiert sein Instrument, schrammelt, schreddert und schießt Soundsalven ab, derweil Maxim Reality das Publikum noch ein wenig mehr provoziert und »Everybody come rock 'n' roll with me« ins Mikro poltert. Doch das alles ist keine Wut, Aggression, Rebellion. The Prodigy haben keine Botschaft. Ihre einzige Botschaft ist die Musik, diese einzigartige Energie, wenn sie dort auf der Bühne herumwüten, als würde es kein Gestern und kein Morgen geben. Nur das Hier und Jetzt. Auch wenn »das« fast ausschließlich vom Tonband kommt. Den Fans ist das an diesem Abend egal. Wie The Prodigy dieses unglaubliche Energiefeld produzieren, spielt keine Rolle, Hauptsache es knallt – und katapultiert sie für ein paar Momente in eine andere Dimension.

Hirnverbrannteste Funktionsmusik!

Ich liebe es!

Kiss in Hamburg-Bahrenfeld (1998)
Von Knarf Rellöm

Die Ouvertüre: Vokuhilas en masse, hohes Schnauzbartaufkommen, Motorradclubs (sogar Frestedter, die Gegend, aus der ich ursprünglich komme), einer von denen zu meiner Begleiterin Astrid:» Ey, wasn das für ne Jacke? Die findste bei mir noch mal aufm Müll. Ha, ha!« Ein anderer:»Ey, ich glaub ich bin Kiss.« Seine Kumpels:»Ha, ha, er glaubt er ist Kiss.« Vorgruppe Ärzte: Typisch 90er. Sie singen Lieder gegen Vokuhilas, die sich Vokuhilas anhören und mitsingen. Sie nehmen ihre eigene Musik keinen Deut ernst, nirgendwo lassen sie sie wirken. Es macht keinen Spaß. Außerdem fällt mir wieder einmal auf, daß der Sound bei einem Open Air unangenehm distanziert ist, das heißt: Lautstärke, die nicht wirkt.

Dann kommen Kiss! Erstmal warten lassen, Spannung steigern. Der Lärm wird lauter, das Licht geht an: Da sind sie! Die legendären silber-schwarzen Kostüme funkeln, die Gitarren, alles funkelt, reflektiert Licht. Hysterisch, überkandidelt schreit Paul Stanley, der Sänger:»How do you feel, Haaambuuurg?« Es geht los! Keine blödsinnige Distanz zu ihrer Musik, wie die Ärzte, nein! Eher:»Entschuldigen Sie, wir sind von der Rock 'n' Roll-Entertainment-Industrie und wir haben hier Qualität abzuliefern!« Bei den Ärzten hatte ich die ganze Zeit das Gefühl, daß hinter der Musik der Gedanke steht:»Naja, das Publikum ist sowieso dämlich.« Und bei Kiss ist das zu Recht nicht die Frage. Eine Band definiert sich nicht über das Publikum, das Publikum gibt ein Feedback – und das ist immer der zweite Schritt, der erste kommt von der Bühne.

Paul Stanley schreit:»Haaaaaaambuuuurg, are you ready for a rock 'n' roll party?« Mir ist das jetzt egal, ob die geschmacklosesten Deppen des Planeten neben mir stehen. Ace (Gitarre), Gene (Baß) und Paul werfen nach jedem Gitarrenakkord ihre Plectren mit einer eleganten Aus-dem-Hand-Gelenk-Bewegung ins Publikum (damit sie ihnen nicht ausgehen, sind an jeder möglichen Stelle auf der Bühne welche befestigt; an jeder Kante, jeder Monitor-Box – jede überhaupt irgendwie beklebbare Fläche ist mit Plectren übersät). Man findet mich nach dem Konzert vor der Bühne – Plectren suchend.

»I wanna rock 'n' roll all night & party every day.« Hirnverbrannteste Funktionsmusik! Ich liebe es! Bei »God Of Thunder« breiten sich Genes Flügel aus, und er schwebt auf eine für ihn speziell vorbereitete Bühne. Beim Refrain ist er umgeben von Stichflammen, die ganze Zeit explodieren Raketen. Ace spielt ein ellenlanges Solo mit idiotischen Klassikeinflüssen und schießt eine Rakete aus seiner Gitarre, die einen Scheinwerfer trifft (Show, erfuhr ich später). Eine zweite Rakete fliegt über unsere Köpfe hinweg, danach fängt seine Gitarre (nach all der Solo-Spielerei) Feuer und wird in die Luft gezogen (brennend).

Paul schreit: »Haambuurg, I'm coming out to you now!« Was hat der Irre jetzt vor? Auf einmal kommt, wie aus dem Nichts, ein Rock-Star-Lift hervor, der ihn über unsere Köpfe zum Mischpult trägt (natürlich glitzert das Ding). Am Mischpult, wo zufällig eine Bühne für ihn vorbereitet war, singt er dann den nächsten Song: »Hotter Than Hell«.

Danach schweben sie noch in Rock-Star-Kränen über unseren Köpfen, fleißig Plectren verteilend. Dann zum Finale ein Feuerwerk am gegenüberliegenden Ende des Festivalgeländes. Das heißt: Das Publikum dreht sich um – und während das Feuerwerk explodiert, wird die Bühne abgebaut, die Musiker verschwinden ins Hotel. Denkt gar nicht erst daran, Zugabe zu rufen!

Nordwärts, ho

Zum Wacken Open Air.
Ein Reisebericht (6. und 7. Juli 1999)
Von Ilse Holze

Epi ist Testfahrer bei Volkswagen und in etwa das, was man früher gern als Speed-Freak bezeichnete – damals, als noch nicht alle lachten, wenn man das sagte. Er liebt Blast Speed Metal und schnelle Autobahnfahrten. Leider ist er an diesem Wochenende unser Chauffeur und als solcher ein harter, halsstarriger Mensch, der auf alle guten Worte und unser moderierendes Zureden – man habe doch alle Zeit der Welt und wenn man tatsächlich nicht pünktlich zu Dokken komme, sei es schließlich auch kein Weltuntergang! – nur unwillig den Kopf schüttelt und brüsk versetzt: »Ich mache das beruflich, Mann!« Dies Diktum freilich beruhigt uns nicht für lange: »Ähm, der Wagen da vor uns bremst. Und das schon eine ganze Weile.«

Nun, die ganz stil- und randvoll mit Carlsquell gefüllte Kühlbox muß dann notwendig einmal öfter zu Rate gezogen werden, das hilft über vieles hinweg. Nach gut zweistündigem Autobahnirrsinn (»Hoppla, wir sind ja schon fast da, also, daß es so schnell geht, hätt' ich auch nicht gedacht ...«) sperrt eine Polizeikohorte im vollen Wichs die Autobahn und leitet den Verkehr über einen Parkplatz um, weil sich dort augenscheinlich leichter der Weizen, all die Wacken-Reisenden und potentiellen Gewalttäter, von der Spreu trennen läßt, jenem gemeinen Verkehrsteilnehmer mit Hut, der zuhause höchstens mal seinem deutschen Schäferhund Rex was überzieht, wenn er nicht spurt.

Wir alle haben uns in den letzten Wochen gewaschen, keine Jumbowasserpfeife dabei wie der Wagen vor uns, und kindlich reine Biedermannsgesichter aufgelegt. Hier ist nichts zu holen, das sieht auch der uniformierte, aber der Direktive seines Chefs gemäß heute mal jovial auftretende Mittzwanziger, der ja nur seinen Job macht und uns eigentlich fahren lassen würde, wenn da hinten nicht sein Vorgesetzter stünde, aber so müsse er leider doch die Fahrzeugpapiere und von allen Insassen die Personalausweise sehen – tja, äh, und leider auch noch einen Blick in den Kofferraum werfen. Es ist schönes Wetter, wir sind gut in der Zeit, und die Kühlbox kommt mir mehr und mehr vor wie die Schatztruhe im Märchen, denn sie wird gar nicht leerer – also kumpeln wir zurück: »Klaro, kein Problem.

Verstehen wir doch! Ist das nicht ziemlich warm unter der kugelsicheren Weste?«

Weiter. Nach einer halben Stunde sind wir in Wacken, lassen uns von den freundlich lächelnden, einen kruden Dialekt sprechenden Streckenposten in roten Anoraks zu den üppigen Wiesen leiten, die auch heuer die Zeltplätze bilden – und die auch schon vollgestellt sind von gut gelauntem Volk, das munter dabei ist, die Leistungsgrenze ihres mitgebrachten Musikgeräts wieder um ein paar Dezibel nach vorne zu verschieben. Ein Schelm, wer hier nicht mittäte.

Eilfertig und mit fliegenden Fingern – da sitzt jeder Handgriff! – wird das Zelt aufgestellt, das unschuldige Gras mit Stahlhäringen gespickt. Sodann verschafft sich der erfahrene Besucher einen groben Überblick über die Topographie, denn er weiß, in der Dämmerung sind alle Zelte grau. Da hinten links die Totenkopfflagge, da vorn die mit den beiden kopulierenden Menschenkindern. So, jetzt aber flugs zum Festival, der Wind erzählt uns nämlich schon, gerade habe jemand angefangen zu spielen, der so dermaßen durch die Nase singe, daß es eigentlich nur Don Dokken sein könne – der Frontman jener gleichnamigen Band, die in den 80er Jahren Goldene Schallplatten mit eingängigem Poser-Metal in die Welt setzte wie manch einer meiner Kombattanten Kinder. Und der Wind hatte recht. Es war Dokken, der da akustische Knödel drehte, ansonsten aber auf ganzer Linie versagte. Ein lahmarschig-lethargischer Mann in Schwarz, der sich in augenscheinlich kiffgebremstem Zeitlupenposing gefiel, stimmlich ohnehin nie mehr als zweite Wahl, und dessen angeblicher Vorzeigegitarrist Reb Beach nur dann überzeugen konnte, wenn er seinen kraftgenialischen Vorgänger Georg Lynch bis zur Selbstaufgabe imitierte. Nein, wie da unsere Daumen zur Erde zeigten!

Allein, die Menge beklatschte ihn – und sich. Wacken ist bekannt für seinen nachgerade haltlosen und unbedingten Willen zur Begeisterung, für Toleranz und vor allem Kompetenz in Härtefällen. Hier wird nicht nur jede Band abgefeiert, sondern auch noch jeder Chorus mitgegrölt, weil man seine Pappenheimer genau kennt. Dieses Glück widerfährt absoluten Newcomern wie den schwarzen, schnellen und sehr eingängigen In Flames oder Angra, die technisch brillanten Tempo-Metal mit leichter Tendenz zum Dream Theater-Eskapismus zu Gehör brachten, ebenso wie all jenen immergrünen Veteranen (welcher Preis- und Gewichtsklasse auch immer): U.D.O., Girlschool, Napalm Death, Hammerfall, Axel Rudi Pell, Saxon und nicht zuletzt Rage, die einmal mehr ein kleines Exerzitium der Perfektion darboten (absichtlich ließ man einmal die Gitarre ausfallen, denn nur der liebe Gott ist gänzlich ohne Fehl!). Mit anderen Worten, die Metal-Republik hat das letzte Jahr offensichtlich genutzt, um sich vorzubereiten auf dieses Großereignis.

Wenn man die knapp hundert Bands, die sich hier auf fünf Bühnen ein Stelldichein gaben, überblickt (und das klappt auch nur, wenn man Freunde hat und sein Berichterstatteramt sehr, sehr ernst nimmt), dann lassen sich zwei Tendenzen ausmachen. Erstens: Der musikalische Schwerpunkt in diesem Jahr lag zweifellos beim altbackenen 80er Jahre-Speedmetal, der sich durchaus in verschiedenen Aggregatzuständen und auch Spielarten zeigte (technisch, progressiv bisweilen, manchmal ruppiger, mit Thrash-Influenzen, dann und wann auch eher in Richtung Black oder Doom Metal), aber doch alles in allem sehr nostalgisch tönte. Da scheint sich so etwas wie ein Trend abzuzeichnen. Denn zweitens: Reunions haben wieder Konjunktur. Mit den deutschen Thrash-Urahnen Destruction (so unhörbar wie je), den kompakt aufspielenden Speedmetallern Agent Steel, den ProgMetal-Vorreitern Mercyful Fate (einem der Höhepunkte des ersten Tages), der britischen Legende Tygers Of Pan Tang, Metal Church, Axxis,

Pretty Maids, Jaguar sind mindestens acht wiedervereinigte Bands am Start, die augenscheinlich von der zur Zeit virulenten Nostalgiebewegung in der Szene profitieren wollen. Daß die harten Jungs im Grunde ein ziemlich konservativer Haufen sind, weiß man ja inzwischen. Dazu gehört dann wohl auch etwas Geschichtsbewußtsein – und eine gewisse Anfälligkeit für solcherart Sentimentalitäten.

Ansonsten herrschte hier einmal mehr der große Geist der Eintracht. Gemeinsam müllte man die ländliche Gegend zu, gemeinsam raubte man sich den Schlaf, indem man zum eingangs erwähnten Spiel ohne Dezibelgrenzen zurückkehrte, gemeinsam reckte man die Faust oder erhob die Hand zum probaten Teufelszeichen (vornehmlich an der Black Stage!). Und man half einander, wo es nur ging. Da hatte ein recht jugendlicher und in solchen Dingen noch ungeübter Schwermetaller arge Probleme, sein gerade erworbenes eindrucksvolles Nietenarmband anzulegen – schon sprang ein erfahrener Headbanger hinzu: »Warte mal, das haben wir gleich.« – »Aua, nicht so fest!« – »Hör zu! Wenn das richtig sitzen soll, muß das so fest sein.« – »Na gut.«

Von der sprichwörtlichen norddeutschen Unnahbarkeit konnte hier absolut keine Rede sein. Da belauschte etwa ein Hartgesottener, wie wir unsere Unwissenheit in Sachen Cannibal Corpse kundtaten, und stieß uns sogleich Bescheid: »Ach, du kennst Cannibal Corpse gar nicht? Na, dann viel Spaß!« Und er verdrehte wild seine Augen. Im »Rock Hard«-Programmheftchen lasen wir dann, daß sie gekommen seien, um Norddeutschland in »Schutt und Blut zu legen«. Aber nichts dergleichen geschah, stattdessen schickte der HErr, erbost von soviel Blasphemie, eine große Flut, um uns den zweiten Festivaltag zu verderben. Und das gelang ihm auch zum Teil. Entnervt und durchgeregnet, aber mit gestählten Herzen machten wir uns am Abend auf den Heimweg. Es mußte jetzt alles sehr schnell gehen, unser Fahrer wollte sich schließlich keine Lungenentzündung holen. Glücklicherweise macht er das beruflich.

Anblicke, sag ich Dir, Anblicke

Herzbergfestival bei Schrecksbach (19. Juli 1999)
Von Ulrich Holbein

Das Satina-sept-Sparkassendressing bürgerlicher Borniwelt verhalf mir noch nie so recht zu meiner Identität. Bei mir hing immer irgendwo ein Hemd raus, weshalb ich identitätsmäßig eher der Popjugend zugeordnet wurde als den Leuten aus Balkonien und Normalistan. Nicht umsonst trug ich schon mit 16 erst den Titel Edelgammler, dann Hilfsjesus. Doch kam meine diesbezügliche Identität ziemlich ins Schleudern angesichts meiner Tendenz, eher an Barockkonzerten mich gesittet zu delektieren als mich mit Rock zuzudröhnen. Denn wozu soll Wüstensohn Dschieses sich eine Bachkantate reinziehn (unter Stabführung von Hans-Martin Ziegler)? So wenig in Frage kommend mir mein goldbebrillt wohlgescheiteltes Brüderchen dünkte und so sehr mir Eberhard Holbein mit seiner Oboe am Leben vorbeizutröten schien, so wenig mochte ich mit all den Freak-Visagen, mit denen ich einzig Matte und Bart teilte, mich an möglichst einheitlich ungeteilter Identität freuen. Ich trieb also Mimikry, wandele bis heute optisch als durchaus stilechter Schlabberlook-Alt-Hippie durch die kurzgeschorene Welt grau in grau getönter Bartfreiheit, weise aber von den drei Hauptattributen jeden Popfreaks – Pop, Drogen, Sex – mindestens zwei davon fast überhaupt nicht auf: Rockkonzerte, auf die ich so zwischen 1968 und '70 ging, waren für meine zarten Gehörzellen viel zu laut, und Haschisch hätt' ich mir zwar gern gefallen lassen, als Nichtraucher begann ich aber auch beim geringsten Zug am Joint hochallergisch zu husten. Schon von meiner Identität her war ich ich offenbar einfach nicht so recht born to be wild. Ich hörte halt lieber Viola als Schlagzeug, und statt Iron Butterfly – Claude Debussy. So verstrichen zwei, drei Jahrzehnte. Irgendwo zuckte ich auch mal probeweise auf einer Highdelberger Tekkno-Party herum, als Ekstaseforscher mit Mappe unterm Arm, Ohropax im Gehörgang und sardonischem Grinsen über Ecstasy-Typen, die beim authentischen Ausflippen zwar die Augen zumachten, aber die Brille aufbehielten. Irgendwann merkte ich, daß ich etliche Flowerpower-Scheiben zwischen '67 und '72 doch recht ausführlich wiedererkannte, ja, komplett intus hatte. Es war alles in mich eingesickert, von Joe Cocker bis Eric Clapton; nostalgisch sehnte ich mich zurück, als sei exakt in jenen nebulösen Urzeiten meine Identität (oder so was) angesiedelt gewesen. Ich begann daran zu leiden, daß die rasierten

Hinterköpfe des Punk mir nicht so schön und Ravi Shankar-kompatibel vorkamen wie die Künstlermähnen der allzu schnell normalisierten und hinweggealterten Hippies. So begab ich mich 1999 auf einen der apokryphen Aufgüsse des unendlich legendären Herzbergfestivals von 1972. Obwohl Werner Pieper mich vorgewarnt hatte, daß man da nur noch ausgehöhlte Quasi- und Pseudo-Rumpfformationen ehemaliger Superstars zu hören bekomme, die bei restlos ausgetauschter Mannschaft sich unberechtigt an groß gewesene Namen klammerten (er drückte das etwas anders aus – siehe sein Buch »Maximum Respekt«). Ich aber ging ja sowieso nur wegen visueller, atmosphärischer, retrospektiver und ethnologischer Aspekte dorthin; die akustischen nahm ich hierfür in Kauf. Das Festival ging tagelang. Mein letztes Rockfestival wurde hierbei schier mein erstes. Denn damals, mit fuffzehn, hatte ich zwar in pubertärer Dumpfheit im Geröhr von »Pretty Lisa« gehockt (Stadthalle Kassel), jetzt aber, in überständigem Alter, mit ranzigen 46, waren mir durchaus zuständig zu nennende Ohren gewachsen, so daß mir alles so sehenswert, ja vielleicht gar hörenswert vorkam wie am nie dagewesenen ersten Tag, durchtränkt von heillos verspäteter Nachreife, aber umflort von den Debüt-Schaudern fast verpaßter Grünschnäbeligkeit und Jungfernschaft. Nächstentags schrieb ich meinem Jugendfreund (und immerhin total dezidierten Rockfan und -kenner!) Herbert Müller einen Erlebnis-Bericht meiner Herzberg-Ausfahrt:

20.7.1999

Lieber Sommerbert,

geh ich recht in der Annahme, daß Du zwar nicht so sehr in einer selbstgehobelten Sommervotze steckst als doch irgendwie in einem Sommerloch? Meld mir doch mal etwas über den Zugewinn an Schornstein und Wespen? (Wieviel Trinkgeld gabst Du?) Und an Glück. Ebendieses wollt ich neulich steigern, hatte die Finger wiederholt am Apparat, nämlich eine Eintrittskarte fürs Herzbergfestival und für Dich, im Wert von 85,– DM, 25 km entfernt von Aua. Hinten bei Schrecksbach. Viertägig. Ich war einen Tag lang da, mit Manfred, Doris und Ninja. Ninja, 16, mit Glitzersternchen im Gesicht und Nasenring. Open Air, auf einer Fläche, größer als ganz Homberg an der Efze. X Quadratkilometer füllend, ein Labyrinth aus Zelten, PKWs, Wohnmobilen, Lagerfeuern – Freak City. Ich hatte gar nicht gewußt (und Du?), daß es überhaupt noch einen Hippie gibt. Hätte alle

Mohikaner seit Jahrzehnten unauffindbar bis unkenntlich aufgegangen in der Punkbewegung vermutet. Es gab aber noch Tausende, nämlich 40.000, horizontfüllend, gut eingezäunt, und alle sahen genauso aus wie in den 70er Jahren. Nicht verwässert, sondern schier echter als damals. Wie ja auch Maurice Ravel spanischere Musik schrieb als alle Spanier. Ein riesiges ultimatives fehldatiertes Comeback langer Haare, Henna, Bärte, indischen Schmucks, das Ineinander diverser konträrer Zeiten und Zonen und Ungleichzeitigkeiten – das Jahr '99 (inklusive ein Prozentsatz Love Parade) war allenfalls zu erkennen an allerlei Piercing in Lippe, Nase, Nabel und dreadlocks – Rastazopfgefizzel, statt Stirnbänder. Anblicke, sag ich Dir, Anblicke. Sodann hörte und sah ich lebende Legenden, Iron Butterfly, jawoll: »In-A-Gadda-Da-Vida« – live! Ich! Wahnsinn. Sie zogen das noch länger. Nur, waren die 60 oder 30? Von unserem Platz aus ununterscheidbar. Denn Manfred hatte unsere Sonnenschirme (dadurch entstand Freibad-Atmo) ca. 300 m vor einer der Hauptbühnen entfernt aufgestellt, in weiser Voraussicht höllisch aufgedrehter Dezibels. Auch Eric Burdon and the New Animals spielten da, worauf ich besonders gespannt war; denn »Ring Of Fire« war doch bekanntlich jener Titel, bei dem ich erstmals küßte, Tanzcafé Lückert, April '69, Christiane. Bei »Burn, burn, burn« and so on. Ou yes. Auch Magma spielte, von denen Doris allerdings meinte, das wäre nicht ihre Musik – während ich Magma eigentlich irre cool fand. Irgendwo saß eine im 9. Monat und ließ sich die freigelegte Wampe tätowieren (oder wenigstens bemalen). Überhaupt war die Titten- und Gesäßquote wieder mal enorm, Hersfeld neulich nichts dagegen. Mein Hormonspiegel schwappte über mein angejahrtes Gebein hinaus. In der Herzbergzeitung »Seid bescheiden – fordert das Unmögliche!« berichteten vorndrin Kalle Becker und andere Veranstalter: »Wir haben den ganzen Winter über in Gerichtssälen und Behörden verbracht, damit ihr in diesem Sommer, wie in den vorausgegangenen 7 Jahren, Spaß habt, Musik hören und in der freien Natur bumsen könnt. Dieses Land ist in der Tat pervers geworden.«

Irgendwo unterhielt ich mich angeregt mit einem Mädchen über die doch ziemlich häufigen Entzündungen beim Einstechen eines Nasenrings. Etliche liefen nackt (ich z. B. barfuß), gehüllt in Duftwolken, zwischen Wasserpfeifen-Ständen (»Hier gibt es kein Haschisch! Wir wissen auch nicht, wo es welches gibt!«), Jeans & Chaps, Buddhapüppchen, Goa food, Elsässer Flammkuchen, Space Cakes, Biedis, Kindern mit Wasserpistolen, Negern mit weißen Eskimohunden – Generäle sämtlicher Länder verpißt euch! Don't walk on grass. Smoke it. Wenn zwischen Seidenhemden und Didgeridoos ein Spiegel aufblitzte, sah ich als Gegenprogramm ein rotverbeultes Schwitzgesicht (meins), über das ich bei Erstbegegnung beleidigt hinweggekotzt hätte. Was aber keinen störte, sondern das jeder gern anlachte und duzte. What a great family, jippiejääh! Zwischendurch auch mal, mitten im 40°-Peace, einige der 350 stiernackigen Security-Boys mit Schurschnitt in schwarzen Totenkopf-Shirts. Hier und da fanden ungehindert 12 Turban-Trommler zusammen und 2 Bauchtänzerinnen, plus Bambus-Saxophon, und dröhnten sich bei wiegenden Hüften in buchenswerte Ekstase. Einer von denen war lang in Afghanistan (also ein Mehr-als-Original-Zitat von 1972), zeigte mir, wie man Turbane knotet und warnte mich davor, im Orient grüne Turbane zu tragen. Immer wenn The Supremes, The Flowerkings, Ringsgwandl, Hank Shizzoe oder Taj Mahal pausierten, hatten die elektrisch unverstärkten Hare Krishna-Trommel-Crews ihr Lückenbüßer-Viertelstündchen, priesen lachend ihren Gurugott, mit fettem, Martin Reuter-ähnlichem Schwabbelmönch als Vorsänger und Pilotstampfer.

In summa: Sämtliche Rockfestivals von damals waren nur begrenzte Vorstüfchen und Generalpröbchen vor diesem neuerlich auflebenden Moloch Herzberg. Woodstock usw. verregnet – hier aber schönste Julihitze. Warteschlangen vor Feuerwehrtanks mit Trinkwasser. Ich kippte aus schwabbelnder Fußballhälfte Tankwasser über meine heiße Birne. Integrierte Abenteuerspielplätze. Ein Kuriosum für sich: Irgendeine Tabakfirma warb fürs Qualmen. Man konnte dort kostenlos Zigaretten schnorren, von hellblau uniformierten Fachkräften hinter hellblauen Theken, und mit denen beim Qualmen ein wenig hellblaues Überbrückungs-Roulette spielen. Über die mobilen Sanitärsysteme, Endlosketten aus hellblau steril stinkenden telefonzellenförmigen Klohäuschen, mußte man halt irgendwie hinwegriechen, und über die verschissenen Waldränder, wo an jedem Baum ein Homo erectus pißte und ich jeden Busch streng ansah, ob nicht in ihm ein freigelegter Arsch sichtbar werden wollte.

Der größte Moment! Alle folgten der Parole: »Wir zeigen dem Kosovokrieg den Arsch!« – Der größte Moment! Punkt 18 Uhr wurden 40.000 entblößte Gesäße in Richtung Berlin gerichtet. Auch Doris' Gesäß wurde gen Berlin entblößt, und Ninjas und des sympathischen Manfreds nun auch schon 62-jähriger Arsch – und genau diesen Moment verpaßte ich grausamerweise, da ich mich mal ohne Uhr für zwei Stunden abgeseilt hatte, wegen Hitzschlag-Kopfweh ins entfernte Waldesdunkel eintauchte, jenseits der Pißlinie, auf die Burg Herzberg hinaufstieg, Himbeeren pflückte im kilometerweiten Gedröhn, tatsächlich einen sonnenbesprenkelten, pitschenackten Rücken im Busch sah, der die Ohren aufstellte und als eindeutiges Reh davonfloh.

Die New Animals waren übrigens für 23 Uhr angesagt. Dann aber war Stromausfall – die große Stunde für alle Handtrommler, die also sich sofort wieder emsig hervortrommelnden Krishna-Jünger unter der Stabführung des lachenden und schwabbelnden Martin Reuter. Die Eric Burdon-Fans wurden vertröstet: »Der Eric ist da, der Eric wird auftreten, wir tun unser Möglichstes, ein neuer Aggregator ist unterwegs, geht solange noch 'ne Runde bumsen.« Alle Stunde im Krishna-Getrommel eine Vertröstungsdurchsage. Um 3 hatten wir genug vom Warten auf Eric, fröstelten, wollten heim, fanden irgendwie nicht raus aus Freak-City, marschierten mit Rucksäcken beladen, unterm Halbmond über Köter stolpernd, durch qualmendes, trommelndes, wühlendes Terrain wie durch Endzeit-Szenarien, wo man sich mit Restholz über Wasser zu halten versucht, nach dem Day after, den halt doch noch 40.000 Fratzen zeitweise überlebten.

Nächstentags erfuhr ich: Er soll noch gekommen sein. Ich aber habe »Ring Of Fire« nicht hören können. Überspiel es mir doch auf ein Bändchen, wenn Du so lieb sein willst. Auf daß mich mein erster Kuß (auf der Umlaufbahn seines Hinterherhinkens) irgendwann einholen möge.

Herzlich Dein Uli

Die Autoren

Rainer Balcerowiak, Jahrgang 1955, lebt und arbeitet als Musik- und Politikjournalist in Berlin.

*

Ulrich Blumenbach, geb. 1964, lebt als Übersetzer in Basel und hält es in puncto autobiographischer Glaubwürdigkeit mit Eric Ambler: »Nur ein Idiot glaubt, über sich die Wahrheit erzählen zu können.«

*

Michael Bonder, geb. in Friedenszeiten 1957, promovierter Sozialwissenschaftler, Autor verschiedenster Bücher und anderer Schriften, zur Zeit Leiter einer Weiterbildungs- und Beschäftigungseinrichtung für Langzeiterwerbslose und Sozialhilfeempfänger.

*

Yoerk Bruchmann, alias Stubbes heißt bzw. schreibt sich heute – vermutlich – Jörg Bruchmann, wurde – vermutlich – 1947 geboren und lebt heute – vermutlich – als Buchhändler – vermutlich – in Köln. Damals aber war er – ganz sicher – Mitarbeiter von »Sermo. Zeitung der Schüler und ehemaligen Schüler des Ratsgymnasiums Bielefeld«. Bis Redaktionsschluß ist es uns nicht gelungen, Bruchmann zu kontaktieren. Stubbes, bitte melde dich!

*

Martin Büsser, geb. 1968, studierte vergleichende Literaturwissenschaft, Kunstgeschichte und Theaterwissenschaft. Freier Journalist (u.a. für »Konkret«, »Jazzthetik«, »junge Welt«, »Intro«) und Autor. Letzte Buchveröffentlichungen: »Antipop« (1998), »Popmusik« (2000), »Lustmord – Mordlust. Das Sexualverbrechen als ästhetisches Sujet im 20. Jahrhundert« (2000). Herausgeber der Buchreihe »Testcard – Beiträge zur Popgeschichte«.

*

Wolfgang Doebeling, Jahrgang 1950, lebt als freier Autor in Berlin.

*

Eugen Egner, Jahrgang 1951, lebt als Zeichner und viel lieber noch Autor in Wuppertal. Zuletzt erschienen sind der Roman »Androiden auf Milchbasis« (Haffmans 1999) sowie die »Tagebücher des W. A. Mozart« (Illustriert von ihm selbst; Haffmans 1998). Zu seinem 49. Geburtstag am 10. 10. dieses Jahres erscheint »Der Notfall erfordert alles. Eine Sprachfressung« (als zweites Heft der Reihe »Griffel à gogo« im Wehrhahn Verlag).

*

Hartmut El Kurdi, geb. 1964 in Amman/Jordanien, lebt und arbeitet als Kolumnist und humoristischer Dramatiker in Braunschweig. Seine Schißhasen-Komödie »Angstmän« wurde nach der Uraufführung am Staatstheater Braunschweig vom Deutschland Radio Berlin mit Lars Rudolph in der Titelrolle als Kinderhörspiel produziert. Zur Zeit arbeitet er an einem neuen Pop-Schwank, der im Frühjahr 2001 ebenfalls am Staatstheater Braunschweig uraufgeführt wird.

*

Jörg Feyer, freier Journalist (»Rolling Stone«, »taz«, Deutschlandfunk, »Tip-Magazin«), schreibt über Musik und Sport und versucht als F-Jugend-Trainer eines Vorstadtvereins die Zukunft des deutschen Fußballs zu retten.

*

Gerald Fricke, geb. 1969, Politikwissenschaftler und Autor, lebt in Braunschweig und Hamburg. Zuletzt erschienen: »Für alles gibt's ein Erstes Mal. Das Buch der Bahnbrecher, Vordenker und Neutöner« (mit Frank Schäfer).

*

Birgit Fuß, 1972 in Fürstenfeldbruck geboren, besuchte bis 1991 das Deutschherren-Gymnasium in Aichach, studierte in Hamburg Amerikanistik und Germanistik und schrieb bei der »Hamburger Morgenpost« über Rockmusik. Heute ist sie Redakteurin beim »Rolling Stone« und noch immer Apologetin von Bon Jovi, obwohl sie inzwischen lieber R.E.M. hört.

*

Christian Göttner, Jg. 1968, arbeitete eine Weile als Club-DJ, verdingt sich nun als freier Journalist für diverse Zeitungen und Zeitschriften sowie als Chefredakteur und Herausgeber von »Subway«, dem Stadtmagazin für Braunschweig und Umgebung.

*

Jörg Gülden, Jahrgang 1944, begann seine musikjournalistische Laufbahn 1973 bei der legendären Zeitschrift »Sounds«. Er ist Autor und Herausgeber diverser Bücher zum Thema Musik und schrieb u. a. für »Stern« und »Spiegel«. 1987 wurde er Musikredakteur beim Rundfunk (SFB und OK-Radio, Hamburg). Im Herbst 1994 hob er zusammen mit seinen Kollegen Werner Kuhls und Bernd Gockel die deutsche Version des »Rolling Stone« aus der Taufe. Der Rest ist Geschichte.

*

Bernadette La Hengst, 32, aufgewachsen in Bad Salzuflen, Ost-Westfalen; 1987-1989 Schauspielerin in Berlin, seit 1989 Musikerin in Hamburg, von 1990-2000 Sängerin und Gitarristin von Die Braut haut ins Auge, 1999 Gründung des stetig wachsenden B. H. Imperiums (B. H. Booking und B. H. Records), schreibt

Kurzgeschichten, plant die Veröffentlichung ihres ersten Buches und ihrer ersten Soloplatte.

*

Gerhard Henschel, geb. 1962, lebt als freier Schriftsteller in Hamburg. Zuletzt erschienen »Wo ist die Urne von Roy Black?« und »Jahrhundert der Obszönität« (zusammen mit Eckhard Henscheid).

*

Ulrich Holbein, geb. 1953 in Erfurt, mehrfach preisgekrönter Sprachartist, Kolumnist, Hörspiel- und Romanautor, schreibt regelmäßig Glossen, Essays, Dialoge, Rezensionen für einen ganzen Sack voll Rundfunksender und Zeitungen. Zuletzt erschienen separat »Nekrolog auf den Ladenhüter« (1999), »Zwischen Liquid Sound, Spirituallekt und Zwerchfellatio« (1999) und der gewaltige Collageroman »Isis entschleiert« (Elfenbein 2000).

*

Ilse Holze, Jg. 1972, lebt als Lyrikerin und Ergotherapeutin in Leiferde bei Gifhorn; sie war über 15 Jahre auf keinem Live-Konzert, bis zum Wacken Open Air 1999. Jetzt hat sie sich vorgenommen, wieder öfter eins zu besuchen. Auch um mal rauszukommen.

*

Andreas Klotz, Jg. 1965, lebt als Antiquar und Gelegenheitskritiker (vornehmlich für den »Lünebuger Tages-Anzeiger«) in Lüneburg. Was hätte alles aus ihm werden können, wenn er sich Mühe gegeben hätte.

*

Dirk Knipphals, geb. 1963 in Kiel. Nach den oben beschriebenen Anfängen zog es ihn meistens zu den Kieler Veranstaltungsorten Hansa 48, Alte Meierei und Pumpe. Während des darauffolgenden Studiums in Hamburg favorisierte er das Knust, das Logo und die Markthalle. Heute arbeitet er als Literaturredakteur der »tageszeitung« und lebt in Berlin.

*

Christian Kortmann, geb. 1974, schreibt seit 1995 u. a. für »Berliner Zeitung«, »FR«, »SZ«, »taz«, »Weltwoche« und »Zeit« über Phänomene der populären Kultur. Promoviert zum Debütroman.

*

Michael Kröger, Jg. 1948, ehemaliger Ministrant, Torfstecher, Leichenträger, Discjockey, Spirituosen- und Milchfahrer, studierte Germanistik und Politikwissenschaft und ist heute Antiquar, Verleger und Galerist in Braunschweig. – Der Autor dankt Gerd Coordes und Wolfgang Thomas für ihr Buch »The Rolling Stones over Germany«, das ihm »einige Gedächtnislücken wieder gestopft« habe.

*

Herbert Müller, geb. 1951, zunächst Stadtsekretär der Stadt Gaggenau, später Sozialpädagoge in Darmstadt; lebt als Gitarrist, Landmann und Dauerrenovierer im nordhessischen Knüllwald und hängt seit 1973 mit Ulrich Holbein der Illusion gemeinsamer Erinnerungen nach. Überließ sich zwischenzeitlich spontanen Eingebungen (und die dann der Schublade): »Irland – Abrechnung mit einer Ungeliebten«, »Wir basteln uns eine Sommervotze« etc.

*

Dietrich zur Nedden, geb. 1961, lebt als freier Autor in Hannover. Begann ca. 1975 als Dilettant am Saxophon in der Schülerband Wintai, später dito bei Ca Ira und anderen Bands, die alle zu Recht vergessen sind.

*

Christina Nemec, geb. 1968 in Villach, Studentin der Theater- und der Kommunikationswissenschaft, DJ, Mitarbeit beim freien Radio in Wien, der Zeitung »coco«, beim TIV-Fernsehen.

*

Jan Off, geb. 1967, lebt in Braunschweig und Leipzig, Poetry Slam-Legende. Veröffentlichungen zuletzt: »Köfte« (Dreieck Verlag, Mainz 1998) und »Don't Mess Around With Harald Juhnke – Spoken Words« (CD, APAP a division of SUBH, Hildesheim 1999).

*

Werner Pieper, Jahrgang 1948, gelernter Koch, dann sieben Jahre Haschisch-Dealer. Seit 1971 Schreiber und Verleger der Grünen Kraft / MedienXperimente (Der Grüne Zweig, Edition RauschKunde). Neuere Buch-Publikationen: »Maximum Respekt«, »Musik & Zensur weltweit«, »Highdelberg – Zur Kulturgeschichte der Drogen in einer berauschenden Stadt«. Im Herbst 2000 erscheint auf dem Trikont Label eine 6-CD-Compilation alter amerikanischer Popmusik, Flashbacks, u.a. Hitler & Hell, US-Propagandasongs gegen die Nazis. Mehr Infos c/o The Grüne Kraft, Alte Schmiede, 69488 Löhrbach oder per eMail: Versand@gruenekraft. com.

*

Axel Potthoff alias APO, eigentlich Alexander Potthoff, wurde 1949 geboren, war einstmals Redakteur von »Sermo. Zeitung der Schüler und ehemaligen Schüler des Ratsgymnasiums Bielefeld« und lebte als Rechtsanwalt in Bielefeld. Er starb in diesem Jahr während eines Englandaufenthalts an Herzversagen, kurz nachdem er uns die Abdruckerlaubnis für seinen Beitrag gegeben hatte.

*

Michael Quasthoff, geb. 1957 in Hildesheim, lebt als Publizist in Hannover. Beiträge für die »Süddeutsche«, »Zeit«, »FR«, »Weltwoche«, »Freitag« etc. Veröffentlichungen in Anthologien, zwei Bücher mit Dietrich zur Nedden und ebenfalls mit Herrn zur Nedden Gastgeber der Fitz Oblong Show.

*

Friedhelm Rathjen, Jg. 1958, arbeitet als freier Übersetzer und Literaturkritiker. Praktizierender Fan von James Joyce, Samuel Beckett, Arno Schmidt, Neil Young, Roy Harper, und den Counting Crows, die leider ihre Teilnahme am diesjährigen Scheeßel-Festival kurzfristig abgesagt haben. Radelt habituell Tour de France-Strecken und irische Grenzregionen ab und schreibt darüber. Veröffentlichte sieben literaturwissenschaftliche Fachbücher (zuletzt »Samuel Beckett & seine Fahrräder«, Verlag Jürgen Häusser 1996) sowie einen Band mit Reisefeuilletons (»Irische Reise«, Lamuv Verlag 1999). Eine umfängliche Crossover-Zitatensammlung zum Thema »Literatur & Rockmusik« liegt seit Jahren unkomplettiert in der Schublade, da kein Verlag sowas für vermarktbar hält.

*

Knarf Rellöm, geb.1962 in Meldorf (Dithmarschen), 1984 Hamburg, dort 1990 HUAH! LP »Was machen HUAH! jetzt?«,1992 HUAH! LP/CD »Scheiss Kapitalismus«, 1997 LADIES LOVE KNARF RELLÖM »Bitte vor R.E.M. einordnen«, 1999 KNARF RELLÖM ISM »Fehler Is King«, lebt jetzt in Zürich und schreibt an einem Roman oder einer Geschichte namens »Quasimodo«; er ist Veranstalter der sich gegen das Musikbusiness richtenden Konzertreihe »Hurra, die Deppen sind weg« und bekannt für seinen illusionslosen und trotzdem begeisterten Blick auf Musik.

*

Jürgen Roth, geb. 1968, lebt in Frankfurt/Main. Letzte Buchveröffentlichungen u. a.: »Nullkultur – Feuilletons, Glossen, Aufsätze« (Mainz 2000) und (zus. mit Kay Sokolowsky) »Lügner, Fälscher, Lumpenhunde – Eine Geschichte des Betrugs« (Leipzig 2000).

*

Harry Rowohlt, Jg. 1945, lebt als Übersetzer, Kultbuch-Autor (»Pooh's Corner«), Vorleser mit langem Atem und nicht zuletzt ganz früher Rock 'n' Roller in Hamburg, wenn er nicht gerade, wie so oft, auf Tour ist (oder in Irland).

Michael Sailer, 1963 geboren, ist Autor, Musiker und anderes und lebt in München. Hat sehr viele Platten besprochen, schreibt Kolumnen, Kritiken, Geschichten und mehr. Zuletzt erschienen: »Eure Armut kotzt mich an – Belästigungen 1-30«. Demnächst folgt der Roman »Die Verrückten stehen in der Sonne«.

*

Frank Schäfer, geb. 1966, lebt als freier Schriftsteller in Braunschweig. Zuletzt erschienen: »Kultbücher« (Schwarzkopf & Schwarzkopf).

*

Andreas Schäfler, geb. 1958 vor den Toren von St. Gallen und mit Maestrani-Schokolade aufgewachsen, lebt in Hamburg.

*

Oliver Maria Schmitt, geboren 1966 in Heilbronn, schreibt für gewisse interessierte Leser, für das Theaterhaus Stuttgart derzeit das Musical »I want to hold your Hendl« über das Leben des »Wienerwald«-Erfinders Friedrich Jahn und war langjähriger

Chefredakteur des Satiremagazins »Titanic«.

*

Luka Skywalker, geboren 1963, DJ und Musikerin, Programmkoordinatorin und Leiterin des Musikarchivs im Freien Sender Kombinat in Hamburg.

*

Ralf Sotscheck, 1954 in Berlin geboren, seit 1985 in Dublin, Irland- und Großbritannien-Korrespondent der »taz«.

*

Wenzel Storch, Jg. 1961, ist in der Filmbranche tätig (er vollendet gerade die mit »Der Glanz dieser Tage« und »Sommer der Liebe« begonnene Jürgen Höhne-Trilogie) und betet Ozzy Osbourne an. Er verehrt außerdem Captain Beefheart, Alan Vega, Marc Bolan, Genesis, P. Orridge und Johnny Cash. Hat ein Faible für Ernst Mosch, teilt dessen Credo: »Unser sanfter Gesang muß über dem ganzen Saal liegen wie ein Fettauge.« Hat selbst Mitte der 80er auf den verschiedensten Instrumenten erfolglos musiziert (Cassette »Hey Wenzel« auf Pissende Kuh Kassetten, sowie als Mitglied von Hermann Naujoks und die Naujoks: »In Flagranti«, ebenfalls Pissende Kuh Kassetten). Er ist eingetragen ins Goldene Buch des Bonifatiuswerkes sowie immerwährendes Mitglied im Pallottiner Meßbund.

*

Fritz Tietz, geboren 1958 in Bielefeld, lebt als Autor, Autobahnpfarrer und Fernsehschaffender im Landkreis Harburg. Letzte Buchveröffentlichung: »Die Kunst einen Papst zu erlegen«, Edition Tiamat, Berlin 2000. Internet: www.fritztietz.de.

*

Rüdiger Wartusch, auch schon Mitte dreißig, widmet sich in Braunschweig vornehmlich den komplexeren Spielarten der Rockmusik. Schreibt ansonsten über Dichter und Autos.

*

Matthias Wehrhahn, Jahrgang 1963, Verleger (www.wehrhahn-verlag. de), lebt und arbeitet in der wirklich schönen Stadt Hannover.

*

Wolfgang Welt, Jahrgang 1952, studierte nach dem Abitur erfolglos im heimatlichen Bochum. Danach Schallplattenverkäufer. Arbeitete beim Ruhrgebietsmagazin »Marabo«, bald als dessen Musik- und Literaturredakteur, schrieb für überregionale Blätter wie »Sounds« und »Musik Express«. 1982 wurde Welt Nachwächter in Diensten der Stadt, 1986 veröffentlichte er den Roman »Peggy Sue« (immer noch als Taschenbuch bei Heyne verfügbar). 2001 erscheint endlich die Fortsetzung »Der Tick« (ebenfalls bei Heyne).

*

Arne Willander, 1970 in Hamburg geboren, ist seit 1994 Redakteur beim »Rolling Stone« und geht nur noch zu Konzerten von Joe Cocker.

Zum Weiterlesen – das andere Buch von Frank Schäfer bei Schwarzkopf & Schwarzkopf

Kultbücher

Die Bücher dieses Jahrhunderts in einem Buch

»Ein lesbares und lesenswertes Nachschlagewerk«　　　　*Format*

»Manches ist eher Tipp als Kult. Aber wie, wenn nicht durch Tipps von Leser zu Leser, entsteht denn ein Kultbuch?«　*Freie Presse*

»Schäfer zupft zeitgeistprägende Specials aus seinem persönlichen Kanon«　*Ticket*

»Eine engagierte und engagiert verfochtene Auswahl Frank Schäfers, die er jenseits von Erörterungen der literarischen Qualität und gar des persönlichen Geschmacks getroffen hat.«　*Oldenburgische Volkszeitung*

»Abseits vom bürgerlichen Kanaon hat Frank Schäfer Geschichten zu Büchern gesammelt, die zur soliden Grundausstattung eines jeden Kennerregals gehören.«
　　　　　　　　　　　Abendzeitung

Sicher haben Sie die folgenden Losungen schon mal irgendwo gehört oder gelesen: »Hat das Zeug zu einem veritablen Kultbuch«; »Das Kultbuch der 60er« (wahlweise auch 50er, 70er, 80er ... Jahre). Und wohl auch jene unverfrorenen Epitheta: »Kultcharakter!«; »Kultpotential!«; »Echt kultig!«. Man beachte die suggestiv warnenden Ausrufungszeichen (»Achtung!«), als habe man es nicht mit Büchern, sondern rezeptpflichtigen Psychopharmaka zu tun. Davon lassen Sie sich mal nicht irre machen. Bücher, die eins der eben genannten (oder vergleichbare) »Gütesiegel« auf den Deckel bekommen haben, spielen im folgenden keine Rolle, es handelt sich bei ihnen nämlich in aller Regel nicht um Kultbücher, sondern um aufgeblasene PR-Popanze. Denn merke: Ein Kultbuch wird nicht vom Verlag »gemacht«; hier entscheidet einmal nicht die Größe des Werbebudgets, sondern der Leser, wes Buch der Ritterschlag ereilt. Kultbücher konstituieren einen Kanon hinter dem Kanon. Während sich dort eine bildungsbürgerliche Elite in schöner feudal-absolutistischer Tradition erdreistet, die gesamte Gesellschaft zu repräsentieren und für diese einen Kanon des unbedingt Lesenswerten aufzustellen, regiert hier das republikanische Prinzip: Ein mündig-munteres Lesevölkchen erliest sich sein eigenes literarisches Repräsentantenhaus. Das ist doch mal gelesene Demokratie! Da können Deutschlehrer noch so sehr ihr »Lesebuch« knallen lassen – ihre Stimme hat nicht mehr Gewicht als die jenes desillusionierten Punkers, der nur zwei Dinge liebt auf dieser »komplett beschissenen Welt«: seine handzahme Ratte – und Douglas Adams' »Per Anhalter durch die Galaxis«.

Frank Schäfer: **KULTBÜCHER**
Von »Schatzinsel« bis »Pooh's Corner« –
eine Auswahl
ISBN 3-89602-330-6
29,80 DM · 218 öS · 29,80 sFr

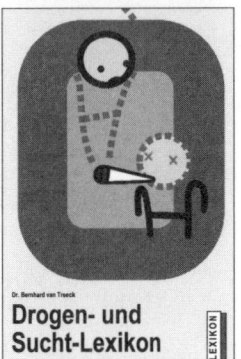

IMPRESSUM

Frank Schäfer (Herausgegeber): THE BOYS ARE BACK IN TOWN
Mein erstes Rockkonzert – ein Lesebuch. Mit Beiträgen von Wolfgang Doebeling, Eugen
Egner, Jörg Feyer, Jörg Gülden, Gerhard Henschel, Ulrich Holbein, Friedhelm Rathjen,
Jürgen Roth, Harry Rowohlt, Ralf Sotschek, Wenzel Storch, Fritz Tietz, Wolfgang Welt
u.v.a.

ISBN 3-89602-342-X

KATALOG
Wir senden Ihnen gern unseren kostenlosen Katalog.
Schwarzkopf & Schwarzkopf Verlag GmbH / Leserservice
Kastanienallee 32, 10435 Berlin.
Service-Telefon: 030 – 44 11 778. Fax: 030 – 44 11 783

INTERNET
Ausführliche Informationen zum
Verlagsprogramm finden Sie im Internet.
www.schwarzkopf-schwarzkopf.de
www.lexxxikon.de

E-MAIL
info@schwarzkopf-schwarzkopf.de